Vermögensrechtliche Ansprüche der Minderheitsaktionäre beim Squeeze-out und bei der Übernahme

Europäische Hochschulschriften

Publications Universitaires Européennes

European University Studies

Reihe II

Rechtswissenschaft

Série II Series II

Droit

Law

Bd./Vol. 4504

PETER LANG

Frankfurt am Main · Berlin · Bern · Bruxelles · New York · Oxford · Wien

Mathias Korsten

Vermögensrechtliche Ansprüche der Minderheitsaktionäre beim Squeeze-out und bei der Übernahme

PETER LANG
Europäischer Verlag der Wissenschaften

Bibliografische Information der Deutschen Nationalbibliothek
Die Deutsche Nationalbibliothek verzeichnet diese Publikation in der Deutschen Nationalbibliografie; detaillierte bibliografische Daten sind im Internet über <http://www.d-nb.de> abrufbar.

Zugl.: Berlin, Freie Univ., Diss., 2006

D 188
ISSN 0531-7312
ISBN-10: 3-631-56207-1
ISBN-13: 978-3-631-56207-9

www.peterlang.de

Vorwort

Die vorliegende Arbeit wurde im Wintersemester 2005/2006 von der Juristischen Fakultät der Freien Universität Berlin als Dissertation angenommen. Der Tag der mündlichen Prüfung war der 27. September 2006.

An erster Stelle bin ich meinem Doktorvater, Herrn Prof. Dr. Horst Baumann, zu sehr großem Dank verpflichtet. Durch seine stete Förderung und seine vielen wertvollen Anmerkungen und Hinweise hat er mich maßgeblich unterstützt. Herrn Prof. Dr. Christian Armbrüster danke ich für die Übernahme und zügige Erstellung des Zweitgutachtens. Beides hat zum erfolgreichen Abschluss der Promotion beigetragen. Dr. Bernd Köster, den ich als Kollegen und Freund sehr schätze, stand mir bei verfassungsrechtlichen Fragestellungen mit Geduld und Aufmerksamkeit als Ansprechpartner stets zur Verfügung, weshalb ich mich auch bei ihm für seine tatkräftige Mithilfe herzlich bedanke. Für wichtige Hinweise und Anregungen aus ökonomischer Sicht bedanke ich mich bei Pascal Damm und Prof. Dr. Helmut Gründl. Für die stete Rücksichtnahme, das Dissertationsvorhaben und meinen Beruf zu koordinieren, bedanke ich mich sehr bei Herrn Rechtsanwalt und Notar Wolfram H. Ganzleben.

Schließlich bedanke ich mich bei meiner Mutter, meiner Schwester und Jürgen für die Geduld, die Förderung und stete Unterstützung.

Meiner Mutter ist diese Arbeit gewidmet.

Berlin, im September 2006

Mathias Korsten

Inhaltsübersicht

Inhaltsverzeichnis

Teil 1: Einführung in das Thema

A. Einleitung

I. Vorstellung der beiden Rechtsinstitute

Am 01.01.2002 sind einerseits das Wertpapiererwerbs- und Übernahmegesetz (im Folgenden „WpÜG") und andererseits die Vorschriften der §§ 327a ff. AktG in Kraft getreten. Der Gesetzgeber verfolgte mit diesen beiden Regelungsbereichen unterschiedliche Ziele.

Mit Einführung des WpÜG wird die Stellung der Minderheitsaktionäre bei Übernahmen gestärkt.[1] So erhalten Minderheitsaktionäre von AG/KGaAen, deren Anteile an einem organisierten Markt gehandelt werden, im Falle öffentlicher Übernahmen die Möglichkeit, ihre Anteile an den Bieter zu verkaufen. Der Bieter muss ein Übernahmeangebot abgeben, in welchem er den übrigen Aktionären der Zielgesellschaft eine angemessene Gegenleistung für deren Anteile anbietet (§ 31 Abs.1 WpÜG). Sofern die übrigen Aktionäre das vom Bieter abgegebene Übernahmeangebot nicht annehmen, bleiben sie weiterhin Anteilsinhaber der Zielgesellschaft.

Die Vorschriften zum Squeeze-out[2] gemäß §§ 327a ff. AktG dienen demgegenüber vornehmlich den Interessen der Großaktionäre.[3] Mit diesen Vorschriften zum Ausschluss von Minderheitsaktionären erhält ein Hauptaktionär, der 95 % der Anteile einer AG/KGaA hält, das Recht, einen Beschluss herbeizuführen, nach dem ihm gegen Gewährung einer angemessenen Barabfindung die Aktien der übrigen Aktionäre übertragen werden. Von materiellen Erfordernissen wie dem Vorliegen eines wichtigen Grundes hat dabei der Gesetzgeber abgesehen.[4] Die Minderheitsaktionäre werden also aus der Gesellschaft zwangsweise ausgeschlossen, obgleich sie ihren gesellschaftlichen Verpflichtungen nachgekommen sind. Dabei haben sie nicht das Recht, Anteile einer anderen Gesellschaft als Abfindung zu erhalten; selbst dann nicht, wenn der Hauptaktionär eine Kapitalgesellschaft ist. Die Minderheitsaktionäre sind darauf angewiesen, dass der Hauptaktionär eine möglichst hohe Geldzahlung als Ersatz für den Verlust ihrer

---

[1] RegEntw., BT-Drucks. 14/7034, S. 28; Pötzsch, Das neue Übernahmerecht, S. 17.

[2] Der Begriff des Squeeze-outs findet sich bereits in der Regierungsbegründung; vgl.: BT-Drucks. 14/7034, S. 31.

[3] Zöllner in Kölner Kommentar zum AktG, Bd. 6, Vorwort zu §§ 291 ff., Ziff. I. 1., merkt zum Squeeze-out gemäß §§ 327a ff. AktG an, dass dieses Rechtsinstitut in etlichen Fällen ohne Korrektur durch die Gerichte in fast skandalöser Weise zum Ausschluss der Aktionäre genutzt wird.

[4] Vgl. zum Meinungsstand: KK-Hasselbach, WpÜG-Kommentar, AktG, § 327a, Rn. 49.

Gesellschaftsbeteiligung leistet. Dem Hauptaktionär wird allerdings nur wenig Anlass gegeben, eine hohe Abfindung anzubieten. [5] So ist er nicht auf die Zustimmung der Minderheitsaktionäre angewiesen. Sofern den Minderheitsaktionären zu niedrig bemessene Abfindungen angeboten werden, können sie grundsätzlich nur im Rahmen eines Spruchstellenverfahrens die Abfindungshöhe überprüfen lassen (§ 327f AktG i. V. m. SpruchG). Die Erhebung einer Anfechtungsklage gemäß §§ 243 ff. AktG, mit der die Unangemessenheit der Abfindung geltend gemacht wird, ist hingegen ausgeschlossen (§ 327f S.2 AktG).[6]

Die neue Gesetzgebung zum Ausschluss von Minderheitsaktionären muss vor dem Hintergrund erstaunen, dass der BGH in seinen bisherigen Entscheidungen zum Ausschluss von Minderheitsaktionären aus der Aktiengesellschaft noch nicht einmal dann einen Ausschluss für rechtlich möglich hielt, wenn ein wichtiger Grund in der Person des Auszuschließenden bestand.[7] Das fehlende Bedürfnis für den Ausschluss von Minderheitsaktionären aus wichtigem Grund entnahm der BGH einem Vergleich der Aktiengesellschaft zur GmbH. Der BGH stellte darauf ab, dass die gesellschaftliche Bindung bei einer Aktiengesellschaft geringer sei als bei einer GmbH, dass die Aktien leichter verwertbar seien als Geschäftsanteile einer GmbH und dass schließlich die Persönlichkeit der Gesellschafter einer Aktiengesellschaft eine geringere Rolle als bei einer GmbH spiele.[8] In Dissertationen wurde die Auffassung vertreten, dass ein Ausschluss von Minderheitsaktionären nicht bereits bei Vorliegen eines wichtigen Grundes möglich sei. Zusätzlich durfte das Aktienrecht nicht anderweitig ein Instrumentarium zur Verfügung stellen, mit dessen Hilfe diese Pflichtverstöße abgestellt werden konnten (ultima-ratio-Prinzip).[9] Mit der Beschlussanfechtung (§§ 243 ff. AktG), den Schadensersatzansprüchen (etwa §§ 117, 317 AktG) und der allgemeinen Aktionärsklage stand in den meisten Fällen dem Ausschließungswilligen jedoch ein geeignetes Instrumentarium zur Verfügung, sich gegen gesellschaftsfremdes Verhalten zu wenden, ohne ein Ausschlussverfahren durchführen zu müssen. Von der Rechtsprechung[10] und teilweise von der Literatur[11] wurde mithin vom Grundsatz her ein Bedürfnis dahingehend abgelehnt, Minderheitsaktionäre aus einer Aktiengesellschaft auszuschließen.

---

[5] Rühland, WM 2000, 1884 ff., 1884.
[6] RegBegr., BT-Drucks. 14/7034, S. 73; Grunewald in Münchener Kommentar zum Aktiengesetz, Bd. 9/1, AktG, § 327f, Rn. 1.
[7] BGHZ 9, 157 ff., 163; 18, 350 ff., 365.
[8] BGHZ 9, 157 ff., 163.
[9] Reinisch, Ausschluss von Aktionären, S. 3.
[10] BGHZ 9, 157 ff., 163; 18, 350 ff., 365.
[11] Kiem, Das neue Übernahmerecht, 329 ff., 332; Raiser, Recht der Kapitalgesellschaften, § 30, Rn. 62; tendenziell a.A. Habersack, ZIP 2001, 1230 ff., 1230 mwN.

Nach Einführung der Squeeze-out-Vorschriften halten die angerufenen Gerichte[12] und der überwiegende Teil der Literatur[13] die §§ 327a ff. AktG im Großen und Ganzen nicht für verfassungswidrig. Der Gesetzgeber habe sich noch im Rahmen seiner gesetzgeberischen Entscheidungsfreiheit gehalten. In der Rechtsprechung werden jeweils Lösungen bevorzugt, die eine verfassungskonforme Auslegung der §§ 327a ff. AktG zulassen. Teilweise wird lediglich in obita dicta angedeutet, dass die Durchführung eines Squeeze-outs trotz Vorliegens der formalen Voraussetzungen der §§ 327a ff. AktG in bestimmten Konstellationen als verfassungswidrig angesehen werden muss.[14] Solche Fälle sind nach dieser Rechtsprechungslinie vor allem dann denkbar, wenn Minderheitsaktionäre aus einer Familiengesellschaft oder aus einer Gesellschaft mit einem kleinen, dem Unternehmen verbundenen Aktionärskreis ausgeschlossen werden sollen.[15] Allerdings werden teilweise die einzelnen verfassungsrechtlichen Verstöße von der Rechtsprechung als so gering eingestuft, dass hierdurch die verfassungsmäßig eingeräumten Rechte der Minderheitsaktionäre nur zu unwesentlich tangiert seien, als dass daraus die Nichtigkeit der §§ 327a ff. AktG hergeleitet werden könnte.[16]

---

[12] OLG Hamburg, Urteil vom 11.04.2003, - 11 U 215/02 -, NZG 2003, 539 – 544, dazu EWiR 2003, 739 f. (Rottnauer), („Philips/ PKV"); LG Hamburg, Urteil vom 30.10.2002, - 411 O 34/02 -, NZG 2003, 186 – 188, dazu EWiR 2003, 1 f. (Mahlmann), („Philips/ PKV"); OLG Oldenburg, Beschluss vom 30.09.2002, - 1 W 45/02 -, ZIP 2003, 1351 – 1352 („KME Europa Metal AG"); LG Osnabrück, Urteil vom 05.07.2002, - 13 O 177/02 -, AG 2002, 527 („KME Europa Metal AG"); LG Berlin, Urteil vom 17.02.2003, - 99 O 111/02 -, ZIP 2003, 1352 – 1355; LG Berlin, Urteil vom 25.03.2003, - 102 O 19/03 -, ZIP 2003, 1300 – 1301 („Bewag AG"); LG Frankfurt, Beschluss vom 28.05.2003, - 3-13 O 22/03 -, NZG 2003, 731 –732, LG Hamburg, Urteil vom 13.01.2003, - 415 O 140/02 -, NZG 2003, 787 – 790, dazu EWiR 2003, 533 f. (Wilsing), („Volksfürsorge Holding AG"); OLG Hamburg, Urteil vom 08.08.2003, - 11 U 45/03 -, NZG 2003, 978 - 981 („Volksfürsorge Holding AG"); OLG Köln, Beschluss vom 06.10.2003, - 18 W 35/03 -, BB 2003, 2307 – 2310; LG Frankfurt/Main, Urteil vom 27.08.2003, - 3-13 O 205/02 (nicht re.kräftig), NZG 2003, 1027 – 1029 („SAI Automotive"); OLG Stuttgart, Beschluss vom 05.11.2003, - 20 W 5/03 - (re.kräftig), ZIP 2003, 2199 – 2201; OLG Stuttgart, Beschluss vom 03.12.2003; - 20 W 6/03; DB 2004, 60 – 64; OLG Hamburg, Beschluss vom 11.09.2003, - 11 W 30/03 -, NZG 2004, 45 f.; OLG Düsseldorf, Beschluss vom 04.03.2004, - 31 O 144/03 -, NZG 2004, 1168 f., 1169; nunmehr auch BGH, Beschluss vom 25.07.2005, - II ZR 327/03 -, NZG 2006, 117 f.; hingegen an Verfassungsmäßigkeit zweifelnd: LG Wuppertal, Beschluss vom 06.11.2003, - 12 O 119/03 -, AG 2004, 161 f., 161 („Edscha AG").

[13] KK-Hasselbach, WpÜG-Kommentar, AktG, § 327a , Rn. 180 ff., Hüffer, AktG-Kommentar, § 327a, Rn. 4; Grzimek in Geibel/Süßmann, WpÜG-Kommentar, AktG, § 327a, Rn. 26 ff.; Wirth/Arnold, AG 2002, 503 ff., 504; Krieger, BB 2002, 53 ff., 54; a. A. Hanau, NZG 2002, 1040 ff., 1047.

[14] OLG Hamburg, NZG 2003, 978 ff., 979 („Volksfürsorge Holding AG").

[15] OLG Hamburg, NZG 2003, 978 ff., 979 („Volksfürsorge Holding AG").

[16] OLG Köln, BB 2003, 2307 ff., 2309.

Die bisherigen Entscheidungen der Instanzgerichte bezogen sich vornehmlich auf Klagen nach den §§ 241 ff. AktG oder auf Anträge gemäß §§ 319 Abs.5, Abs.6, 327e Abs.2 AktG und nicht auf zur Ermittlung der Abfindungshöhe gerichtete Anträge. Es bleibt also vor allem den Gerichten im Zuge von Spruchverfahren vorbehalten, Minderheitsaktionären zusätzliche vermögensrechtliche Positionen zuzusprechen. Es wird sich dann klären, ob die Rechtsprechung die Vorschrift über die Barabfindung (§ 327b Abs.1 AktG) verfassungskonform auslegt und den Minderheitsaktionären eine erhöhte Abfindung zugesteht. Für die Gerichte stellt sich die Frage, ob eine verfassungskonforme Auslegung des § 327b AktG deshalb nicht zulässig ist, weil der eindeutige Wortlaut der Vorschrift einer solchen Auslegung entgegensteht. Soweit eine Auslegung nicht unter Missachtung des eindeutigen Wortlauts des § 327b Abs.1 AktG vorgenommen wird, ist es nämlich der Rechtsprechung möglich, nach den Grundsätzen zur Rechtsfortbildung die Rechtsentwicklung voranzutreiben, selbst wenn danach der betroffenen Gesellschaft und dem Hauptaktionär ein Stück Freiheit zur Selbstbestimmung bei der Organisation der Gesellschaft genommen wird.[17]

II. Unterschiedliche Interessenlagen

Zwischen dem Hauptaktionär beim Squeeze-out bzw. dem Bieter in einem Übernahmeverfahren einerseits und den Minderheitsaktionären anderseits bestehen – wie es in abfindungs- und kaufrechtlichen Situationen üblich ist – jeweils unterschiedliche vermögensrechtliche Interessen. So wollen die Minderheitsaktionäre sowohl beim Squeeze-out als auch bei der Übernahme eine möglichst hohe Abfindung bzw. Gegenleistung erhalten. Der Hauptaktionär und mit Einschränkungen auch der Bieter sind hingegen bestrebt, eine möglichst geringe Zahlung leisten zu müssen. Diese unterschiedlichen Interessenlagen führen dazu, dass der Gesetzgeber jeweils einen Ausgleich schaffen musste, nach dem der zu zahlende Preis weder der Maximalforderung des Veräußerers noch der des Erwerbers entsprach.

1. Bei der Übernahme

Dieser Interessenkonflikt tritt vor allem in Konstellationen auf, in denen der Bieter ein Pflichtangebot abgeben muss; in der Regel tritt er hingegen bei freiwilligen Übernahmeangeboten nicht auf. Der Bieter hat nämlich bei einem freiwilligen Übernahmeangebot (§§ 29 ff. WpÜG) ein Interesse daran, möglichst viele Anteile zu erwerben, so dass er den Minderheitsaktionären ohnehin ein attraktives Angebot abgeben wird.[18] Bei einem unattraktiven Angebot würden die Min-

[17] Vgl. Baumann, JZ 2001, 895 ff., 897.
[18] Steinmeyer/Häger, WpÜG-Kommentar, § 31, Rn. 2.

derheitsaktionäre der Zielgesellschaft nicht bereit sein, dieses anzunehmen, so dass der Bieter nur wenige oder überhaupt keine Anteile hinzu erwerben würde.

Anders liegt es vielfach bei der Abgabe von Pflichtangeboten, weil in diesen Fällen dem Bieter nicht daran gelegen ist, weitere Anteile zu erwerben, obgleich er aufgrund des Überschreitens der Kontrollschwelle gemäß §§ 35 Abs.1, 29 Abs.2 WpÜG zur Abgabe eines Angebots verpflichtet ist.[19] Des Öfteren bringt nämlich ein Erwerb weiterer Anteile weder einen nennenswerten wirtschaftlichen noch einen strategischen Vorteil. Dem Bieter genügt es vielfach, dass er mit seinem 30%-Anteil wegen geringer Teilnehmerpräsenzen in der Hauptversammlung die Mehrheit in dieser hat und dadurch großen Einfluss auf die Gesellschaft ausüben kann.

2. Beim Squeeze-out

Mit § 327b Abs.1 AktG existiert für den Squeeze-out eine Vorschrift, die Maßstäbe für die Ermittlung der Höhe der Barabfindung festlegt. Da nach den Regeln des Squeeze-outs keine Annahme eines Angebots wie im Übernahmeverfahren oder eine sonstige Zustimmung der außenstehenden Aktionäre erforderlich ist, wird der Hauptaktionär darauf abzielen, dass die Abfindung der Minderheitsaktionäre gering ausfällt. Der Hauptaktionär muss nur damit rechnen, dass er in einem eventuellen Spruchverfahren unterliegt, in dem die Minderheitsaktionäre die Angemessenheit der Höhe der Abfindung überprüfen lassen (§ 1 Nr.3 SpruchG). Von dem Zeitpunkt der Bekanntmachung an ist der Hauptaktionär allerdings dann auch verpflichtet, die Barabfindung gemäß § 327b Abs.2 AktG zu verzinsen; ein weiterer Anspruch wegen Verzuges nach § 280 Abs.1 und Abs. 2 i.V.m. § 286 BGB kann daneben gegeben sein.[20] Beim Squeeze-out besteht mithin im größeren Maße als bei Übernahmen die Gefahr, dass die Minderheitsaktionäre einen nicht angemessenen Ausgleichsbetrag erhalten.

Bei der Bestimmung der Abfindungshöhe gemäß § 327b Abs.1 AktG muss berücksichtigt werden, dass Bestimmungen über einen zwangsweisen Ausschluss eine hohe Eingriffsqualität besitzen und dass deshalb die übrigen Aktionäre im besonderen Maße schutzwürdig sind.[21] Für die Einführung der Regelungen der §§ 327a ff. AktG bedurfte es deshalb einer besonderen Rechtfertigung. Der Wirtschaftsstandort Deutschland sollte gestärkt werden, indem für Investoren die Möglichkeit eines vollständigen Erwerbes der Anteile geschaffen wurde. Bis zur Einführung des Squeeze-outs konnte ein Großaktionär nach dem Erwerb von

---

[19] Steinmeyer/Häger, WpÜG-Kommentar, § 31, Rn. 3.

[20] Hüffer, AktG-Kommentar, § 327b, Rn. 8; Erwe in Müller/Rödder, Beck`sches Handbuch der AG, § 25, Rn. 229; Krieger, ZGR 2002, 120 ff., 146.

[21] Heidel/Lochner, Aktienrecht, AktG, vor §§ 327a ff., Rn 5.

95% der Anteile einer Aktiengesellschaft nur eingeschränkt das Ziel einer Alleinbeteiligung erreichen.[22] Dies galt vor allem dann, wenn der Bieter keine Aktiengesellschaft war bzw. es sich um eine ausländische AG handelte, da dann die Durchführung einer Mehrheitseingliederung nach § 320 Abs.1 S.1 AktG rechtlich nicht möglich war und ist. Wegen dieser Beschränkungen des Minderheitenausschlusses ergaben sich nach teilweise vertretener Auffassung auch deshalb Nachteile für den Wirtschaftsstandort Deutschland, weil das Aktienrecht bei Schutzrechten für Minderheitsaktionäre in vielen Fällen nicht danach unterscheidet, in welchem Umfang, insbesondere mit welchem Prozentsatz, die Minderheitsaktionäre an der AG/KGaA beteiligt sind.[23] So muss eine Aktiengesellschaft unabhängig von der Tatsache, ob die Gesellschaft von einem Großaktionär dominiert wird oder ob sie einem breiten Publikum offen steht, gemäß §§ 121 Abs.1, 175 Abs.1 AktG einmal jährlich eine Hauptversammlung durchführen. Unabhängig von der Höhe ihrer Beteiligung haben die Minderheitsaktionäre dabei das Recht, gefasste Hauptversammlungsbeschlüsse anzufechten (§§ 241 ff. AktG). Sofern Minderheitsaktionäre lediglich Kleinstbeteiligungen an der Gesellschaft besitzen, so wird befürchtet, dass von diesen Kleinaktionären Anfechtungsrechte missbräuchlich ausgeübt werden.[24]

An einem zwangsweisen Ausschlussrecht gegenüber den Minderheitsaktionären ist vor allem problematisch, dass dieses gerade dem Charakter einer Beteiligung an einer Aktiengesellschaft widerspricht. Die Beteiligung an einer Aktiengesellschaft ist nämlich grundsätzlich auf Dauer angelegt.[25] Von diesem Grundsatz gab es bisher nur wenige Ausnahmen. So kann in Fällen, in denen einzelne Aktionäre ihre Einlage nicht geleistet haben, gegen diese ein Kaduzierungsverfahren gemäß §§ 64, 65 AktG durchgeführt werden. Eine weitere Variante, einzelne Aktionäre auszuschließen, besteht bei entsprechender Satzungsregelung und Vorliegen der dort wirksam aufgestellten Voraussetzungen in der Einziehung von Aktien gemäß den §§ 237 ff. AktG. Schließlich besteht die Möglichkeit, dass die Gesellschaft gemäß den §§ 262 ff. AktG aufgelöst wird. Allerdings hat die Auflösung zur Folge, dass sämtliche Gesellschafter ihre Aktien verlieren und die Gesellschaft schließlich vollbeendigt wird. Mit Einführung der Squeeze-out-Vorschriften zum 01.01.2002 ist ein dauerhafter Aktienbesitz – eine abweichende Satzungsregelung wäre unzulässig (vgl. § 23 Abs.5 AktG) – nicht mehr zu gewährleisten.

---

[22] Vetter, ZIP 2000, 1817 ff., 1818.

[23] Heidel/Lochner, Aktienrecht, vor §§ 327a ff., Rn 4.

[24] So zumindest: RegEntw., BT-Drucks. 14/7034, S.32; Pötzsch/Möller, WM- Sonderbeilage 2/2000, S. 29.

[25] Küting/Weber/Keßler, FB 2003, 625; Hüchting, Abfindung und Ausgleich, S.1; K. Schmidt, Gesellschaftsrecht, § 28 I. 5.

Das bisher im Aktiengesetz vorgesehene Institut der Kapitalherabsetzung durch Einziehung von Aktien (§§ 237 ff. AktG) ist bei weitem nicht so einschränkend für die Minderheitsaktionäre wie das Squeeze-out-Verfahren und berührt den Grundsatz der dauerhaften Beteiligung an einer AG/KGaA nur in einem Randbereich. Nach diesem Verfahren der Zwangseinziehung im Sinne der §§ 237 ff. AktG werden zwar Aktienrechte von Aktionären bei Vorliegen bestimmter Tatbestände beseitigt, so dass diese Aktionäre auch aus der Gesellschaft ausgeschlossen werden können;[26] aus Gründen des Aktionärsschutzes ist allerdings zwingende Voraussetzung einer Zwangseinziehung (vgl. § 237 Abs.1 S.2 AktG), dass sowohl im Fall der angeordneten als auch im Fall der gestatteten Zwangseinziehung bereits vor der Übernahme der Aktien durch den jeweiligen Aktionär eine entsprechende zur Einziehung ermächtigende oder anordnende Satzungsklausel vorhanden war.[27] Anders als nach den Vorschriften des Squeeze-outs hat also ein Minderheitsaktionär bei Eintritt weiterhin die Möglichkeit, sich zu entscheiden, ob er in eine Gesellschaft eintreten möchte, die von der gesetzlichen Ermächtigung des § 237 Abs.1 AktG in ihrer Satzung Gebrauch genommen hat. Ein Aktionär kann seine Entscheidung zum Beitritt auch davon abhängig machen, in welchen Fällen eine Zwangseinziehung nach der Satzung zugelassen ist.

---

[26] Hüffer, AktG-Kommentar, § 237, Rn. 5; Friedewald, Die personalistische Aktiengesellschaft, S. 55.

[27] Oechsler in Münchener Kommentar, AktG, § 237, Rn. 16; Pühler in Happ, Aktienrecht, 1.04, Rn. 22, S. 229; Becker, ZGR 1986, 383 ff., 394.

B. Problemfelder und Ziele der Arbeit

Die Regelungen des Squeeze-outs sind in vermögensrechtlicher Hinsicht zu durchleuchten. Die Abfindungsregelung des § 327b Abs.1 AktG steht in einem komplexen System von aktienrechtlichen Schutzvorschriften, die zugunsten der Minderheitsaktionäre geschaffen worden sind. Vorbilder für die Vorschrift des § 327b Abs.1 AktG waren dabei Regelungen aus dem Bereich der Beherrschungs- und Gewinnabführungsverträge nach §§ 304, 305 AktG, der Eingliederungen nach § 320b AktG sowie der Umwandlungen nach §§ 29, 30, 207 UmwG. Auch andere gesellschafts- und kapitalmarktrechtliche Vorschriften, die für Minderheitsaktionäre Abfindungs-, Schadensersatz- und Ausgleichsansprüche vorsehen, können vergleichend herangezogen werden. So könnte die Vorschrift des § 723 Abs.2 S.2 BGB in Fällen herangezogen werden, in denen der Hauptaktionär „zur Unzeit" ein Squeeze-out-Verfahren durchführt und dadurch den Minderheitsaktionären Schäden entstehen. Es kommt auch in Betracht, dass ein Minderheitsaktionär verlangen kann, in analoger Anwendung der Vorschriften der §§ 117 Abs.1 S.2, 311 ff. AktG oder nach den von der Rechtsprechung anerkannten Regelungen zur Treupflicht[28] Schäden ersetzt zu bekommen.

Im Teil 3 dieser Arbeit wird darauf eingegangen, in welchem Umfang Minderheitsaktionären nach dem WpÜG vermögensrechtlicher Schutz eingeräumt wird. Im Gegensatz zum Squeeze-out steht es nach dem WpÜG und nach der Angebotsverordnung zum WpÜG (im Folgenden „WpÜG-AV") den Minderheitsaktionären frei, ob sie das Angebot annehmen und mithin eine Gegenleistung für ihre Anteile vom Bieter erhalten wollen oder ob sie weiterhin als Aktionäre in einer vom Bieter kontrollierten Gesellschaft verbleiben wollen.

I. Zum Squeeze-out

Die ausgeschlossenen Aktionäre sollen im Rahmen eines Squeeze-outs einen fairen und somit angemessenen Ausgleich erhalten. Die Interessen der Minderheitsaktionäre, die zu ihrer Mitgliedschaftsentscheidung geführt haben und die sie zur weiteren Teilhabe veranlassen, müssen berücksichtigt werden, zumal sie keineswegs nur wirtschaftlicher oder gar monetärer Natur sind.[29] Neben Ansprüchen, die sich bereits aus einer Unternehmensbewertung herleiten lassen, können den Minderheitsaktionären weitergehende Forderungen zustehen, die sich aus der sonstigen Interessenlage der Minderheitsaktionäre ergeben.

---

[28] BGHZ 65, 15 ff., 18 f. („ITT"); BGHZ 103, 184 ff., 194 f. („Linotype"); BGHZ 129, 136 ff., 143 („Girmes").

[29] Bitzer, Probleme der Prüfung des Umtauschverhältnisses, S. 32.

Der Minderheitsaktionär muss nicht nur einen Ausgleich für seine Vermögensrechte, sondern auch für den Verlust seiner Verwaltungsrechte erhalten.[30] Bei Prüfung des Umfanges von Vermögens- und Verwaltungsrechten muss beachtet werden, dass gerade im Gesellschaftsrecht zunehmend der Blick auf das Verfassungsrecht gerichtet sein muss.[31]

Des Weiteren ist es problematisch, dass der Minderheitsaktionär im Rahmen eines Squeeze-outs sein Recht verliert, selbst den Zeitpunkt seines Ausscheidens zu bestimmen. Es ist nicht ersichtlich, inwieweit den Minderheitsaktionären hierfür ein Ausgleich zugestanden wird. Es fragt sich, wie die rechtliche und wirtschaftliche Position des Minderheitsaktionärs bewertet werden muss, selbst den Zeitpunkt für den Verkauf der Anteile zu bestimmen (sog. Verhandlungsposition). Der Minderheitsaktionär verliert nämlich die Möglichkeit, zu einem für ihn günstigeren Zeitpunkt seine Anteile zu verkaufen; durch den Squeeze-out wird also dem Minderheitsaktionär seine Verhandlungsposition entzogen. Es stellt sich die Frage, in welchem Umfang ein Ersatz für die Verhandlungsposition erfolgen muss. Bei dieser Frage ist zu berücksichtigen, dass bei der Anteilsbewertung im Rahmen des § 327b Abs.1 AktG die künftige Entwicklung des Unternehmens in die Preisbemessung mit einfließen muss.

Es wird auch zu untersuchen sein, ob Aktionäre, die vor Einführung der Squeeze-out-Regelungen Aktien gekauft haben, anders behandelt werden müssen und einen weitergehenden Schutz genießen als Aktionäre, die nach Einführung der Squeeze-out-Vorschriften Anteile gekauft haben. Für eine unterschiedliche Behandlung dieser beiden Aktionärsgruppen könnten vor allem Vertrauensschutzgesichtspunkte sprechen.

Es fragt sich, ob neben einer Barabfindung auch ein Ersatz für Transaktionskosten vom Hauptaktionär geleistet werden muss. Dies liegt deshalb nahe, weil der Minderheitsaktionär ein berechtigtes Interesse daran haben könnte, dass er anstatt Bargeld wiederum Unternehmensanteile erwirbt.

Darüber hinaus könnte der Minderheitsaktionär ein Interesse daran haben, einen professionellen Anlageberater beim Kauf der neuen Anteile einzuschalten. Außerdem wird er sich unter Umständen von einem Rechtsberater beraten lassen, um die Frage zu klären, ob die Durchführung des Squeeze-outs rechtmäßigerweise erfolgt ist. Es wird zu untersuchen sein, ob anfallende Rechtsberatungs- sowie Anlageberatungsgebühren gleichfalls vom Hauptaktionär zu ersetzen sind bzw. in welchem Umfang ein solcher Ersatz erfolgen muss.

---

[30] So BT-Drucks. 14/7034, S. 72.

[31] Baumann, BB 1997, 2281 ff., 2282; Baumann, JZ 1998, 597 ff., 602.

II. Zu den Erwerbs- und Übernahmeangeboten

Anhand der Regelungen des Übernahmerechts nach dem WpÜG wird aufgezeigt werden, dass es dem Gesetzgeber bei wirtschaftsrechtlichen Vorschriften durchaus möglich ist, den Minderheitsaktionären die Verhandlungsposition zu belassen. Anders als beim Squeeze-out bestehen im Ergebnis bei den Vorschriften des Übernahmerechts auch keine schwerwiegenden verfassungsrechtlichen Bedenken.

Fragen auf einfachgesetzlicher Ebene ergeben sich bei den übernahmerechtlichen Vorschriften hinsichtlich der Verteilung der Synergiegewinne: So sind Zweifel angezeigt, ob dem Bieter Synergiegewinne allein zustehen, obgleich die Minderheitsaktionäre in vielen Fällen nach einer erfolgreichen Übernahme mit sinkenden Kursen dieser Aktien rechnen müssen und dadurch faktisch zu einem Verkauf ihrer Anteile gezwungen werden.[32] Es führt zu Gerechtigkeitslücken, wenn nur in den Fällen der §§ 5 Abs. 4, 6 Abs.4 WpÜG-AV eine Unternehmensbewertung durchgeführt werden muss. Es ist dabei insbesondere bedenklich, dass ein Bieter derzeit Baisse-Phasen ausnutzen kann, in denen eine allgemeine Unterbewertung zu verzeichnen ist, um Übernahmen durchzuführen. Auch in diesem Fall richtet sich die Gegenleistung nach dem Wortlaut der §§ 31, 39 WpÜG grundsätzlich nach dem durchschnittlichen Börsenkurs der Zielgesellschaft und nach den vom Bieter gezahlten oder vereinbarten Vorerwerbspreisen.

[32] Rau-Bredow, DBW 59 (1999), 763 ff., 765.

Teil 2: Vermögensrechte beim Squeeze-out

A. Notwendigkeit der Vorschriften der §§ 327a ff. AktG

Bei Ermittlung der angemessenen Abfindung ist es von Relevanz, ob und inwieweit die Einführung der Squeeze-out-Vorschriften notwendig gewesen ist. Sofern die Notwendigkeit der Einführung nicht feststellbar wäre oder wenn der Squeeze-out nur eingeschränkte Berechtigung genießen sollte, müsste dieser Umstand zumindest bei der Bestimmung der Abfindungshöhe zugunsten der auszuschließenden Minderheitsaktionäre berücksichtigt werden. In welchem Umfang der Hauptaktionär die Minderheitsaktionäre abfinden muss, setzt jeweils eine Abwägung der Interessen dieser beiden Personenkreise voraus.[33] Dabei ist in der höchstrichterlichen Rechtsprechung anerkannt, dass bei gebotener Interessenabwägung der Anlass des Ausschlusses zu berücksichtigen sei.[34] Vermögensrechtliche Interessen der Gesellschaft, die berücksichtigungsfähig wären, bestehen hingegen nicht unmittelbar, da nicht die Gesellschaft, sondern der Hauptaktionär die Anteile der Minderheitsaktionäre erwirbt.[35]

I. Auffassung im Gesetzgebungsverfahren

Es ist zunächst herauszustellen, dass die Anlässe zur Gesetzgebung vielfältig sind. Ein echter Gesetzgebungsbedarf ergibt sich dabei vor allem aus gesellschaftlichen, wirtschaftlichen oder naturwissenschaftlich-technischen Veränderungen.[36] Insoweit stellt sich die Frage, ob tatsächlich ein Bedürfnis der Wirtschaft[37] in Bezug auf die Einführung der Squeeze-out-Vorschriften bestand.

1. Regierungsbegründung
Die Bundesregierung[38] hat in aller Deutlichkeit in ihrer Regierungsbegründung aufgezeigt, dass sie die Einführung eines Verfahrens, auf Grund dessen Minderheitsaktionäre in bestimmten Fällen aus einer AG/KGaA ausgeschlossen werden können, für erforderlich hält. Zur Begründung ihrer Ansicht hat sie eine Vielzahl von Argumenten aufgeführt, nach denen die Einführung eines Squeeze-out-Verfahrens geboten ist.

---

[33] Vgl. KK-Hasselbach, WpÜG-Kommentar, AktG, § 327b, Rn. 22.
[34] BGH, ZIP 1993, 1160 ff., 1161.
[35] Kiem, RWS-Forum 20, Gesellschaftsrecht 2001, S. 329 ff., 335.
[36] Bülow in Benda/Maihofer/Vogel, Handbuch des Verfassungsrechts (2), S. 1474.
[37] Grzimek in Geibel/Süßmann, WpÜG-Kommentar, AktG, § 327a, Rn. 2; Regierungsbegründung, BT-Drucks. 14/7034, S.31.
[38] RegBegr., BT-Drucks. 14/7034, S. 31/32.

Die Bundesregierung stellt ihren Erwägungen voran, dass es „ökonomisch keinen Sinn mache, sehr kleine Minderheiten in einer Aktiengesellschaft zu belassen“.[39] Dabei wird nicht deutlich, ob bei dieser Betrachtungsweise auf die Sicht des Hauptaktionärs, auf die Sicht der Minderheitsaktionäre oder auf eine gesamtwirtschaftliche Sicht abgestellt wird. Darüber hinaus bringt, so die Bundesregierung, die Beteiligung von Minderheitsaktionären an der Gesellschaft einen erheblichen – kostspieligen – Formalaufwand mit sich, der selbst bei Vorliegen geringster Beteiligungen entsteht. Außerdem hält die Bundesregierung die Anzahl der Missbrauchsfälle durch „räuberische Aktionäre“ für ausreichend, um Regelungsbedarf zum Schutz der übrigen Aktionäre zu erkennen. Nach Meinung der Bundesregierung hat die Praxis gezeigt, dass Kleinstbeteiligungen oftmals dazu missbraucht würden, die Unternehmensführung zu behindern und diese zu finanziellen Zugeständnissen zu veranlassen. Des Weiteren erschweren nach Auffassung der Bundesregierung Minderheitsbeteiligungen Umstrukturierungen, so dass diese nur zeitlich verzögert durchgeführt werden könnten.

Die Bundesregierung weist auch darauf hin, dass andere Staaten in der EU gleichfalls Squeeze-out-Regelungen eingeführt haben, selbst wenn diese Regelungen im Einzelnen anders ausgestaltet worden seien. Schließlich führt die Bundesregierung die Einführung der übernahmerechtlichen Vorschriften als Argument dafür an, dass ein Squeeze-out-Verfahren erforderlich sei: Es müsse nämlich für ehemalige Bieter einen Ausgleich dafür geben, dass diese im Zuge eines Übernahmeverfahrens ein Übernahmeangebot gemäß § 35 WpÜG abgeben mussten. Die Bundesregierung vertritt insoweit die Ansicht, dass neben einer solchen Angebotsverpflichtung auch ein Recht bestehen müsse, nach dem der Bieter die restlichen Minderheitsaktionäre ausschließen könne.

2. Kritik an der Regierungsbegründung

Die Regierungsbegründung führt einseitig Erwägungen an, die für die Einführung von Squeeze-out-Vorschriften in das Aktiengesetz sprechen. Die Diskussion über die Notwendigkeit der Einführung dieser Vorschriften hätte eingehender, kritischer und vor allem ergebnisoffener geführt werden müssen, da es nur so möglich erscheint, die einzelnen vermögensrechtlichen Ansprüche angemessen gesetzlich auszugestalten.

a) Wirtschaftliches Interesse an Kleinstbeteiligungen

Wenn die Bundesregierung davon ausgeht, dass es ökonomisch keinen Sinn mache, wenn kleine Minderheiten in der Gesellschaft belassen werden, ist diese Ansicht grundsätzlich nur dann richtig, wenn auf die Sichtweise des Hauptaktionärs abgestellt wird. Es ist zutreffend, dass aus der Sicht eines Hauptaktionärs

---

[39] Zitat aus der RegBegr., BT-Drucks. 14/7034, S. 31.

die Nachteile, die das Vorhandensein von Minderheitsaktionären mit sich bringen, vielfach nicht durch die Vorteile einer solchen Aktionärsstruktur aufgewogen werden. So ist das Vorhandensein von Splitterbeteiligungen insoweit vorteilhaft, als sich die Minderheitsaktionäre mit der Gesellschaft verbunden fühlen und sich mit deren Produkten identifizieren. Außerdem steigt der Bekanntheitsgrad der Gesellschaft, wenn sie Hauptversammlungen durchführt. Diese Vorteile wiegen allerdings häufig nicht die Nachteile auf, die sich beispielsweise durch Kostenerhöhungen bei Umstrukturierungen ergeben.

Bei Berücksichtigung der Interessen der Minderheitsaktionäre zeigt sich, dass diese sehr wohl ein Interesse an dem Verbleib in der Aktiengesellschaft haben, und dies aus deren Sicht auch ökonomisch Sinn macht.[40] Bei einem Ausschluss aus der Gesellschaft entgeht den Minderheitsaktionären nicht nur das Recht, in den Folgejahren den Teil des Bilanzgewinnes zu beanspruchen (§§ 60 Abs. 1, 57 Abs. 3 AktG), der sich aufgrund des Gewinnverwendungsbeschlusses der Hauptversammlung als Ausschüttungsbetrag ergibt (§ 174 Abs. 2 Nr. 2 AktG), sondern auch die Möglichkeit, dauerhaft an der Aktiengesellschaft beteiligt zu sein und von deren Wertsteigerungen zu profitieren.[41] Nach Einführung des Squeeze-outs kann ein Minderheitsaktionär nunmehr nicht mehr darauf vertrauen, dauerhaft in der Gesellschaft verbleiben zu können.

Auch aus gesamtökonomischer Sicht ist es zweifelhaft, ob die Durchführung eines Squeeze-outs sinnvoll ist. So lässt sich zwar der Verwaltungsaufwand der Gesellschaft nach dem Ausschluss der Minderheitsaktionäre reduzieren, so dass Unternehmen Einsparungen erzielen können und dadurch im internationalen Vergleich keine Nachteile erleiden.[42] Dadurch sinkt jedoch auch die Attraktivität einer Beteiligung an einer Aktiengesellschaft. Potentielle Käufer, die eine Minderheitsbeteiligung an einer Aktiengesellschaft erwerben wollen, müssen fortwährend mit der Möglichkeit eines Ausschlussverfahrens rechnen. Hierdurch wird den Minderheitsaktionären unter Umständen – insbesondere in Baissephasen – die Möglichkeit genommen, ihre Beteiligung zu behalten. Es ist also zu befürchten, dass potentielle Aktionäre nach Einführung der §§ 327a ff. AktG von Aktienkäufen absehen werden.

---

[40] Vgl. Liftin/App, Unternehmensform nach Maß, Rn. 295: Der Gesetzgeber wollte gerade mit der Rechtsform der AG kleinen Sparern eine Organisationsform anbieten, mit der diesen Gelegenheit gegeben wird, sich an Unternehmen zu beteiligen, und zwar als Gesellschafter mit minimalen Mitwirkungsrechten.

[41] Küting/Weber/Keßler, FB 2003, 625 ff., 626.

[42] Mai, Aktionärsschutz und Minderheitenschutz, S. 72.

b) Mitgliedschaft als Dauerrechtsverhältnis
Der Wegfall der Möglichkeit eines Minderheitsaktionärs, selbst zu entscheiden, zu welchem Zeitpunkt und zu welchen Bedingungen er aus der Gesellschaft ausscheiden möchte, wird im Regierungsentwurf nicht kritisch durchleuchtet.

Erörterungen hierüber hätten deshalb erfolgen müssen, weil ein Minderheitsaktionär in der Regel darauf vertraut und bislang auch vertrauen durfte, selbst einen aus seiner Sicht günstigen Zeitpunkt zu wählen, sich von seiner Beteiligung zu trennen. Ein Minderheitsaktionär ist seit dem 01.01.2002 nunmehr immer dem Risiko ausgesetzt, dass ein Hauptaktionär 95% der Anteile am Grundkapital einer Aktiengesellschaft erwirbt und daraufhin die Minderheitsaktionäre aus der Gesellschaft ausschließt. Der Grundgedanke im Aktienrecht, wonach die Mitgliedschaft in einer Aktiengesellschaft als ein zeitlich unbeschränktes Dauerrechtsverhältnis eigener Art umschrieben wird,[43] ist nach Einführung des Squeeze-outs nur noch eingeschränkt haltbar. Bisher endete die Mitgliedschaft nämlich grundsätzlich nur mit dem Tod des Gesellschafters (unter Eintritt des Erben), mit der Veräußerung der Anteile, durch Kaduzierung (§ 64 AktG) oder Einziehung der Anteile (§ 237 AktG) oder mit Auflösung und Abwicklung der Gesellschaft.[44] Ohne entsprechende Satzungsregelung war es hingegen – zumindest bei Fehlen eines wichtigen Grundes[45] – nicht möglich, den rechtlichen Fortbestand der Gesellschaft unter gleichzeitigem Ausschluss der Minderheitsaktionäre zu erreichen.[46]

Die Umgestaltung der Aktiengesellschaft in eine Gesellschaftsform, in der die Mitgliedschaft abrupt unterbrochen werden kann, ist auch vor dem Hintergrund, dass ein Aktionär mit der Aktienanlage ein erhebliches wirtschaftliches Risiko eingeht, als nicht förderlich anzusehen. Minderheitsaktionäre sollen nämlich – anders als Darlehensgeber – sowohl von hohen Erträgen profitieren können als auch Rückschläge mittragen müssen.[47] Ein Aktionär ist vielfach nicht bereit, sich diesen mit dem Aktieneigentum verbundenen Risiken auszusetzen, wenn er nicht die Möglichkeit hat, von dem langfristigen Erfolg des Unternehmens zu profitieren.

---

[43] Raiser, Recht der Kapitalgesellschaften, § 12, Rn. 1.
[44] Wilhelm, Kapitalgesellschaftsrecht, Rn. 633; Sudmeyer in Münchener Anwaltshandbuch, Aktienrecht, § 10, Rn. 105 – 107.
[45] Vgl. Teil 1, A. I.
[46] Hierzu Teil 1, A. II. 2.
[47] Liftin/App, Unternehmensform nach Maß, Rn. 295.

c) Zur Argumentation des Rechtsmissbrauches

Die durch die Bundesregierung mit Verweis auf die Praxis aufgestellte Behauptung, dass Kleinstbeteiligungen oftmals missbraucht würden, um die Unternehmensführung zu behindern und zu finanziellen Zugeständnissen zu veranlassen, widerspricht zumindest den in Studien gesammelten Ergebnissen, die lediglich eine geringe Anzahl von Missbrauchsfällen aufdecken konnten.[48] In einem Untersuchungszeitraum von 20 Jahren (1980 bis 1999) sind insgesamt nur 453 Fälle im Bundesanzeiger veröffentlicht worden, in denen Klagen nach den §§ 241 ff. AktG erhoben worden sind.[49] Dieser Zahl von Anfechtungs- und Nichtigkeitsklagen standen im Jahre 1999 insgesamt 7.375 Aktiengesellschaften und KGaAen gegenüber.[50] Da von diesen 453 Klageverfahren 189 untersucht worden sind und lediglich in 18 dieser Fälle die Abweisung der Klage auf rechtsmissbräuchliches Verhalten des Klägers gestützt worden ist,[51] kann in Fällen von Klageerhebungen nach den §§ 241 ff. AktG regelmäßig nicht davon ausgegangen werden, dass die Kläger sich rechtsmissbräuchlich verhielten.

Fälle von Rechtsmissbrauch sollten außerdem deshalb nicht überbewertet werden, weil es grundsätzlich im allgemeinen Interesse aller Aktionäre und der Aktiengesellschaft selbst liegt, wenn im Zuge der Erhebung von Anfechtungsklagen eine Überprüfung der gefassten Hauptversammlungsbeschlüsse erreicht wird.[52] In der Literatur wird deshalb teilweise vertreten, dass es einen Rechtsmissbrauch im Rahmen von Klagen nach den §§ 241 ff. AktG nicht geben könne.[53] Hingegen nehmen die Rechtsprechung und der überwiegende Teil der Literatur in bestimmten Konstellationen durchaus einen Rechtsmissbrauch an. Ein solcher ist danach gegeben, wenn der Kläger die Anfechtungsklage mit dem Ziel erhebt, dass die verklagte Gesellschaft zugunsten des klagenden und grob eigennützig handelnden Minderheitsaktionärs zu einer Leistung veranlasst wird, auf die er keinen Anspruch habe und billigerweise auch nicht erheben könne.[54] Un-

---

[48] Baums/Vogel/Tacheva, ZIP 2000, 1649 ff., 1655; anders in Hüffer, AktG-Kommentar, § 245, Rn. 22, wo die pauschale Behauptung erfolgt, dass rechtsmissbräuchliche Anfechtungsklagen „überreichlich" bekannt geworden sind.

[49] Baums/Vogel/Tacheva, ZIP 2000, 1649 ff., 1651.

[50] Hansen, AG-Report 2000, R 123 f., 123; Kiem, ZIP 2000, 209 ff., 209; Hirte, Kapitalgesellschaftsrecht, Rn. 45; Grunewald, Gesellschaftsrecht, 4. Auflage, 2 C. I. 2. (S. 225); Grunewald, Gesellschaftsrecht, 6. Auflage, 2. C. I. 2. (Fn. 5): Danach betrug die Zahl der Aktiengesellschaften im Jahre 2003 circa 15.176 Gesellschaften, wovon circa 1.000 Gesellschaften an der Börse (inklusive Geregelter Markt, Freiverkehr, Neuer Markt) notiert waren.

[51] Baums/Vogel/Tacheva, ZIP 2000, 1649 ff., 1655.

[52] BGH, NJW 1989, 2689; BGH, NJW-RR 1990, 350.

[53] Balser/Bokelmann/Piorreck, Die Aktiengesellschaft, Rn. 240.

[54] BGHZ 107, 296 ff., 308 f („Kochs Adler"); BGH, NJW 1992, 569 ff., 570 („Deutsche Bank"); Hüffer, AktG-Kommentar, § 245, Rn. 22; nur sehr eingeschränkt das Rechtsinstitut

ter Heranziehung dieses Streitstandes zum Rechtsmissbrauch ist es nicht gerechtfertigt, wenn sich die Bundesregierung in ihrem Regierungsentwurf darauf stützt, dass rechtsmissbräuchliche Klagen nach den §§ 241 ff. AktG verhindert werden müssen. Dies gilt umso mehr, weil in jedem Einzelfall die von der Rechtsprechung[55] entwickelten Grundsätze zum Rechtsmissbrauch angewendet werden können und gegebenenfalls rechtsmissbräuchliche Anfechtungsklagen abzuweisen sind. Die Erhebung von Anfechtungsklagen nach den §§ 243 ff. AktG ist auch aus Sicht der Gesellschaft sinnvoll, weil mit diesen Klagen die allgemeinen Interessen (wozu nicht nur die der Aktionäre, sondern auch die der Gesellschaftsgläubiger zählen) zur Erreichung der Legalität von Entscheidungen im Unternehmen gefördert werden können.[56] Insoweit sieht das Gesetz zur Unternehmensintegrität und Modernisierung des Anfechtungsrechts (UMAG)[57], das unter anderem die Umgestaltung des Anfechtungsrechts zum Inhalt hat, vom Grundsatz her nicht die Beschränkung des Anfechtungsrechts der Aktionäre vor.[58]

d) Zur erleichterten Durchführung von Umwandlungen

Ein Bedürfnis für ein Squeeze-out-Verfahren besteht nach Auffassung der Bundesregierung auch deshalb, weil für Umwandlungen in Fällen, in denen an einer Aktiengesellschaft keine Minderheitsaktionäre beteiligt sind, gesetzliche Erleichterungen vorgesehen sind.[59] So ist es anerkannt, dass beispielsweise ein Verschmelzungsvertrag bei der Verschmelzung einer 100%igen Tochter- auf die Muttergesellschaft mangels Anteilstauschs kein Abfindungsangebot enthalten muss und insoweit § 29 Abs.1 S.1 UmwG nicht anzuwenden ist.[60] Bei Vorliegen einer 100%igen Beteiligung kann somit auf die Durchführung einer Unternehmensbewertung verzichtet werden, mit der die Abfindungshöhe bestimmt werden müsste.[61] In gleicher Weise bedarf es bei einem Formwechsel keines Abfindungsangebots und keiner Unternehmensbewertung im Sinne der §§ 207 Abs.1, 194 Abs.1 Nr.6 UmwG, wenn keine Minderheitsaktionäre vorhanden sind.[62] In Hinblick auf die den Aktionären zu gebenden Informationen führt eine 100%ige Beteiligung der übernehmenden Gesellschaft an der übertragenden Gesellschaft

---

des Missbrauchs annehmend: Heidel in Heidel, Aktienrecht, AktG, § 245, Rn. 34/35.; Wardenbach, ZGR 1992, 563 ff., 565/566.

[55] BGHZ 107, 296 ff., 308 f („Kochs Adler"); BGH, NJW 1992, 569 ff., 570 („Deutsche Bank").

[56] Wardenbach, ZGR 1992, 563 ff., 585.

[57] Gesetz vom 22.09.2005; abgedruckt im BGBl. I, 2005, 2802 ff.

[58] Vgl. Schütz, DB 2004, 419 ff., 419.

[59] RegBegr., BT-Drucks. 14/7034, S. 32.

[60] Marsch-Barner in Kallmeyer, UmwG-Kommentar, § 29, Rn. 17; Schaub, NZG 1998, 626 ff., 628.

[61] Sagasser in Sagasser/ Bula/ Brünger, Umwandlungen, C. Rn. 11.

[62] Vgl. Limmer, Handbuch der Unternehmensumwandlung, Rn. 2321.

dazu, dass gemäß § 5 Abs.2 UmwG von der Abgabe solcher Informationen, die die Art und den Umfang der Abfindung betreffen, abgesehen werden kann. Überdies kann bei einer 100%igen Beteiligung der übernehmenden Gesellschaft an der übertragenden Gesellschaft der Übernehmer auch auf die Abgabe eines Verschmelzungsberichtes (§ 8 Abs.3 S.1 UmwG) verzichten. Schließlich bewirkt eine 100%ige Beteiligung an der umzuwandelnden Gesellschaft, dass Klagen nach den §§ 241 ff. AktG oder Spruchverfahren nach dem SpruchG mangels Vorhandensein von Minderheitsaktionären nicht erhoben werden können.

Im Vergleich mit den Schutzvorschriften nach den §§ 327a ff. AktG ist es allerdings nicht sonderlich einleuchtend bzw. ist es keineswegs zwingend, dass ein Hauptaktionär Umstrukturierungsmaßnahmen nach dem Umwandlungsgesetz nur durchführen sollte, wenn er zunächst für den Ausschluss der Minderheitsaktionäre gesorgt hat. Nach § 327b Abs.1 AktG hat auch ein Minderheitsaktionär beim Squeeze-out eine angemessene Barabfindung zu erhalten, so dass zunächst eine Unternehmensbewertung vorgenommen werden muss. Des Weiteren haben die Minderheitsaktionäre auch in den Fällen des Squeeze-outs die Möglichkeit, den entsprechenden Hauptversammlungsbeschluss gemäß §§ 241 ff. AktG anzufechten oder wegen der Höhe der Abfindung gemäß § 327f AktG i. V. m. SpruchG ein Spruchverfahren durchzuführen. Die Durchführung eines Squeeze-outs ist für einen weitere Umstrukturierungen planenden Hauptaktionär nur insoweit günstiger, als dass er in diesem Fall zum letzten Mal Vorschriften beachten muss, die zum Schutze der Minderheitsaktionäre gesetzlich vorgesehen sind. Es ist allerdings zweifelhaft, ob ein praktisches Bedürfnis dafür besteht, einem Hauptaktionär rechtliche Instrumentarien für eine vereinfachte Durchführung einer Vielzahl von Umstrukturierungsvorhaben zu verschaffen. Eine solche vereinfachte Durchführung von Umwandlungen infolge der Einführung der §§ 327a ff. AktG schwächt nämlich das differenzierte System im Umwandlungsrecht, in dem die Interessen der Groß- und der Kleinaktionäre jeweils ausgewogen in Verhältnis zueinander gestellt worden sind.

e) Rechtsvergleichender Ansatz

Ein Vergleich mit den Rechtssystemen anderer Staaten lässt es als keineswegs folgerichtig oder gar zwingend erscheinen, dass in das deutsche Recht ein Squeeze-out-Verfahren mit den Vorschriften der §§ 327a ff. AktG eingeführt werden musste.[63] Es ist zwar zutreffend, dass viele andere Staaten ein Verfahren eingeführt haben, welches einen Ausschluss von Minderheitsaktionären zulässt.

---

[63] Habersack, ZIP 2001, 1230 ff., 1238; Hamann, Minderheitenschutz beim Squeeze-out-Beschluss, S. 51, der anmerkt, dass mit den §§ 327a ff. AktG im deutschen Recht eine Möglichkeit zum Ausschluss von Minderheitsaktionären verankert wird, deren Vorbild man in Bezug auf Anwendungsbereich und formale Voraussetzungen – abgesehen von den Niederlanden – in den ausländischen Rechtsordnungen vergeblich sucht.

Dennoch finden sich mit den §§ 327a ff. AktG nunmehr – im Vergleich zu anderen Ländern – im deutschen Aktienrecht zumeist umfangreichere Möglichkeiten des Hauptaktionärs, die übrigen Aktionäre auszuschließen.[64] Anders als zum Beispiel nach dem britischen[65], italienischen[66] oder schweizerischen[67] Recht muss nach deutschem Recht dem Ausschluss von Minderheitsaktionären kein Übernahmeverfahren vorausgehen. In den Vereinigten Staaten (dort wird der Squeeze-out als Freeze-out[68] bezeichnet) verlangt in der Regel das jeweils geltende Recht der einzelnen Bundesstaaten, dass die Minderheitsaktionäre fair zu behandeln sind und dass vor allem ein anerkennenswerter unternehmerischer Zweck für das Freeze-out selbst besteht.[69] Nach französischem Recht ist zwar ebenfalls – genauso wie nach den deutschen Vorschriften – kein vorhergehendes Übernahmeverfahren vorgesehen; es findet sich allerdings im französischen Recht die Einschränkung, dass nur bei börsennotierten Gesellschaften ein Squeeze-out-Verfahren durchgeführt werden darf.[70]

In anderen europäischen Rechtsordnungen ist hingegen kein Ausschluss der Minderheitsaktionäre aus der Gesellschaft dergestalt möglich, dass die Gesellschaft auch nach dem Ausschlussverfahren weiter fortgeführt werden kann. So besteht zwar nach dem österreichischen Umwandlungs- bzw. Spaltungsrecht die Möglichkeit, eine übertragende Umwandlung (§ 2 öUmwG)[71] oder eine nicht

---

[64] Heidel/Lochner in Heidel, Aktienrecht, AktG, vor §§ 327a ff., Rn. 12.

[65] Die Art. 429- 430F des Companies Act 1985 sehen vor, dass im zeitlichen und sachlichen Zusammenhang mit öffentlichen Übernahmeangeboten die Möglichkeit für den Bieter besteht, ein sog. „Auskaufen der Minderheitsaktionäre" durchzuführen. Nach Art. 430C haben die Minderheitsaktionäre auch die Möglichkeit, Art und Höhe der Gegenleistung gerichtlich überprüfen zu lassen. Solche gerichtlichen Überprüfungsverfahren sollen allerdings in der Praxis eher selten sein, da die Gerichte in Großbritannien keine sachliche Prüfung der Angemessenheit der angebotenen Gegenleistung durchführen, sondern eine Ermessensentscheidung treffen, die regelmäßig nicht zu Abweichungen von der im Rahmen des öffentlichen Übernahmeangebots angebotenen und von 90% der Aktionäre der Zielgesellschaft angenommenen Gegenleistung führt. Vgl. auch: Sieger/Hasselbach, NZG 2001, 926 ff., 927.

[66] Sieger/Hasselbach, NZG 2001, 926 ff., 928.

[67] Köpfli, SchweizJZ 1998, 53 ff., 53; Büren/Stoffel/Schnyder/Christen-Westenberg, Aktienrecht, Rn 1221: Sofern der Anbieter im Rahmen eines öffentlichen Kaufangebots mindestens 98% der Stimmrechte der Zielgesellschaft erwerben konnte, steht ihm das Recht zu, innerhalb einer Frist von drei Monaten die restlichen Papiere vom Richter für kraftlos erklären zu lassen (§ 33 Bundesgesetz über die Börsen und den Effektenhandel vom 24.03.1995). Die Minderheitsaktionäre, die im Zuge dieses Squeeze-outs ausgeschlossen werden, erhalten daraufhin als Abfindung den zuvor gebotenen Angebotspreis.

[68] Hamilton, The Law of Corporations, § 20.7; Elsing/Van Alstine, US-amerikanisches Handels- und Wirtschaftsrecht, Rn. 647.

[69] Merkt, US-amerikanisches Gesellschaftsrecht, Rn. 1056.

[70] Habersack, ZIP 2001, 1230 ff., 1233.

[71] Vgl. auch Sieger/Hasselbach, NZG 2001, 926 ff., 929.

„verhältniswahrende Spaltung" (§§ 2, 8, 9 öSpaltG)[72] durchzuführen; allerdings lassen sich durch diese Umstrukturierungsmaßnahmen nicht die wirtschaftlichen Ziele erreichen, wie es nach den deutschen Squeeze-out-Regelungen der §§ 327a ff. AktG möglich ist. So hat zwar nach § 2 Abs.1 S.1 öUmwG ein Mehrheitsaktionär mit einem Anteil von mindestens 90% des Grundkapitals die Möglichkeit, die Beteiligung der restlichen Aktionäre durch verschmelzende Umwandlung zu beenden, sofern er gemäß § 2 Abs.2 Nr.3 öUmwG den Minderheitsaktionären eine angemessene Barabfindung anbietet. Allerdings hat diese Umstrukturierungsmaßnahme zugleich die ungünstige Auswirkung, dass die ursprüngliche Kapitalgesellschaft erlischt (§ 2 Abs.2 Nr.2 öUmwG). Auch im Zuge einer nicht „verhältniswahrenden Spaltung", die zum Inhalt eine Aufspaltung der Gesellschaft in zwei neu zu gründende Gesellschaften hat, wobei das Betriebsvermögen an die neu gegründete Gesellschaft fließt, an der die Minderheitsaktionäre nicht beteiligt werden, erlischt die ursprüngliche Gesellschaft mit Eintragung (§ 14 Abs.2 Nr.2 öSpaltG). Nach österreichischem Recht ist es also nicht möglich, die Minderheitsaktionäre bei Fortführung der Gesellschaft zwangsweise auszuschließen.

Der Vergleich mit den Regelungen anderer Länder ergibt, dass in Deutschland mit den §§ 327a ff. AktG für Hauptaktionäre sehr weitreichende Möglichkeiten geschaffen wurden, einen Ausschluss von Minderheitsaktionären durchzuführen. Nach deutschem Recht kommt es bei der Durchführung eines Squeeze-outs insbesondere nicht darauf an, ob die AG/KGaA börsennotiert ist oder nicht. Überdies muss kein sachlicher Grund für den Ausschluss der Minderheitsaktionäre bestehen. Es kommt bei den §§ 327a ff. AktG auch nicht darauf an, ob dem Ausschlussverfahren ein Übernahmeverfahren vorausgegangen ist. Zwar hatten die deutschen Vorschriften im europäischen Recht ihre Vorbilder gefunden.[73] Allerdings gibt es nur in wenigen anderen Staaten[74] Regelungen zum Ausschluss von Minderheitsaktionären, die kumulativ zu Lasten der Minderheitsaktionäre ausgestaltet worden sind.

f) Interessenlage der Hauptaktionäre nach Übernahmen

Es trifft auch nicht zu, dass die Hauptaktionäre gerechtfertigterweise einen Ausgleich für die sie belastenden Vorschriften des WpÜG bekommen haben. Dies muss schon deshalb verneint werden, weil der Squeeze-out nach §§ 327a ff. AktG in keinem unmittelbaren Zusammenhang mit den Vorschriften des WpÜG

[72] Vgl. auch Kalls, NZG 1999, 421 ff., 422.

[73] Sieger/Hasselbach, NZG 2001, 926 ff., 930.

[74] Ähnlich weitreichend ist allerdings das niederländische Recht, nach dem zwar ein Ausschluss bei Gericht beantragt werden muss; dafür können in den Niederlanden sowohl bei Aktiengesellschaften als auch bei GmbHen Ausschlussverfahren durchgeführt werden; vgl. Sieger/ Hasselbach, NZG 2001, 926 ff., 928.

steht: So muss insbesondere einem Squeeze-out kein Übernahmeangebot vorausgehen.[75] Des Weiteren ist das Squeeze-out-Verfahren nicht lediglich in Fällen vorgesehen, in denen die Gesellschaft an einem organisierten Markt notiert ist, sondern auch dann, wenn die Gesellschaft im Freiverkehr notiert bzw. nicht börsennotiert ist.[76] Der Hauptaktionär muss also – selbst wenn er Anteile an der Gesellschaft durch eine Übernahme erlangt hat – keineswegs zuvor den kapitalmarktrechtlich ausgerichteten Vorschriften des WpÜG unterworfen gewesen sein.

Es wird auch nur ein geringer Teil an Aktiengesellschaften und Kommanditgesellschaften auf Aktien an der Börse gehandelt (im Jahre 2003 waren es circa 1.000 von circa 15.176 Aktiengesellschaften)[77]; von diesen Gesellschaften werden noch weniger an einem organisierten Markt notiert. Das Rechtsinstitut des Squeeze-outs kann somit nicht mit der Begründung als notwendig erachtet werden, dass die Hauptaktionäre regelmäßig den Vorschriften des WpÜG unterworfen waren und nach Abgabe eines Pflichtangebots als schutzwürdig einzustufen sind. Dies muss zumindest solange gelten, wie es auf die Art und Weise der Erlangung der 95%igen Beteiligung nicht ankommt[78].

g) Gefährdung der Attraktivität der Aktienanlage

Schließlich hätte der Gesetzgeber bedenken müssen, ob nicht die Einführung des Rechtsinstituts des Squeeze-outs mit den Vorschriften der §§ 327a ff. AktG dazu führt, den Finanzplatz Deutschland zu schwächen. Es ist nämlich zu befürchten, dass Kleinaktionäre in Kenntnis dieser Vorschriften davon abgehalten werden, Aktien zu kaufen bzw. zu halten. Anders als vor Einführung der Squeeze-out-Vorschriften besteht nämlich nunmehr die Gefahr, dass die Gesellschaft unter Wegfall der eigenen Beteiligung eines Minderheitsaktionärs fortgeführt wird.

Die bisher schon existierenden Vorschriften des Ausschlusses säumiger Aktionäre (§ 64 AktG – sog. Kaduzierung) und der Kapitalherabsetzung durch Einziehung von Aktien (§§ 237 ff. AktG) greifen hingegen weit weniger in Minderheitenrechte ein. Ein Kaduzierungsverfahren nach § 64 AktG darf nämlich nur durchgeführt werden, wenn ein Aktionär seiner Verpflichtung zur Einlagenleistung gemäß § 54 AktG nicht nachkommt. Eine Einziehung nach den §§ 237 ff. AktG setzt voraus, dass vor Eintritt in die Gesellschaft die Satzung eine entsprechende - zu einer Einziehung berechtigende - Regelung enthält. Ansonsten konnte bisher ein Minderheitsaktionär grundsätzlich nur dann seine Aktionärs-

---

[75] Heidel/Lochner in Heidel, Aktienrecht, AktG, § 327a, Rn. 5; Vetter, AG 2002, 176 ff., 176.
[76] Ehricke/Roth, DStR 2001, 1120 ff., 1120.
[77] Grunewald, Gesellschaftsrecht, 6. Auflage, 2. C. I. 2. (Rn. 5).
[78] Zinser, WM 2002, 15 ff., 21; Heidel/Lochner in Heidel, Aktienrecht, AktG, § 327a, Rn. 5.

stellung einbüßen, wenn die Gesellschaft nach Durchführung einer Liquidation vollbeendigt wurde (§§ 262 ff. AktG). Auch in Fällen einer übertragenden Auflösung blieben die Minderheitsaktionäre solange Gesellschafter wie die Gesellschaft bestand.[79]

Es ist für den Standort Deutschland schädlich, wenn Kleinaktionäre gegen die Rechtsform der Aktiengesellschaft stille Vorbehalte hegen würden. Die Gesellschaftsformen der AG/ KGaA sollen nämlich ermöglichen, große Kapitalmengen, die die Finanzkraft von Einzelpersonen übersteigen, zusammenzutragen.[80] Nach Einführung der §§ 327a ff. AktG werden zumindest teilweise Kleinaktionäre, die einen zwangsweisen Ausschluss aus der Gesellschaft gerade in Baissephasen oder bei sonstiger niedriger Bewertung der Anteile fürchten müssen, von einem Aktienerwerb Abstand nehmen. Dieses zu erwartende Anlegerverhalten kann sogar zu einer Schwächung des Finanzplatzes Deutschland führen.

h) Zu den Kosteneinsparungen

Für die Einführung des Squeeze-outs sprach schließlich aus Sicht der Bundesregierung, dass der Ausschluss von Minderheitsaktionären zu einer starken Reduzierung der Beschlussfassungskosten führt, die bei der Vorbereitung und Durchführung von Hauptversammlungen entstehen. In der Summe liegen diese einsparungsfähigen Beschlussfassungskosten zwischen € 10.000,00 und € 807.000,00.[81] Dies ergab eine Befragung von 28 Unternehmen: Diese erwarteten direkte Beschlussfassungskosten ausschließlich Personalkosten in einer Spannweite zwischen € 4.000,00 und € 500.000,00. Dazu kommen gebundene Personalkapazitäten mit einem Minimalwert von fünf Manntagen und einem Maximalwert von 900 Manntagen.[82]

Es ist nicht ersichtlich, dass die Bundesregierung Überlegungen angestellt hat, um mit weniger einschneidenden Maßnahmen Kosteneinsparungen hinsichtlich der Beschlussfassung bei Hauptversammlungen zu erreichen. So wird an keiner Stelle des Regierungsentwurfs darauf eingegangen, aus welchen Gründen bei Vorliegen einer 95%igen Aktienmehrheit nicht lediglich aktienrechtliche Erleichterungen zu Gunsten des Hauptaktionärs eingreifen könnten. Es wäre auszuführen gewesen, weswegen nicht lediglich die Vorschriften über die Hauptversammlung (§§ 118 ff. AktG) bei Mehrheitsverhältnissen, die für die Durchführung eines Squeeze-outs erforderlich sind, nicht bzw. eingeschränkt anzuwenden wären. Als Vorbild hätten zum Beispiel die Vorschriften zur „kleinen

---

[79] BVerfG, NJW 2001, 279 ff., 279 („Moto Meter“).

[80] Hueck/Windbichler, Gesellschaftsrecht, § 20, Rn. 12; Liftin/App, Unternehmensform nach Maß, Rn. 295.

[81] Gampenrieder, WPg 2003, 481 ff., 487.

[82] Gampenrieder, WPg 2003, 481 ff., 487.

Aktiengesellschaft“ dienen können, die erst im Jahre 1994 in das Aktiengesetz eingeführt worden sind.[83] Nach dieser Neufassung des Aktiengesetzes sind unter bestimmten Voraussetzungen starke Vereinfachungen hinsichtlich der Durchführung von Hauptversammlungen möglich: Gemäß § 121 Abs.6 AktG ist es danach insbesondere bei Anwesenheit aller Aktionäre (sog. Vollversammlung) nicht mehr erforderlich, Einberufungsfristen (§ 123 AktG) einzuhalten, die Tagesordnung bekanntzumachen (§ 124 Abs.1 AktG) oder die Einberufung durch den Vorstand vornehmen zu lassen (§ 121 Abs.2 AktG). Des Weiteren ist es seit dem Jahre 1994 nicht mehr in jedem Fall erforderlich, dass über die Beschlüsse der Hauptversammlung eine Beurkundung in Form einer notariell aufgenommenen Niederschrift zu erfolgen hat. Bei nichtbörsennotierten Gesellschaften reicht gemäß § 130 Abs.1 S.3 AktG eine vom Vorsitzenden des Aufsichtsrates zu unterzeichnende Niederschrift aus, soweit keine Beschlüsse gefasst werden, für die das Gesetz mindestens eine Dreiviertelmehrheit vorsieht.

Es hätte ebenfalls nahe gelegen, lediglich die Klagemöglichkeiten der Minderheitsaktionäre gemäß §§ 241 ff. AktG einzuschränken, sofern ein Hauptaktionär über 95% der Anteile an der Gesellschaft hält und einen entsprechenden Antrag stellt.[84] Es wäre dann allerdings auch erforderlich gewesen, den Minderheitsaktionären für die Einschränkung dieser Aktionärsrechte einen Ausgleich anzubieten. In den Jahren vor Einführung der Vorschriften über den Squeeze-out gab es auch unterschiedliche Vorschläge und Überlegungen, das Anfechtungsrecht gemäß §§ 243 ff. AktG einzuschränken.[85] Allerdings fasste der 63. Deutsche Juristentag in Leipzig im Jahre 2000 lediglich den Beschluss, dass das Anfechtungsrecht eingeschränkt werden sollte. Einerseits sollten verschärfte Anforderungen an die Kausalität und die Erheblichkeit von Informationsmängeln und Verfahrensfehlern gestellt werden und andererseits sollte das Prinzip der Verhältnismäßigkeit in Anlehnung an § 16 Abs.3 S.2 UmwG eingehalten werden.[86] Dieser Juristentag lehnte hingegen die Anträge ab, nach denen die Klagebefugnis von

---

[83] Gesetz für kleine Aktiengesellschaften und zur Deregulierung des Aktienrechts, BGBl. I 1994, S. 1961; von Horsting/Jaschinski/Ossola-Haring, Die kleine AG, S.6, mit Überblick zu den Sonderregelungen bei Vorliegen einer „kleinen AG“.

[84] Schütz, DB 2004, 419 ff., 419, der im Zusammenhang zum Referentenentwurf „Gesetz zur Unternehmensintegrität und Modernisierung des Anfechtungsrechts – (UMAG-RefE)“ die Entwicklung ab den 1990er Jahren zur Frage der Einschränkung der Anfechtungsrechte aufzeigt.

[85] Vgl. Hüffer, FS für Kropff, S. 127 ff., 142/143, der zumindest die Ausgabe einer bestimmten, neu zu schaffenden Aktienart, bei der das Anfechtungsrecht ausgeschlossen ist, ermöglichen wollte; Hüffer, FS für Brandner, S. 57 ff., 66: Hier macht Hüffer auch den Vorschlag, dass de lege ferenda ein Anfechtungsrecht erst bei einer bestimmten Mindestbeteiligung ausgeübt werden kann.

[86] Beschlüsse des 63. Deutschen Juristentages Leipzig 2000: Wirtschaftsrecht, DB 2000, 2108 - 2110, 2109 (dort: Nr. 8).

einer Mindestbeteiligung des oder der Kläger oder von einer Mindestbesitzdauer der Beteiligung abhängig gemacht werden sollte.[87]

3. Zwischenergebnis

Für die Einführung der §§ 327a ff. AktG bestand keine tatsächliche Notwendigkeit. Insbesondere auch aus gesamtökonomischer Sicht ist es zweifelhaft, ob die Ausschlussmöglichkeit von Minderheitsaktionären zu einer Attraktivitätssteigerung des Wirtschaftsstandortes Deutschland führen wird. Es ist nämlich zu befürchten, dass künftig potentielle Kleinaktionäre von einer Aktienanlage absehen, weil sie einen späteren Ausschluss zu einem für sie ungünstigen Zeitpunkt befürchten müssen.

II. Keine konsequente Weiterentwicklung anderer aktienrechtlicher Rechtsinstitute

In der Literatur[88] und in zum Squeeze-out ergangenen Entscheidungen[89] wird teilweise die Ansicht vertreten, dass die Situation beim Squeeze-out mit der Situation bei der übertragenden Auflösung (§ 179a AktG) vergleichbar sei. Für Fälle einer übertragenden Auflösung hatte das Bundesverfassungsgericht[90] in seiner „Moto Meter"-Entscheidung herausgestellt, dass die bei einer übertragenden Auflösung angewandte Verfahrensweise grundsätzlich verfassungsrechtlich zulässig sei. Aus der angeblichen Vergleichbarkeit der Rechtsinstitute des Squeeze-outs und der übertragenden Auflösung wird der Schluss gezogen, dass verfassungsrechtliche Wertungen zur übertragenden Auflösung auch für das Squeeze-out-Verfahren Anwendung finden.

1. Zum Rechtsinstitut der übertragenden Auflösung

Bei einer übertragenden Auflösung wird das gesamte Vermögen einer Aktiengesellschaft auf den Mehrheitsaktionär oder auf eine von ihm abhängige Tochtergesellschaft übertragen. Die Minderheitsaktionäre bleiben an der Aktiengesellschaft beteiligt. Diese besitzt allerdings an aktiver Vermögensmasse nur noch

---

[87] Beschlüsse des 63. Deutschen Juristentages Leipzig 2000: Wirtschaftsrecht, DB 2000, 2108 - 2110, 2109 (dort: Nr. 7); vgl. auch Schütz, DB 2004, 419 ff., 419.

[88] Vetter, DB 2001, 743 ff., 746; Kossmann, NZG 1999, 1198 ff., 1199.

[89] OLG Köln, Beschluss vom 06.10.2003, AG 2004, 39 ff., 41; a. A.: LG Wuppertal, AG 2004, 161 f., 162, welches eine Besonderheit des Squeeze-out-Verfahrens im Gegensatz zu den bisher als verfassungsmäßig gehaltenen Regelungen hinsichtlich der Formumwandlung, der Verschmelzung und der Eingliederung herausstellt; diese Besonderheit liege darin, dass im Gegensatz zu den eben genannten Umstrukturierungsmaßnahmen der Squeeze-out zum völligen Entzug des Aktieneigentums führe.

[90] BVerfG, ZIP 2000, 1670 ff. („Moto Meter").

die als Gegenleistung für die Vermögensübertragung erbrachte Kaufpreissumme. Im Folgenden führt der Hauptaktionär die Auflösung der Aktiengesellschaft herbei. Die Mitgliedschaftsstellung der Minderheitsaktionäre endet dabei erst mit Schluss der Abwicklung, nachdem nach entsprechendem Auflösungsbeschluss (§ 262 Abs.1 Nr.2 AktG) und Durchführung des Liquidationsverfahrens der Liquidationsüberschuss unter den Aktionären aufgeteilt worden ist (§ 271 AktG).

Sowohl beim Squeeze-out als auch bei der übertragenden Auflösung – so wird argumentiert[91] - nehme der Minderheitsaktionär die Funktion eines reinen Finanzanlegers ein. Außerdem ist das Rechtsinstitut der übertragenden Auflösung mit Fällen eines Squeeze-outs deshalb vergleichbar, weil diese beiden gesellschaftsrechtlichen Maßnahmen jeweils zur Folge haben, dass die Minderheitsaktionäre nicht mehr an der werbenden Gesellschaft beteiligt werden.

2. Abgrenzung zur übertragenden Auflösung

Es sprechen verschiedene Argumente gegen die Ansicht, dass das Squeeze-out-Verfahren eine konsequente Fortentwicklung bisher bereits bestehender aktienrechtlicher Rechtsinstitute ist. So besteht beim Squeeze-out im Vergleich zum Rechtsinstitut der übertragenden Auflösung die Besonderheit, dass die Gesellschaft fortgeführt wird. Im Falle der übertragenden Auflösung wird hingegen die Gesellschaft nach Vermögensübertragung liquidiert und lediglich die Gesellschaft, auf die das Vermögen übertragen wird, besteht fort. Die übertragende Auflösung ist anders als der Squeeze-out, bei dem lediglich ein Wechsel der Gesellschafterstellung stattfindet, an grundlegende Struktur- und Konzernierungsmaßnahmen geknüpft.[92] So hat die übertragende Auflösung vor allem auch nachhaltige steuerrechtliche Auswirkungen.[93]

Im Gesellschaftsrecht wird streng zwischen einem Ausschluss eines Gesellschafters aus einer Gesellschaft und der Auflösung der Gesellschaft unterschieden. Im Recht der Personenhandelsgesellschaften muss der wichtige Grund bei Auflösung der Gesellschaft nach § 133 HGB von anderer Rechtsqualität sein, als beim Ausschluss eines Gesellschafters nach § 140 HGB.[94] So muss bei einer Ausschließung gemäß § 140 Abs.1 HGB im Unterschied zu § 133 Abs.1 HGB der wichtige Grund gerade in der Person des Auszuschließenden liegen.[95] Ob die Auflösung oder die Ausschließung als milderes Mittel anzusehen ist, hängt al-

---

[91] Vetter, DB 2001, 743 ff., 746.

[92] Schwichtenberg, DStR 2001, 2075 ff., 2082.

[93] Vgl. Schaumburg/Jesse in Lutter, Holding-Handbuch, § 13, Rn. 161.

[94] K. Schmidt in Münchener Kommentar zum HGB, Bd. 2, § 140, Rn. 13.

[95] Hopt in Baumbach/Hopt, HGB-Kommentar, § 140, Rn. 5; Koller in Koller/ Roth/ Morck, HGB-Kommentar, § 140, Rn. 2.

lerdings davon ab, ob auf die Sicht des auszuschließenden Gesellschafters oder auf die der in der Gesellschaft verbleibenden Gesellschafter abgestellt wird. Aus der Sicht des auszuschließenden Gesellschafters ist hiernach die Auflösungsklage nach § 133 HGB gegenüber der Ausschließung aus wichtigem Grund die weniger einschneidende Gesellschaftsmaßnahme.[96] Dies gilt deshalb, weil im Falle der Auflösung der Gesellschaft der ausgeschlossene Gesellschafter einen seinem Anteil entsprechenden Teil des Liquidationserlöses bekommt und insbesondere nicht auf Bewertungen seines Gesellschaftsanteils angewiesen ist. Einen solchen Liquidationserlös würden auch die Aktionäre der ursprünglichen Gesellschaft im Zuge der übertragenden Auflösung erhalten. Anders stellt sich allerdings das Rangverhältnis zwischen Ausschließung und Auflösung aus der Sicht der übrigen Gesellschafter dar, die grundsätzlich eine Fortführung der Gesellschaft unter Ausschluss eines Gesellschafters einer Liquidation vorziehen.

Sofern also die Wertungen zu den §§ 133, 140 HGB herangezogen werden, um das Verhältnis zwischen der Durchführung einer übertragenden Auflösung und eines Squeeze-outs zu ermitteln, lässt sich gerade nicht feststellen, dass im Squeeze-out-Verfahren lediglich eine konsequente Fortentwicklung des Rechtsinstitutes der übertragenden Auflösung liegt. In die Rechte der Minderheitsaktionäre wird nämlich beim Squeeze-out im Vergleich zur übertragenden Auflösung in einschneidenderer Weise eingegriffen. So findet beim Squeeze-out – anders als bei der übertragenden Auflösung – kein Abwicklungsverfahren statt, in dessen Rahmen die Liquidationsmasse verteilt wird. Der in der Literatur[97] und in der Rechtsprechung[98] vertretenen Ansicht, wonach die verfassungsrechtliche Zulässigkeit einer übertragenden Auflösung die Zulässigkeit des Squeeze-outs impliziere, ist deshalb nicht zu folgen.

Auch der Hauptaktionär kann nicht in ähnlicher Weise wie nach den Squeeze-out-Vorschriften bei Durchführung einer übertragenden Auflösung sein wirtschaftliches Ziel, nämlich ohne Beteiligung von Minderheitsaktionären die Geschäfte fortzuführen, erreichen. Der Hauptaktionär hat bei Abwicklung der aufzulösenden Gesellschaft gemäß § 272 Abs.1 AktG zu beachten, dass das Vermögen der Gesellschaft erst verteilt werden darf, wenn ein Jahr seit dem Tage

---

[96] K. Schmidt, Gesellschaftsrecht, § 50 III 1. a); so im Ergebnis auch BGHZ 4, 108 ff., 110/111.

[97] In der Literatur wird teilweise auch davon gesprochen, dass durch die „Moto Meter"-Entscheidung des Bundesverfassungsgerichts (ZIP 2000, 1670 ff.) dem Squeeze-out-Verfahren eine verfassungsrechtliche Unbedenklichkeitsbescheinigung ausgestellt worden sei – so zum Beispiel: Fleischer, DNotZ 2000, 876 ff., 879; Weber, NJW 2000, 3461 ff., 3471; so auch tendenziell Neye, EWiR 2000, 913 f., 914; Keul, DB 2003, 708 f., 708.

[98] OLG Hamburg, NZG 2003, 978 ff., 979; LG Berlin, DB 2003, 707 ff., 708; OLG Düsseldorf, NZG 2004, 1168 ff., 1169.

verstrichen ist, an dem der „Aufruf der Gläubiger“ zum dritten Mal bekannt gemacht worden ist. Außerdem fördert die Vermögensübertragung auf eine andere Gesellschaft nicht die Vertrauensbildung bei Geschäftspartnern. Bei Geschäftspartnern kann nämlich der Eindruck entstehen, dass die Übertragung insolvenzrechtlich motiviert ist.

3. Zwischenergebnis

Die übertragende Auflösung und das Squeeze-out-Verfahren haben nur hinsichtlich der erzielten wirtschaftlichen Ergebnisse Ähnlichkeit. Die jeweilige rechtliche Ausgestaltung ist hingegen sehr unterschiedlich. Verfassungsrechtliche Wertungen hinsichtlich der übertragenden Auflösung sind nicht ohne weiteres auf Fälle des Squeeze-outs übertragbar.

III. Zu den verfassungsrechtlichen Konsequenzen

In der Literatur wird nur vereinzelt die Auffassung vertreten, dass das Rechtsinstitut des Squeeze-outs gemäß §§ 327a ff. AktG insgesamt verfassungswidrig sei.[99] Abgesehen von diesen vereinzelten Stimmen wird von der herrschenden Ansicht in der Literatur und in der Rechtsprechung das Rechtsinstitut des Squeeze-outs grundsätzlich für verfassungsgemäß gehalten.[100] Dies wird zumindest dann angenommen, wenn die Minderheitsaktionäre einen vollen Ausgleich für den Verlust ihrer Anteilsrechte erhalten.[101] In Hinsicht auf die Angemessenheit der Abfindung ist danach eine verfassungskonforme Auslegung der §§ 327a ff. AktG vorzunehmen.

1. Zum gesetzgeberischen Zweck

Die Einführung der Squeeze-out-Vorschriften war zwar eher nicht notwendig.[102] Hieraus kann allerdings nicht gefolgert werden, dass wegen Fehlens eines anzuerkennenden gesetzgeberischen Zweckes die §§ 327a ff. AktG gegen Art. 14 Abs. 1 GG oder gegen den im Verhältnis zu Art. 14 GG subsidiären Art. 2 Abs.1 GG verstoßen und mithin verfassungswidrig sind. Für die Verfassungsmäßigkeit spricht nämlich die Gestaltungsfreiheit des Gesetzgebers, wonach diesem grundsätzlich ein weiter Ermessensspielraum für sein politisches Handeln einzuräumen ist.[103] Dies führt dazu, dass er in Hinblick auf Abwägungsfragen, die das gesetzgeberische Vorgehen bestimmen, zumindest dann in seiner Auswahlentscheidung nicht gebunden ist, wenn eine Störung des gesamtwirtschaftlichen

---

[99] Vgl. Hanau, NZG 2002, 1040 ff., 1047.
[100] Vgl. hierzu Teil 1, A. I.
[101] Hüffer, AktG-Kommentar, § 327a, Rn. 4; Vetter, AG 2002, 176 ff., 183.
[102] Vgl. hierzu Teil 2, A. I.
[103] BVerfGE 25, 1 ff., 19 f.; 37, 1 ff., 20; 51, 193 ff., 208; 77, 84 ff., 106.

Gleichgewichts abgewehrt werden soll.[104] Dieser weite Gestaltungsspielraum des Gesetzgebers, dem ein Einschätzungs- und Prognosevorrang einzuräumen ist, ist insbesondere auf den Gebieten der Arbeitsmarkt-, Sozial- und Wirtschaftsordnung anzuerkennen.[105]

Der Gesetzgeber verfolgte mit Einführung der §§ 327a ff. AktG gesamtökonomische Zielsetzungen, die insbesondere in der Förderung des Wirtschaftsstandortes Deutschland lagen. Wenn in der vorliegenden Arbeit die Notwendigkeit der Einführung der §§ 327a ff. AktG stark bezweifelt wird, kann hieraus nicht der Schluss gezogen werden, dass der Gesetzgeber seinen Prognosespielraum überschritten hat. Dies gilt insbesondere deswegen, weil das Bundesverfassungsgericht keine Prüfungskompetenz dahingehend hat, ob die vom Gesetzgeber gefundene Lösung die zweckmäßigste, vernünftigste und gerechteste Regelung einer bestimmten Sachfrage ist.[106] Mit Einführung der §§ 327a ff. AktG wollte der Gesetzgeber eine aus seiner Sicht vorliegende Störung des gesamtwirtschaftlichen Gleichgewichts ausgleichen, die darin lag, dass der Hauptaktionär notwendige Umstrukturierungsvorhaben nur unter erschwerten Bedingungen durchführen konnte.

2. Zwischenergebnis

Unter Berücksichtigung des Ermessensspielraums des Gesetzgebers ist es abzulehnen, die §§ 327a ff. AktG insgesamt als verfassungswidrig anzusehen. Gegen die Verfassungsmäßigkeit der Squeeze-out-Vorschriften kann auch nicht eingewandt werden, dass deren Einführung nicht geboten war. Insoweit ist allerdings im Rahmen der Auslegung der §§ 327a ff. AktG zu berücksichtigen, dass bei Ermittlung der angemessenen Abfindungshöhe die nicht nachvollziehbare einseitige Belastung der Minderheitsaktionäre ihren Ausgleich findet. Die §§ 327a ff. AktG müssen mithin verfassungskonform ausgelegt werden.

---

[104] BVerfGE 79, 311 ff., 342; Badura, Staatsrecht, Kapitel F., Rn. 14.
[105] BVerfGE 25, 1 ff., 19 f.; 37, 1 ff., 20; 51, 193 ff., 208; 77, 84 ff., 106.
[106] Badura, Staatsrecht, Kapitel F., Rn. 14.

B. Rechtsdogmatische Grundlagen des Abfindungsanspruchs

I. Einordnungsvarianten

Von der Rechtsnatur des Abfindungsanspruchs hängt maßgeblich die Frage ab, in welcher Höhe ein ausgeschlossener Minderheitsaktionär Abfindung verlangen kann.[107] Dies gilt vor allem deshalb, weil die Vorschrift des § 327b Abs.1 AktG nicht abschließend bestimmt, welche Vermögenspositionen von der Ersatzpflicht mit umfasst sind. Dabei bietet der Wortlaut der §§ 327b Abs.1 S.1, 327a Abs.1 S.1 AktG nur Anhaltspunkte, in welchem Umfang eine Abfindung gewährt werden muss. Gemäß § 327a Abs.1 S.1 AktG muss die Abfindung angemessen sein. Nach § 327b Abs.1 S.1, Hs.2 AktG müssen bei Bestimmung der Höhe der Abfindung die Verhältnisse der Gesellschaft zum Zeitpunkt der Beschlussfassung der Hauptversammlung berücksichtigt werden. Aus dem Gesetzestext der §§ 327a, 327b AktG lässt sich nicht unmittelbar entnehmen, ob den ausgeschlossenen Gesellschaftern auch Ersatz dafür zu leisten ist, dass sie bei Erwerb anderer Unternehmensanteile Transaktionskosten zu tragen haben. Ob es angemessen ist, wenn sich die ausgeschlossenen Aktionäre Kosten erstatten lassen, die ihnen bei Einschaltung von Rechtsanwälten, Steuerberatern und Wirtschaftsprüfern entstanden sind, kann ebenfalls dem Wortlaut des § 327b Abs.1 AktG nicht entnommen werden. Gleiches gilt für die Ersatzfähigkeit der Verhandlungsposition, die ein Minderheitsaktionär bei Ausschluss aus der Gesellschaft verliert. Auch insoweit könnte eine Auslegung ergeben, dass der Verlust der Verhandlungsposition bei Bemessung der Abfindungshöhe werterhöhend berücksichtigt werden muss.

Der Gesetzgeber hat davon abgesehen, Klarheit hinsichtlich der rechtsdogmatischen Grundlagen des Abfindungsanspruchs gemäß §§ 327a Abs.1, 327b Abs.1 AktG zu schaffen. In der Regierungsbegründung finden sich insbesondere keine Hinweise zur Rechtsnatur des Abfindungsanspruches.[108] Es bleibt also der Rechtsprechung und Lehre überlassen, die Rechtsnatur des Abfindungsanspruches zu bestimmen. In Betracht kommt eine Einstufung in eine typisierte Anspruchsart wie den schadensersatzrechtlichen, entschädigungsrechtlichen sowie vergütungsrechtlichen Ansprüchen. In Betracht zu ziehen ist aber ebenfalls eine Einstufung in eine Gruppe von Ansprüchen, in welcher das gesellschaftsrechtliche Gepräge der §§ 327a, 327b AktG in den Vordergrund gerückt wird; im Folgenden werden diese Ansprüche als gesellschaftsrechtliche Ersatzansprüche eigener Art (sui generis) bezeichnet.

---

[107] Hierzu auch Teil 1, B. I.

[108] RegBegr., BT-Drucks. 14/7034, S. 72/73.

Je nach Anspruchsart ist dem Abfindungsanspruch gemäß §§ 327a Abs.1, 327b Abs.1 AktG ein anderer Anspruchsinhalt zuzuschreiben.

1. Schadensersatzanspruch

Sofern in den §§ 327a Abs.1, 327b Abs.1 AktG ein Schadensersatzanspruch gesehen werden würde, wären die §§ 249 ff. BGB zumindest dann anzuwenden, wenn der § 327b AktG keine speziellen Regelungen vorsieht. Bei Einordnung des Abfindungsanspruchs als Schadensersatzanspruch stände dem Minderheitsaktionär Naturalrestitution gemäß § 249 S.1 BGB zu. Da Schadensausgleich im Zuge von Naturalrestitution die Herstellung des gleichen wirtschaftlichen Zustandes, der ohne das schädigende Ereignis bestehen würde, bedeutet[109], wären hiernach dem Minderheitsaktionär auch die Transaktionsgebühren, die er für den Kauf neuer Unternehmensanteile aufwenden müsste, zu ersetzen. Dies muss jedenfalls dann gelten, wenn der ausgeschlossene Minderheitsaktionär beabsichtigt, wiederum Anteile an einer anderen Gesellschaft zu erwerben.[110] Überdies läge es bei Anwendbarkeit des § 249 S.1 BGB ebenfalls nahe, dem Minderheitsaktionär den Verlust seiner Verhandlungsposition zu erstatten, da ihm ohne die Durchführung des Squeeze-outs weiterhin die Möglichkeit offen stände, seine Anteile zu einem ihm günstig erscheinenden Zeitpunkt zu veräußern.[111]

2. Vergütungsanspruch

Sofern hingegen in § 327b AktG die Ausgestaltung eines Vergütungsanspruches gesehen wird[112], kämen subsidiär die allgemeinen Vertragsgrundsätze der §§ 104 ff., 433 ff. BGB zur Anwendung: Danach läge eine Anwendung der §§ 133, 157 BGB nahe. Es muss dabei der Grundsatz von Treu und Glauben, die Verkehrssitte und der verobjektivierte Empfängerhorizont berücksichtigt werden. Der vom Hauptaktionär gemäß § 327c Abs.2 S.1 AktG zu erstattende schriftliche Bericht (sog. Ausschlussbericht[113]) könnte dann die Funktion eines zivilrechtlichen Angebotes im Sinne der §§ 145 ff. BGB haben.

Bei Einstufung des Abfindungsanspruches als vergütungsrechtlichen Anspruch läge es auch nahe, dass die Grundsätze, die zum Kontrahierungszwang aufgestellt worden sind[114], Anwendung fänden. Dann bestände nach allgemeinen zum

---

[109] Palandt-Heinrichs, BGB-Kommentar, § 249, Rn. 2; Schirmer in FS für Horst Baumann, S. 293 ff., 297.

[110] Vgl. Stephan, Gesellschafterschaden und Gesellschaftsschaden, S. 84.

[111] Vgl. Stephan, Gesellschafterschaden und Gesellschaftsschaden, S. 238, die darlegt, dass Unternehmensanteile einen über den bloßen inneren Wert hinausgehenden Wert besitzen, der im Rahmen der §§ 249 ff. BGB ersatzfähig ist.

[112] Vgl. Hanau, NZG 2002, 1040 ff., 1041; so wohl auch Habersack, ZIP 2001, 1230 ff., 1236.

[113] Gross in Happ, Aktienrecht, 17.02, Rn. 9, S. 1719; Krieger, BB 2002, 53 ff., 59.

[114] Vgl. Palandt-Heinrichs, BGB-Kommentar, Einführung vor § 145, Rn. 8.

Kontrahierungszwang aufgestellten Grundsätzen eine Pflicht des Minderheitsaktionärs, den Vertrag zu angemessenen und üblichen Bedingungen zu schließen.[115] Ob einem Minderheitsaktionär – auch im Rahmen eines im Gegenseitigkeitsverhältnis stehenden Anspruches auf Vergütung – ein Ersatz für den Verlust der Verhandlungsposition sowie für die Transaktionskosten gewährt werden würde, hinge maßgeblich vom Verhandlungsgeschick des Minderheitsaktionärs ab. Da allerdings der Hauptaktionär in der Regel ein nachhaltiges Interesse daran hat, alleiniger Anteilsinhaber an der AG/KGaA zu werden[116], wäre zumindest in vielen Fällen zu erwarten, dass der Minderheitsaktionär einen Kaufpreisaufschlag wegen entstehender Transaktionskosten sowie für den Verlust der Verhandlungsposition aushandeln könnte.

Es bestehen generelle Zweifel daran, dass im Falle einer 95%-Beteiligung des Hauptaktionärs an einer AG/ KGaA tatsächlich eine Kontrahierungspflicht der Minderheitsaktionäre angenommen werden muss. Gerechtfertigt wird der Abschlusszwang grundsätzlich damit, dass ein Angewiesensein auf die vertragliche Leistung angenommen werden kann und eine räumliche und sachliche Monopolstellung des Abschlusspflichtigen bestehen muss.[117] Es ist zweifelhaft, ob ein Minderheitsaktionär, der im Gegensatz zum Hauptaktionär nur einen Bruchteil an Aktien besitzt, als Inhaber einer Monopolstellung angesehen werden kann. Ein Vergleich mit der einen Kontrahierungszwang begründenden Vorschrift des § 5 Abs.2 PflVG[118] zeigt allerdings, dass das Merkmal der Monopolstellung nicht eng zu verstehen ist. Nach § 5 Abs.2 PflVG sind sämtliche im Inland zum Betrieb einer Kraftfahrzeughaftpflichtversicherung befugten Versicherungsunternehmen zum Abschluss einer Kraftfahrzeughaftpflichtversicherung verpflichtet. Es wäre insoweit wertungswidersprüchlich, wenn in Squeeze-out-Konstellationen die auszuschließenden Aktionäre nur deshalb keinem Kontrahierungszwang unterlägen, weil der Hauptaktionär den Großteil der Anteile besitzt. Auf den vom Hauptaktionär gehaltenen Aktienanteil kann nicht abgestellt werden, weil lediglich der Erwerb der übrigen Anteile zur Disposition steht.

Allerdings spricht ein anderes gewichtiges Argument gegen die Anwendbarkeit der Grundsätze über den Kontrahierungszwang: So wird es in Fällen, in denen ein Kontrahierungszwang besteht, für erforderlich gehalten, dass der Abschlusspflichtige entweder tatsächlich das Angebot zum Abschluss des Vertrages an-

---

[115] Wolf in Soergel, BGB-Kommentar, Bd. 2, vor §§ 145 ff., Rn. 50; Bork, Allgemeiner Teil des BGB, Rn. 663; Busche, Privatautonomie und Kontrahierungszwang, S. 252 ff.; Nipperdey, Kontrahierungszwang und diktierter Vertrag, S. 31.
[116] Hierzu Teil 2, A. I. 2. a).
[117] Wolf in Soergel, BGB-Kommentar, Band 2, vor §§ 145 ff., Rn. 50; Mestmäcker, JZ 1964, 441 ff., 443/444.
[118] Feyock in Feyock/Jacobsen/Lemor, Kraftfahrtversicherung, PflVG, § 5, Rn. 6.

nimmt oder dass zumindest auf Grundlage eines stattgebenden Urteils eine solche Annahmeerklärung fingiert wird.[119] Bloßes Schweigen des Kontrahierungspflichtigen reicht nur teilweise aus (vgl. § 5 Abs.3 S.1 PflVG), eine Annahmeerklärung zu fingieren.[120] In Fällen eines Squeeze-outs bedarf es hingegen weder einer ausdrücklichen noch einer fingierten Annahme. Gemäß § 327a Abs.1 AktG ist vielmehr lediglich ein Hauptversammlungsbeschluss vonnöten, für den eine einfache Mehrheit ausreicht (§ 133 Abs.1 AktG) und bei dem auch der Hauptaktionär mit abstimmen darf, da nach ganz herrschender Meinung kein Fall eines Stimmrechtsausschlusses vorliegt (§ 136 Abs.1 AktG).[121]

3. Entschädigungsanspruch

a) Vergleich zu § 906 Abs.2 S.2 BGB

Wäre in § 327b Abs.1 AktG eine Entschädigungsregelung zu sehen, dann stünde diese Vorschrift in einem komplexen System von Aufopferungsansprüchen[122] (vgl. insbesondere §§ 904 S.2, 906 Abs.2 S.2, 912 Abs.2, 917 Abs.2, 867 S.2, 1005 BGB, 14 S.2 BImSchG). Es wäre insbesondere zu erwägen, ob der Rechtsgedanke des § 906 Abs.2 S.2 BGB zur Anwendung kommen würde, wonach einem Minderheitsaktionär hilfsweise ein Anspruch auf Entschädigung zustehen würde.[123] In diesem Fall wäre es zweifelhaft, die §§ 249 ff. BGB analog anzuwenden.[124] Nach herrschender Meinung ist der Entschädigungsanspruch gemäß § 906 Abs.2 S.2 BGB nicht auf Schadensersatz gerichtet, sondern allein auf eine angemessene Entschädigung.[125] Nur vereinzelt wird vertreten, dass unter einer angemessenen Entschädigung auch der volle Schadensersatz gemäß §§ 249 ff. BGB eingeschlossen wäre.[126] Für die Ansicht, nach der unter den Entschädigungsbegriff auch Ansprüche auf Schadensersatz fallen, spricht ein Rückgriff auf die aufopferungsrechtliche Anspruchsgrundlage des § 904 S.2 BGB. § 904 S.2 BGB ist nämlich auf „Ersatz des Schadens" gerichtet. Mit dieser Vorschrift wird allerdings kein allgemeiner Rechtsgedanke des Entschädigungsrechts zum Ausdruck gebracht. Dies wird bei Heranziehung des § 906 Abs.2 S.2 BGB deutlich. Nach dieser entschädigungsrechtlichen Vorschrift wird dem An-

---

[119] Palandt-Heinrichs, BGB-Kommentar, Einf. vor § 145, Rn. 11.

[120] Feyock in Feyock/Jacobsen/Lemor, PflVG-Kommentar, § 5, Rn. 21.

[121] Gross in Happ, Aktienrecht, 17.02, Rn. 5, S. 1712; Fuhrmann/Simon, WM 2002, 1211 ff., 1213; Sieger/Hasselbach, ZGR 2002, 120 ff., 142.

[122] Palandt-Bassenge, BGB-Kommentar, § 906, Rn. 42.

[123] Vgl. zu §§ 304, 305 AktG: Schmidt, Das Recht der außenstehenden Aktionäre, S. 27.

[124] Palandt-Bassenge, BGB-Kommentar, § 906, Rn. 33; Lorenz in Erman, BGB-Kommentar, Bd. II, § 906, Rn. 72.

[125] Soergel-Baur, BGB-Kommentar, § 906, Rn 109; BGHZ 49, 148 ff., 155; 62, 361ff., 369; 85, 375 ff., 386; BGH, NJW 1985, 47.

[126] Jauernig, JZ 1986, 605 ff., 612; so wohl auch: Schmidt, Das Recht der außenstehenden Aktionäre, S. 68.

spruchsteller nur ein „angemessener Ausgleich in Geld“ gewährt. Unter Zugrundelegung des Wortlautes des § 906 Abs.2 S.2 BGB stände dem Minderheitsaktionär lediglich ein geschmälerter Ausgleichanspruch zu, da die angemessene Entschädigung grundsätzlich nur im Ausgleich des Verkehrswertes der entzogenen Substanz liegt.[127] Danach wäre es unter Berücksichtigung sonstiger entschädigungsrechtlicher Ansprüche des Zivilrechts zweifelhaft, ob dem Minderheitsaktionär auch ein Anspruch auf Ausgleich für Transaktionskosten sowie für den Wert, der in dem Innehaben einer Verhandlungsposition liegt, zusteht.

b) Vergleich mit den §§ 85 ff. BauGB

Im Baugesetzbuch ist an verschiedenen Stellen geregelt, dass Grundstückseigentümer zum Wohle der Allgemeinheit ihre Grundstücke veräußern müssen bzw. dass sie anderenfalls enteignet werden können (vgl. §§ 85 ff., 165 ff. BauGB). Bei diesen Enteignungsverfahren wird dabei in der Regel angeordnet, dass sich die Gemeinde vor Durchführung dieser Maßnahme ernsthaft um den freihändigen Erwerb bemüht haben muss (vgl. § 87 Abs.2 S.1 BauGB – Enteignung, § 169 Abs.3 S.2 BauGB – Enteignung zur Durchführung von Entwicklungsmaßnahmen).

Sofern § 327b Abs.1 AktG als eine entschädigungsrechtliche Regelung anzusehen ist, könnten insbesondere die in den §§ 85 ff. BauGB enthaltenen Rechtsgedanken zum Tragen kommen.

aa) Bemühen um freihändigen Erwerb

Auf Grundlage der Vorschrift des § 87 Abs.2 BauGB muss sich ein Antragsteller, der zum Wohle der Allgemeinheit die Übertragung eines Grundstückes anstrebt, zunächst ernsthaft um dessen freihändigen Erwerb bemühen, bevor er ein Enteignungsverfahren anstrengen darf. In dieser Vorschrift kommt damit schlüssig der Rechtsgedanke zum Ausdruck, dass der Gesetzgeber bereits in der freien Aushandelbarkeit des Vertragsinhaltes eine Rechtsposition sieht. Für diese Annahme spricht vor allem der Zweck des § 87 Abs.2 S.1 BauGB. Mit dieser Vorschrift soll dem rechtsstaatlichen Grundsatz des geringst möglichen Eingriffs in das Eigentum, ohne den die Gewährleistung des Eigentums durch Art. 14 Abs.1 GG unvollständig wäre, nachgekommen werden.[128] Ein solch schwerer Eingriff in das Eigentum, wie der einer Enteignung, soll nur als letztes Mittel in Betracht kommen. Es muss also jeweils zunächst nach anderen Möglichkeiten gesucht werden, die weniger schwerwiegend sind. Eine Enteignung ist jedenfalls nicht erforderlich, wenn der Enteignungszweck im Wege freier Vereinbarungen, bei §

---

[127] Soergel-Baur, BGB-Kommentar, § 906, Rn. 109.

[128] BGH, NJW 1966, 2012 ff., 2012; Battis in Battis/Krautzberger/Löhr, BauGB-Kommentar, § 87, Rn. 6.

87 Abs.2 BauGB zum Beispiel durch Grundstückskauf, unter angemessenen Bedingungen verwirklicht werden kann.[129] Hieran lässt sich erkennen, dass in der freien Aushandelbarkeit des Verkaufspreises vom Gesetzgeber des BauGB und der Rechtsprechung ein Wert gesehen wird. Diesen Wert hat der Enteignende zu respektieren. Von daher ist er gehalten, ein Verfahren nach den §§ 87 ff. BauGB durchzuführen.

Das im Zuge von freihändigen Erwerbsverhandlungen abgegebene „angemessene Angebot" muss grundsätzlich nicht nur den Betrag für den durch die Enteignung eintretenden Rechtsverlust, sondern auch andere durch die Enteignung eintretende entschädigungspflichtige Vermögensnachteile umfassen.[130] Auch bei diesen Verhandlungen auf Grundlage des hierzu verpflichtenden § 87 Abs.2 S.1 BauGB müssen vom Erwerbswilligen die Vorschriften zur Entschädigungshöhe nach den §§ 93 ff. BauGB berücksichtigt werden.

Die Bedeutung der Verhandlungsverpflichtung wird auch dadurch deutlich, dass die Verhandlungen mit dem später zu enteignenden Grundstückseigentümer nicht ultimativ geführt werden dürfen.[131] Hieran zeigt sich, dass § 87 Abs.2 S.1 BauGB nicht lediglich eine formale, leicht zu erfüllende Anforderung enthält, welche der Erwerber beachten muss, bevor er den Grundstückseigentümer nach den §§ 85 ff. BauGB enteignen kann. Verstöße gegen die Pflicht zum Verhandeln führen außerdem nach herrschender Meinung dazu, dass die zuständige Behörde den gestellten Antrag wegen des Zulässigkeitsmangels nach § 87 Abs.2 S.1 BauGB zurückweisen muss.[132]

bb) Bedeutung der Verhandlungsposition nach den §§ 85 ff. BauGB
Es stellt sich die Frage, ob nach erfolglosem Bemühen des Enteignungsantragstellers, ein Grundstück freihändig vom Grundstückseigentümer zu erwerben, der Verlust der Verhandlungsposition bei der Bestimmung der Entschädigungshöhe zu berücksichtigen ist. Bei Einstufung des Abfindungsanspruchs nach § 327b Abs.1 AktG als entschädigungsrechtlichen Anspruch könnten die aus den §§ 85 ff. BauGB gezogenen Wertungen auf das Squeeze-out-Verfahren übertragen werden.

Die Grundnorm zur Bemessung der Entschädigungshöhe mit § 93 Abs.2 BauGB deutet zunächst einmal darauf hin, dass der Verlust der Verhandlungsposition im

---

[129] BVerwG, DVBl. 1965, 237; BGH, NJW 1966, 2012 ff., 2012.
[130] BGH, NJW 1966, 2012 ff., 2012.
[131] Ernst, DÖV 1961, 561 ff., 563; Breuer in Schrödter, BauGB-Kommentar, § 87, Rn. 32.
[132] Breuer in Schrödter, BauGB-Kommentar, § 87, Rn. 34; Berkemann in Berliner Kommentar zum BauGB, § 87, Rn. 74; Runkel in Ernst-Zinkahn-Bielenberg, BauGB-Kommentar, § 87, Rn. 96; wohl auch BVerwGE 19, 171 ff., 173.

Rahmen der §§ 85 ff. BauGB vergütet wird. Hiernach wird eine Entschädigung einerseits für den durch die Enteignung eingetretenen Rechtsverlust (§ 93 Abs.2 Nr.1 BauGB) und andererseits für andere durch die Enteignung eintretende Vermögensnachteile (§ 93 Abs.2 Nr.2 BauGB) gewährt. Auch im Falle von Grundstücksenteignungen hat nämlich der bisherige Grundstückseigentümer zunächst immer die Möglichkeit, den Zeitpunkt zum Verkauf seines Grundstückes selbst zu bestimmen. Dieser Rechtsverlust der freien Bestimmbarkeit des Zeitpunktes zum Verkauf wird durch die Regelung des § 87 Abs.2 BauGB lediglich in Bezug auf die Relevanz des Eingriffes abgemildert, da zumindest zunächst dem Grundstückseigentümer eine Verhandlungsposition zugestanden wird. Ein Vermögensnachteil ist in dem Verlust der Verhandlungsposition also auch dann zu sehen, wenn vor dem Enteignungszeitpunkt bereits einmal verhandelt worden ist. Auf der Ebene des einfachen Gesetzes hat § 93 Abs.2 BauGB am traditionellen Grundsatz der vollständigen Entschädigung im Sinne des Verlustausgleichs festgehalten; in erster Linie richtet sich die Höhe der Entschädigung nach den durch die Enteignung eingetretenen Rechtsverlusten; in zweiter Linie ist eine zusätzliche Entschädigung für andere – durch die Enteignung eintretende – Vermögensnachteile zu gewähren.[133] Diese zusätzliche Entschädigung bezieht sich vor allem auf Folgeschäden, die in § 96 Abs.1 BauGB umschrieben sind.

Bemerkenswert an der Vorschrift des § 96 Abs.1 BauGB ist, dass speziell auf das subjektive Interesse des Grundstückseigentümers am Besitz seines Grundstückes abgestellt wird.[134] In § 95 Abs.1 und 2 BauGB, der die Höhe der Entschädigung für den Rechtsverlust konkretisiert, wird hingegen auf das allgemeine objektive Interesse des Grundstückseigentümers abgestellt. Bei der objektiven Berechnung der Entschädigungshöhe nach § 95 Abs.1 BauGB wird dabei nicht einfachgesetzlich bestimmt, dass der bisherige Grundstückseigentümer auch für den Verlust seiner Verhandlungsposition entschädigt werden müsse. In § 95 Abs.2 Nr.3 BauGB wird sogar festgelegt, dass Werterhöhungen, die nach dem Zeitpunkt eingetreten sind, in dem der Eigentümer zur Vermeidung der Enteignung ein Tausch- oder Kaufangebot des Antragstellers unter angemessenen Bedingungen (§§ 87 Abs.2 S.1, 88 BauGB) hätte annehmen können, bei der Bestimmung der Entschädigungshöhe unberücksichtigt bleiben. Dies gilt nicht, wenn der Eigentümer Kapital oder Arbeit für die Erzielung von Werterhöhungen aufgewendet hat. Es wird deutlich, dass der Gesetzgeber der §§ 93 ff. BauGB dem Eigentümer spekulative Aspekte nicht werterhöhend zugute kommen lassen wollte. Dies gilt zumindest bei der in erster Linie zur Ermittlung der Entschädigungshöhe heranzuziehenden Vorschrift des § 95 BauGB.

---

133 Breuer in Schrödter, BauGB-Kommentar, § 93, Rn. 9.
134 Schiwy, BauGB-Kommentar, § 96, Ziffer 2.

Eine weitergehende Entschädigung bietet die Vorschrift des § 96 Abs.1 BauGB, wonach der Eigentümer einen Ausgleich für andere Vermögensnachteile zugesprochen bekommt. Aber auch hiernach dürfte ein Grundstückseigentümer nur in bestimmten besonderen Fallkonstellationen einen Ausgleich dafür fordern, dass er seine Verhandlungsposition verliert.[135] So ist in § 96 Abs.1 S.2 Nr.1 BauGB bestimmt, dass eine Entschädigung dafür gewährt werden kann, dass der Eigentümer einen vorübergehenden oder dauerhaften Verlust deshalb erleidet, weil er durch den Verlust des Grundstückseigentums auch an der Ausübung seiner Berufs- oder Erwerbstätigkeit oder an der Erfüllung ihm „wesensgemäß obliegenden Aufgaben" gehindert ist. Hieran zeigt sich, dass zumindest dann der Verlust der Verhandlungsposition nach § 96 Abs.1 S.2 Nr.1 BauGB ersetzt werden könnte, wenn der Eigentümer beim Verkauf seines Grundstücks Gewinne erzielt hätte und es ihm nicht möglich gewesen wäre, ein vergleichbares Grundstück zu günstigeren Konditionen zu erwerben. Die Höhe der Enteignungsentschädigung richtet sich nämlich nach dem Wert des entzogenen Objektes und ist im Gegensatz zum Schadensersatz nicht darauf gerichtet, dass der Enteignete so gestellt wird, als wenn der Eingriff nicht erfolgt wäre.[136] Der Entschädigungsbetrag richtet sich danach, welcher Betrag für die Erlangung einer gleichartigen Rechtsposition aufgebracht werden müsste.[137] Hierzu zählt auch, dass der Enteignete die im Rahmen eines Neuerwerbs anfallenden Nebenkosten ersetzt bekommt.[138]

Die vorgenommene Darstellung der Regelungen der §§ 87 ff. BauGB dient dazu, aufzuzeigen, dass bei Grundstücksenteignungen zu Zwecken des Allgemeinwohls die Interessenlage der zu enteignenden Grundstückseigentümer durch Vorgabe einfachgesetzlicher Vorschriften präzise umschrieben worden ist. Ein Grundstückseigentümer bekommt beim Entschädigungsverfahren lediglich dann ausnahmsweise einen Ausgleich für den Verlust seiner Verhandlungsposition, wenn er in einem konkreten Fall einen über den Verkehrswert liegenden Erlös erzielt hätte und auch nicht anderweitig ein vergleichbares Grundstück erwerben konnte.

Die Rechtslage für Entschädigungen nach den §§ 93 ff. BauGB ist allerdings nicht ohne weiteres mit der beim Squeeze-out vergleichbar, da das Squeeze-out-Verfahren – wie ausgeführt[139] – vornehmlich private (nämlich die des Hauptaktionärs) und nur eingeschränkt volkswirtschaftliche Interessen fördert. Im Gegensatz dazu dienen die in § 85 Abs.1 BauGB aufgestellten Enteignungszwecke

---

[135] Vgl. Schmidt-Aßmann in Ernst/Zinkahn//Bielenberg, BauGB-Kommen- tar, § 96, Rn. 34.

[136] BGHZ 57, 359 ff., 368 („Hamburger U-Bahn-Urteil").

[137] BGH, NVwZ 1999, 1022; BGH, NJW 2004, 281 ff., 281.

[138] BGH, NJW 2004, 281 ff., 281.

[139] Hierzu Teil 2, A. I. 2. a); a.A. in der Regierungsbegründung – vgl. im Teil 2, A. I. 1.

der Förderung des Wohles der Allgemeinheit.[140] Bei Heranziehung dieser unterschiedlichen Schutzzwecke scheint es gerechtfertigt, dass die Grundstückseigentümer im Rahmen von Enteignungen weniger schutzwürdig sind als Minderheitsaktionäre bei Durchführung eines Squeeze-outs. Dieser Wertungsunterschied ergibt sich direkt aus Art. 14 Abs.2 GG, wonach Eigentum verpflichtet und sein Gebrauch zugleich dem Wohle der Allgemeinheit dienen soll. Das Wohl der Allgemeinheit führt bei Enteignungsverfahren nach BauGB dazu, dass nicht zu weitreichend Interessen der Grundstückseigentümer Berücksichtigung finden. Im Rahmen der §§ 327a ff. AktG spielt das Wohl der Allgemeinheit hingegen nur eine untergeordnete Rolle, so dass beim Squeeze-out die Minderheitsaktionäre weitergehend geschützt werden müssten.

4. Gesellschaftsrechtlicher Ersatzanspruch eigener Art

Sofern in § 327b Abs.1 AktG ein gesellschaftsrechtlicher Ersatzanspruch eigener Art zu sehen wäre, würden die Wertungen, die im Personen- und im Kapitalgesellschaftsrecht gelten, den Inhalt des Abfindungsanspruches beim Squeeze-out bestimmen.

Danach könnte zunächst § 738 BGB als Grundnorm aus dem Personengesellschaftsrecht für die Auseinandersetzung beim Ausscheiden herangezogen werden. Nach § 738 Abs.2 BGB ist der Wert des Gesellschaftsvermögens im Wege der Schätzung zu ermitteln. Nach herrschender Meinung lässt sich der Wert nach Fortführungsgesichtspunkten bestimmen und bemisst sich danach, welchen Preis man für das Gesellschaftsvermögen erzielen würde, wenn dieses als Ganzes an einen Dritten veräußert werden würde.[141] Für die Ermittlung des Gesellschaftsvermögens ist aus rechtlicher Sicht keine Bewertungsmethode zwingend vorgeschrieben.[142] Es muss also weder das Ertragswertverfahren, das Discounted Cash-Flow-Verfahren, das Dividendendiskontierungsmodell noch die Residualgewinnmethode als die heute wegen ihres zukunftbezogenen Ansatzes in der Betriebswirtschaftslehre anerkannten Methoden zur Anwendung gebracht werden.[143] Allerdings wird in der Bewertungspraxis die Ertragswertmethode zur Bewertung des Unternehmenswertes überwiegend herangezogen.[144]

---

[140] Battis in Battis/Krautzberger/Löhr, BauGB-Kommentar, § 85, Rn. 1; Runkel in Ernst/Zinkahn/Bielenberg, BauGB-Kommentar, § 85, Rn. 2.

[141] Sauter in Beck`sches Handbuch der Personengesellschaften, § 7, Rn. 133; Hopt in Baumbach/Hopt, HGB-Kommentar, § 131, Rn. 49; a. A. Hüttemann, ZHR 162 (1998), 563 ff., 576, der auf Liquidationswerte abstellt.

[142] BayObLG, ZIP 1998, 1872 ff., 1874; Hopt in Baumbach/Hopt, HGB-Kommentar, Einleitung vor § 1, 37.

[143] Hopt in Baumbach/Hopt, HGB-Kommentar, Einl. Vor § 1, Rn. 36.

[144] BayObLG, ZIP 1998, 1872 ff., 1874; BayObLG, AG 1996, 176 ff., 177.

Beim Squeeze-out hat der Gesetzgeber mit der Vorschrift des § 327b Abs.1, Hs.2 AktG festgelegt, dass die Verhältnisse der Gesellschaft zum Zeitpunkt der Beschlussfassung zu berücksichtigen seien. Insoweit können nur ergänzend § 738 BGB sowie § 140 Abs.2 HGB, wonach bei Ausschließung eines Gesellschafters die Vermögenslage der Gesellschaft zum Zeitpunkt der Erhebung der Klage auf Ausschließung maßgeblich ist, herangezogen werden.

Zur Typisierung des gesellschaftsrechtlichen Ersatzanspruchs eigener Art kann neben den Vorschriften der §§ 738 Abs.2 BGB, 140 Abs.2 HGB die Interessenlage zwischen dem Hauptaktionär und den ausgeschlossenen Minderheitsaktionären berücksichtigt werden. Nach allgemeinem Grundsatz im Gesellschaftsrecht muss ein herrschender Gesellschafter, der seine Loyalitätspflichten gegenüber den Minderheitsaktionären verletzt, deren Schäden ersetzen.[145] Dieser Rechtsgedanke findet auch in einer speziellen Vorschrift des Rechts der BGB-Gesellschaften seinen Niederschlag[146]: Nach § 723 Abs.2 S.2 BGB hat ein Gesellschafter, der zur Unzeit ohne wichtigen Grund kündigt, den übrigen Gesellschaftern den daraus entstehenden Schaden zu ersetzen.

Auch die von der Rechtsprechung anerkannten Grundsätze zu Verstößen gegen Treupflichten der Aktionäre untereinander[147] sind zu berücksichtigen. Neben der Anfechtbarkeit und Nichtigkeit treuwidrig abgegebener Stimmen in der Hauptversammlung können Verstöße gegen die Treupflicht auch dazu führen, dass sich die Aktionäre gegenseitig ihre Schäden ersetzen müssen.[148] Dies gilt vor allem dann, wenn der Schaden nicht durch die Erhebung einer Anfechtungsklage verhindert werden kann und der Hauptaktionär zumindest bedingt vorsätzlich diesen Schaden durch sein Stimmverhalten herbeigeführt hat.[149]

Es ist zu berücksichtigen, ob bei Durchführung eines Squeeze-outs eine Treupflicht der Gesellschafter besteht und welchen Inhalt diese hat.[150] Sofern eine konkrete Treupflicht besteht und diese verletzt ist, ist die Höhe des Ersatzanspruches von der Art der die Treupflicht verletzenden Maßnahme abhängig. Hierbei ist zu berücksichtigen, inwieweit der Aktionär durch das treuwidrige

---

[145] Wiedemann, Gesellschaftsrecht, Bd. 1, § 8 IV 1. a); so auch K. Schmidt, Gesellschaftsrecht, § 28 I.

[146] Ulmer in Münchener Kommentar zum BGB, Bd. 5, § 723, Rn. 53.

[147] BGHZ 103, 184 ff., 194 („Linotype"); BGH, ZIP 1992, 1464 ff., 1470 („IBH/Scheich Kamel"); BGHZ 129, 136 ff., 142 („Girmes"); BGHZ 142, 167 ff., 170 („Hilgers").

[148] Bungeroth in Münchener Kommentar zum Aktiengesetz, vor § 53a, Rn. 33; BGHZ 65, 15 ff., 15 („ITT"); BGHZ 129, 136 ff., 158 („Girmes").

[149] Bungeroth in Münchener Kommentar zum Aktiengesetz, vor § 53a, Rn. 33; Lutter, JZ 1995, 1053 ff., 1055; BGHZ 129 ff., 160 („Girmes").

[150] K. Schmidt, Gesellschaftsrecht, § 28 I.

Verhalten in seinen Rechten berührt wird. Nachhaltige Treupflichtverstöße könnten den Anspruch auf einen zusätzlichen Interessenausgleich neben dem vollen wirtschaftlichen Wert seines Anteils rechtfertigen[151]. Insofern müsste im Falle des Ausschlusses eines Gesellschafters bei der Bemessung der Abfindungshöhe berücksichtigt werden, ob ein wichtiger Grund in der Person des ausgeschlossenen Aktionärs bestand oder nicht. Vor Einführung des Squeeze-outs ins Aktiengesetz war es nicht nötig, zwischen Ausschlüssen mit wichtigen bzw. ohne wichtigen Grund zu differenzieren. Ohne entsprechende Regelungen im Gesellschaftsvertrag war es nicht möglich, ohne wichtigen Grund einen oder einzelne Mitgesellschafter auszuschließen.[152] In Gesellschaftsverträgen kann eine Ausschlussmöglichkeit ohne wichtigen Grund nur vorgesehen werden, wenn für eine solche Regelung ausnahmsweise vernünftige sachliche Gründe bestehen.[153]

Nach Einführung des Squeeze-outs in das Aktiengesetz ist es vom Grundsatz her zwar eher abzulehnen, dass in dem Ausschluss eines Minderheitsaktionärs ein Treupflichtverstoß liegt.[154] Das heißt allerdings nicht, dass der Rechtsgedanke nicht anwendbar wäre, wonach bei grundlosem Ausschluss eine höhere Abfindung als bei Ausschluss mit wichtigem Grund zu zahlen sei. Dies gilt zumindest dann, wenn die Rechtsnatur des Abfindungsanspruches ein typisch gesellschaftsrechtlicher wäre, so dass die Wertungen der Ansprüche aus Treupflichten herangezogen werden könnten.

II. Detailprüfung

1. Gesetzesfassung

Der Wortlaut des § 327b Abs.1 AktG (Barabfindung) lässt nicht erkennen, ob der Hauptaktionär aufgrund einer entschädigungs-, einer schadensersatz-, einer vergütungs- oder einer sonstigen aus der besonderen Interessenlage beim Squeeze-out ableitbaren gesellschaftsrechtlichen Verpflichtung eigener Art die Barab-

---

[151] So BGHZ 9, 157 ff., 168; 16, 317 ff., 322; 116, 359 ff., 370; BVerfGE 100, 289 ff., 308 („DAT/Altana“).

[152] Ulmer, ZHR 161 (1997), 102 ff., 124; Grunewald, Gesellschaftsrecht, 6. Auflage, 1. A., Rn. 135.

[153] BGH, NJW 1989, 2681 ff., 2681 (für die KG); BGH, NJW 1990, 2622 ff., 2622 (für die GmbH); BGH, ZIP 1994, 455 ff., 457 (für die Stille Gesellschaft); grundsätzlich auch BGH, NJW 2004, 2013 ff., 2014 (für die GbR), sofern nicht nur während angemessener Frist festgestellt werden soll, ob mit neuem Gesellschafter notwendiges Vertrauen hergestellt werden kann.

[154] Grunewald in Münchener Kommentar zum Aktiengesetz, § 327a, Rn. 26; Fleischer, ZGR 2002, 757 ff.,785 f.; Emmerich/Habersack, Aktien- und GmbH-Konzernrecht, AktG, § 327a, Rn. 30.

findung festzulegen hat. In § 327a Abs.1 AktG („Übertragung der Aktien gegen Barabfindung“) lässt sich gleichfalls kein solcher ausdrücklicher Hinweis auf die Rechtsnatur finden. Allerdings werden in dieser Vorschrift die gegenseitigen Leistungserbringungspflichten des Hauptaktionärs und der Minderheitsaktionäre festgelegt. So erhält nach § 327a Abs.1 S.1 AktG ein Minderheitsaktionär für die Übertragung seiner Anteile vom Hauptaktionär eine „angemessene Barabfindung“. Diese Formulierung spricht gegen die Einordnung des Abfindungsanspruchs als Schadensersatzanspruch, da nach dem Wortlaut der Vorschrift kein Schadensersatz geleistet werden muss. Für die Einordnung des § 327a Abs.1 AktG in das Schadensersatzrecht wäre die Formulierung „angemessene Abfindung“ zumindest untypisch.

Der Gesetzeswortlaut des § 327b Abs.2 S.2 AktG, nach dem ein Minderheitsaktionär neben seinem Zinsanspruch auch „weitere“ Schäden ersetzt verlangen darf, spricht zunächst dafür, dass der Gesetzgeber den Abfindungsanspruch als Schadensersatz ausgestalten wollte. Mit der Formulierung „weiterer Schaden“ bringt nämlich der Gesetzgeber zum Ausdruck, dass dem Minderheitsaktionär ein anderer – ursprünglicher – Schaden entstanden sein muss. Dieser ursprüngliche Schaden könnte zwar auch darin gesehen werden, dass ein Minderheitsaktionär wegen verspäteter Auszahlung des Abfindungsbetrages keine anderweitigen Zinsgewinne erzielen konnte. Sofern die Formulierung „weiterer Schaden“ nur auf diese nicht erlangten Zinsgewinne abzielen würde (vgl. § 327b Abs.2 S.1 AktG), könnte daraus nicht geschlossen werden, dass bereits im Verlust der Anteile ein Schaden läge (vgl. § 327b Abs.1 AktG). Diese Auslegung, die lediglich den Zinsanspruch – und nicht den Anspruch auf Abfindung – als einen auf Ausgleich eines Schadens gerichteten Anspruch anerkennt, ist aber nicht zwingend. So könnte der Gesetzgeber des § 327b Abs.2 S.2 AktG auch zum Ausdruck gebracht haben, dass der ursprüngliche Schaden im Verlust der Anteile an der AG/KGaA liegt, so dass mit dem Anspruch auf Barabfindung der ursprüngliche Schaden geltend gemacht wird.

Sofern der Gesetzgeber bei Fassung des § 327b Abs.2 S.2 AktG davon ausgegangen sein sollte, dass dem jeweiligen Minderheitsaktionär ein Schaden bei Übertragung seiner Anteile auf den Hauptaktionär entsteht, dann läge es nahe, dass der Gesetzgeber den Abfindungsanspruch nach § 327b Abs.1 AktG nicht als einen Vergütungsanspruch ausgestalten wollte. Es entspricht nämlich nicht der Terminologie des Zivilrechts, in Verträgen als Hauptpflicht zu bestimmen, dass „Schäden“ ausgeglichen werden müssen. Dies gilt auch bei Berücksichtigung des allgemeinen Schadensbegriffes, wonach ein Schaden im natürlichen Sinne bereits dann angenommen wird, wenn eine bestimmte Person aufgrund eines Ereignisses Einbußen an seinen Lebensgütern, wie Gesundheit, Ehre oder

Eigentum erleidet.[155] Mit der Terminologie des Zivilrechts wäre es in Einklang zu bringen, wenn sich § 327b Abs.2 S.2 AktG auch auf den Abs.1 des § 327b AktG bezieht und als Entschädigungsanspruch ausgestaltet werden sollte. Im Zusammenhang mit dem Entschädigungsanspruch nach § 906 Abs.2 S.2 BGB wird in der Rechtsliteratur vereinzelt der Begriff „voller Schadensausgleich" verwendet, so dass die Verwendung des Begriffs „Schaden" im Zusammenhang von Entschädigungsregelungen terminologisch nicht unzulässig ist.[156] Auch in der Vorschrift des § 904 S.2 BGB, die als aufopferungshaftungsrechtlich einzustufen ist[157], wird der Begriff des Schadens verwendet. Hieraus folgt, dass bei aufopferungshaftungsrechtlichen Anspruchsgrundlagen die Verwendung des Begriffes „Schaden" in der Rechtsfolge nicht ausgeschlossen, jedoch untypisch ist.

Soweit aus § 327b Abs.2 S.2 AktG der Schluss gezogen wird, dass in dem Verlust der Anteile ein „Schaden" liegt, spräche die Verwendung dieser Begrifflichkeit nicht gegen die Einordnung des Abfindungsanspruches als gesellschaftsrechtlichen Ersatzanspruch eigener Art. So ist es bei gesellschaftsrechtlich geprägten Anspruchsgrundlagen nicht ungewöhnlich, dass auf der Rechtsfolgenseite der Ersatz des Schadens steht. So können auch Verletzungen der Treupflicht Ansprüche auf Ausgleich des Schadens begründen.[158]

2. Gesetzesbegründung

In der Begründung zum Regierungsentwurf zu den §§ 327a ff. AktG legt sich die Bundesregierung ebenfalls nicht fest, welche Rechtsnatur der Abfindungsanspruch hat.[159] Es lassen sich allerdings Hinweise finden, die Rückschlüsse auf die Vorstellungslage der Bundesregierung zulassen. In der Regierungsbegründung wird der Hinweis gegeben, dass eine „wirtschaftlich volle Entschädigung" zu erfolgen habe. Diese Formulierung, in der ausdrücklich der Begriff „Entschädigung" genutzt wird, deutet zunächst darauf hin, dass die Bundesregierung bei dem Abfindungsanspruch nach § 327b Abs.1 AktG an eine Entschädigungsregelung gedacht hat. Dieser Ansicht stehen allerdings weitere Erwägungen entgegen. Es könnte sein, dass sich die Bundesregierung bei der Verwendung des Wortes „Entschädigung" lediglich an die vom Bundesverfassungsgericht ver-

---

[155] Palandt-Heinrichs, BGB-Kommentar, § 249, Rn. 7.

[156] Jauernig in Jauernig, BGB-Kommentar, § 906, Rn. 8; a. A. allerdings Soergel-Baur, BGB-Kommentar, § 906, Rn. 109; BGHZ 49, 148 ff., 155; 62, 361 ff., 369; 85, 375 ff., 386; BGH, NJW 1985, 47.

[157] Larenz/Canaris, Lehrbuch des Schuldrechts, Bd. II, 2, Besonderer Teil, § 85 I. 1.

[158] Hüffer, AktG-Kommentar, § 53a, Rn. 21; Raiser, Recht der Kapitalgesellschaften, § 12, Rn. 54; BGHZ 129, 136 ff., 162 („Girmes"); vgl. auch § 723 Abs.2 S.2 BGB als besondere Ausgestaltung eines Anspruches aus Treupflichtverletzung.

[159] BT-Drucks. 14/7034, S. 32.

wendete Wortwahl in seiner „Moto Meter“-Entscheidung[160] anlehnte. Darüber hinaus wird in der Regierungsbegründung vorgegeben, dass der Ausgleich das in der Aktie verkörperte Anteilseigentum schützen solle, das im Rahmen seiner gesellschaftlichen Ausgestaltung durch Privatnützigkeit und Verfügungsbefugnis gekennzeichnet sei.[161] Diese Formulierung deutet darauf hin, dass die Bundesregierung die Einführung eines gesellschaftsspezifischen Ersatzanspruchs eigener Art anstrebte, da sie vornehmlich auf typische gesellschaftsrechtliche Wertungen abstellte.

Die Gesetzesbegründung lässt zwar keinen klaren Schluss zu, welche Rechtsnatur der Abfindungsanspruch gemäß § 327b Abs.1 AktG haben sollte. Allerdings hat die Bundesregierung auch nicht aufgezeigt, dass der Abfindungsanspruch nach § 327b Abs.1 AktG in einem bestimmten System von Ansprüchen steht. So findet sich kein Verweis auf vergütungsrechtliche, aufopferungsrechtliche oder schadensersatzrechtliche Normen.

3. Rechtsprechung

a) Zum Squeeze-out

In veröffentlichten Entscheidungen, in denen die Gerichte zum Squeeze-out bzw. insbesondere zum Abfindungsanspruch im Sinne des § 327b AktG Stellung nahmen,[162] sah sich keines dieser Gerichte veranlasst, die Rechtsnatur dieses Abfindungsanspruches zu klären.

---

[160] BVerfG, Beschluss vom 23.08.2000, NJW 2001, 279 ff.

[161] BT-Drucks. 14/7034, S. 32.

[162] Vgl. LG Hamburg, Urteil vom 30.10.2002, NZG 2003, 186 ff. („Philips“); OLG Hamburg, Urteil vom 11.04.2003, NZG 2003, 539 ff. („Philips“); LG Osnabrück, Urteil vom 05.07.2002, AG 2002, 527 („KME Europa Metal AG“); OLG Oldenburg, Beschluss vom 30.09.2002, ZIP 2003, 1351 f. („KME Europa Metal AG“); LG Berlin, Urteil vom 17.02.2003, ZIP 2003, 1352 ff.; LG Berlin, Urteil vom 25.03.2003, ZIP 2003, 1300 f. („Bewag AG“); LG Frankfurt/Main, Beschluss vom 28.05.2003, 731 f.; LG Hamburg, Urteil vom 13.01.2003, NZG 2003, 787 ff. („Volksfürsorge Holding AG“); OLG Hamburg, Urteil vom 08.08.2003, - 11 U 45/03 -, NZG 2003, 978 – 981 („Metropol/Volksfürsorge“); OLG Köln, Beschluss vom 06.10.2003, - 18 W 35/03 -, BB 2003, 2307 – 2310 = AG 2004, 39 – 41; („OCP“); LG Frankfurt/Main, Urteil vom 27.08.2003, - 3-13 O 205/02 -, NZG 2003, 1027 – 1029 („SAI Automotive“); OLG Stuttgart, Beschluss vom 05.11.2003, - 20 W 5/03 (re.kräftig) -, ZIP 2003, 2199 – 2201; OLG Stuttgart, Beschluss vom 03.12.2003; - 20 W 6/03; DB 2004, 60 – 64 = ZIP 2003, 2363; OLG Hamburg, Beschluss vom 11.09.2003, - 11 W 30/03, NZG 2004, 45/46 = NJW-RR 2004, 125/126; LG Wuppertal, Beschluss vom 06.11.2003, - 12 O 119/03, AG 2004 -, 161 f., 161 („Edscha AG“); OLG Düsseldorf, Beschluss vom 16.01.2004, - 1-16 W 63/03 -, DB 2004, 590 – 591 („Schautes“) = AG 2004, 207 ff.; LG Heidelberg, Beschluss vom 23.01.2004 – 11 AktE 2/02 KfH – EWiR 2004, 265/ 266 (Großfeld), OLG Celle, Urteil vom 29.09.2003, - 9 U 55/03; AG 2004, 206 f. („AlliedSignal Chemical Holding AG“).

An einigen Stellen dieser Entscheidungen gaben die Gerichte lediglich Hinweise, welche Rechtsgedanken dem Abfindungsanspruch des § 327b Abs.1 AktG zugrunde liegen. So führt das OLG Hamburg[163] aus, dass die Barabfindung das der Gesellschaft vom Aktionär zur Verfügung gestellte Kapital repräsentiert, während die Ausgleichs- und Dividendenzahlungen nichts anderes als die Verzinsung der Einlage darstellten.[164] An einer anderen Stelle dieser Entscheidung des OLG Hamburg verwendet das Gericht ausdrücklich für die Zahlung der Barabfindung die Bezeichnung „Ausgleichszahlung".[165] Auch wenn das OLG Hamburg wahrscheinlich durch diese Wahl der Formulierung keine rechtliche Klärung der Frage nach der Rechtsnatur des Barabfindungsanspruches verfolgte, zeigt diese Formulierung doch, dass das OLG Hamburg die Barabfindung nicht als einen kaufrechtlichen oder schadensrechtlichen Anspruch einordnet.

b) Zum Ausschlussrecht nach dem UmwG 1956

In einer Entscheidung, die zu einem Ausschluss der Minderheitsaktionäre nach altem Umwandlungsrecht 1956 ergangen ist, stellte der BGH im Jahre 1967 fest, dass hinsichtlich der vollen Abfindung die Grundsätze gelten, die die Rechtsprechung und das Schrifttum zur Abfindung eines aus einer Personalgesellschaft ausscheidenden Gesellschafters entwickelt hat.[166] Hiernach sind die „wahren" Werte und nicht die Buchwerte des Unternehmens anzusetzen. Es ist der Wert zu ermitteln, der sich bei einer möglichst vorteilhaften Verwertung des Gesellschaftsvermögens im Ganzen ergeben würde.[167] Der BGH hielt also nach den Vorschriften des UmwG 1956 beim Ausschluss eines Minderheitsaktionärs zunächst die zu § 738 Abs.2 BGB entwickelten Rechtsgrundsätze für anwendbar.

Nach Ergehen der DAT/Altana-Entscheidung des Bundesverfassungsgerichtes[168], nach der der Börsenkurs für die Ermittlung der angemessenen Abfindung grundsätzlich die Untergrenze der Abfindung bildet, sind die in der BGH-Entscheidung zum UmwG 1956 ergangenen Rechtsgrundsätze inhaltlich überholt. Dennoch zeigt die Entscheidung von 1967, dass der Bestimmung über die Abfindungshöhe nicht Vorschriften aus dem Schadensersatz- oder Entschädigungsrecht zugrunde lagen, sondern spezifische gesellschaftsrechtliche Vorschriften, insbesondere aus dem Personengesellschaftsrecht (§ 738 BGB). In dieser Entscheidung wurde deutlich, dass der BGH vor Einführung der Squeeze-

---

[163] NZG 2003, 539 ff., 540 („Philips").
[164] So auch: BGH, NZG 2002, 1057.
[165] OLG Hamburg, NZG 2003, 539 ff., 540 („Philips").
[166] BGH, Urteil vom 30.03.1967, NJW 1967, 1464.
[167] BGH, NJW 1967, 1464; RGZ 106, 128 ff., 131/132, BGHZ 17, 130 ff., 133.
[168] BVerfG, ZIP 1999, 1436 ff., 1436 („DAT/Altana").

out-Vorschriften, Ausschließungsregelungen grund- sätzlich als gesellschaftsrechtsspezifische Ersatzansprüche eigener Art einstufte.

Mit Verweis auf die Vorschriften des Personengesellschaftsrechts könnte der BGH darüber hinaus den Rechtsgedanken des § 723 Abs.2 S.2 BGB aufgegriffen haben. Nach dieser Vorschrift hat nämlich ein Gesellschafter, der ohne wichtigen Grund zur Unzeit die Gesellschaft kündigt, den übrigen Gesellschaftern den daraus entstandenen Schaden zu ersetzen. Die Kündigung führt entweder zur Beendigung der BGB-Gesellschaft oder – falls eine Fortsetzungsregelung zwischen den Gesellschaftern vereinbart worden ist – zum Ausscheiden des Kündigenden.[169] Der BGH hat zumindest nicht klargestellt, dass neben dem § 738 BGB der Rechtsgedanke des § 723 Abs.2 S.2 BGB berücksichtigt werden müsse. Allerdings führt der BGH in seinem Urteil vom 30.03.1967 an, dass sich ein Aktionär dem Mehrheitsbeschluss zu seinem Ausschluss nicht beugen müsse, wenn ein Machtmissbrauch vorläge.[170] In Fällen eines Machtmissbrauchs ging der BGH davon aus, dass einem Minderheitsaktionär weitere Ansprüche erwachsen. Ob sich ein Minderheitsaktionär in Fällen eines Machtmissbrauchs lediglich gegen die Ausschlussentscheidung wenden konnte oder ob ihm zusätzliche Ersatzansprüche (vgl. § 723 Abs.2 S.2 BGB analog) zustehen, hatte der BGH hingegen nicht entschieden.

c) Zu den §§ 304, 305 AktG
Aus den Entscheidungen zu §§ 304, 305 AktG wird deutlich, dass die Gerichte in den Ausgleichs- und Abfindungsansprüchen keine schadensersatzrechtlichen Regelungen sehen. Dies zeigt sich daran, dass in einem Spruchstellenverfahren der Verkehrswert des Gesellschaftsunternehmens nach einer anerkannten betriebswirtschaftlichen Methode im Wege der Schätzung gemäß § 287 Abs.2 ZPO ermittelt werden muss.[171] Sofern es sich bei den Abfindungsansprüchen im Rahmen eines Beherrschungs- und Gewinnabführungsvertrages um einen schadensersatzrechtlichen Anspruch handeln würde, wäre nicht die auf seinen Absatz 1 verweisende Vorschrift des § 287 Abs.2 ZPO anwendbar, sondern § 287 Abs.1 ZPO unmittelbar.[172] Nach § 287 Abs.2 ZPO ist nämlich bei vermögensrechtlichen Streitigkeiten in anderen Fällen § 287 Abs.1 ZPO entsprechend heranzuziehen.

Der BGH vertrat noch Anfang der 1990er Jahre die Auffassung, dass es sich bei den Abfindungsansprüchen nach § 305 AktG zumindest so lange um vertragli-

---

[169] Sauter in Beck`sches Handbuch der Personengesellschaften, § 7, Rn. 10.
[170] BGH, NJW 1967, 1464.
[171] OLG Stuttgart, ZIP 2004, 712 ff., 714 („Vereinigte Filzfabriken"); BGH, ZIP 2001, 734 ff., 736 („DAT/Altana").
[172] Vgl. Zöller, ZPO-Kommentar, § 287, Rn. 2.

che Ansprüche handele, wie ein Spruchverfahren noch nicht anhängig gemacht worden sei.[173] Von dieser Rechtsprechungslinie wich der BGH allerdings Ende der 1990er Jahre wieder ab, als er entschied, dass ein im Kaufrecht steckender Ansatz, nach dem die Ausgleichs- und Abfindungspflicht Gegenleistung für den Eintritt des beherrschenden Gesellschafters seien, nicht zutreffe.[174] Vielmehr vertrat nunmehr der BGH die Auffassung, dass im Abfindungsanspruch nach § 305 AktG eine Kompensationsmöglichkeit für die außenstehenden Aktionäre liege.[175]

d) Zu den §§ 29 ff., 207 ff. UmwG

Aus den §§ 29 Abs.1 S.1, 30 Abs.2 S.1 UmwG ergibt sich, dass die Abfindung in Fällen einer Verschmelzung angemessen sein muss. Auch in Fällen eines Formwechsels ist den Anteilsinhabern des formwechselnden Rechtsträgers, die gegen den Umwandlungsbeschluss Widerspruch zur Niederschrift erklären, eine angemessene Barabfindung anzubieten (§ 207 Abs.1 S.1 UmwG).

In zwei Entscheidungen zu § 207 Abs.1 S.1 AktG geht der BGH jeweils davon aus, dass im Umwandlungsbeschluss ein Barabfindungsangebot enthalten sein muss.[176] Insoweit übernimmt der BGH den Gesetzeswortlaut der §§ 29 Abs.1, 31 UmwG sowie §§ 207 Abs.1 S.1, 209 UmwG. Nach diesen Vorschriften setzt der Anspruch auf Zahlung einer Barabfindung ein Angebot und eine Annahme voraus. Ein Barabfindungsanspruch nach Umwandlungsrecht hat mithin eine vertragliche Grundlage. Mit den §§ 31 S.1, 209 S.1 UmwG, wonach die Annahmefrist zwei Monate beträgt, werden lediglich die Vorschriften der §§ 145 ff. BGB durch speziellere Vorschriften des UmwG modifiziert.

Gegen die Übertragbarkeit der Ergebnisse zur dogmatischen Einordnung der §§ 29 ff., 207 ff. UmwG auf Fälle des Squeeze-outs spricht aber, dass der Gesetzgeber im Rahmen der §§ 327a ff. AktG nicht die Begriffe „Angebot" und „Annahme" verwendet hat. Außerdem besteht zwischen den Regelungsbereichen der §§ 29 ff., 207 ff. UmwG und §§ 327a ff. AktG der Unterschied, dass nach den umwandlungsrechtlichen Vorschriften den widersprechenden Aktionären ein Wahlrecht eingeräumt wird. Sie können entscheiden, ob sie in der verschmolzenen oder formumgewandelten Gesellschaft verbleiben oder ob sie gegen Barabfindung aus der umstrukturierten Gesellschaft ausscheiden wollen.

---

[173] BGH, AG 1997, 515 f., 516 („Guano").
[174] BGH, NZG 1998, 379 ff., 379 („ABB II").
[175] BGH, NZG 1998, 379 ff., 380 („ABB II").
[176] BGH, Urteil vom 18.12.2000, DB 2001, 319 ff., 320; BGH, Urteil vom 29.01.2001, ZIP 2001, 412 ff., 413.

4. Literatur

Die Frage nach dem Inhalt einer Ausgleichs- oder Ersatzpflicht, dem Umfang und ihren begrenzenden Faktoren richtet sich nach der Rechtsnatur der einen Ausgleichs- oder Ersatzanspruch begründenden Vorschrift.[177] Neben § 327b Abs.1 AktG gibt es weitere vergleichbare Vorschriften über die Abfindungshöhe (insbesondere §§ 305, 320b AktG, 12 Abs.1 UmwG a.F.), die von der Literatur kommentiert worden sind.

a) Literaturauffassungen zu § 327b AktG

aa) Hüffer

Hüffer[178] ist der Auffassung, dass die Regelung des § 327b Abs.1 AktG eine angemessene Entschädigung der Minderheitsaktionäre für den Verlust ihrer Mitgliedschaftsrechte bieten solle. Mit dieser Formulierung macht Hüffer deutlich, dass er in der Abfindung nach § 327b Abs.1 AktG keine Gegenleistung aus einem gegenseitigen Vertrag sieht. Mit Verwendung des Begriffes „angemessene Entschädigung" deutet Hüffer auch an, dass er den Abfindungsanspruch nicht als einen schadensersatzrechtlichen einstuft und die Anwendung der §§ 249 ff. BGB ablehnt.

Ob Hüffer allerdings mit dem Begriff „Entschädigung" den § 327b Abs.1 AktG in das Entschädigungsrecht im Sinne des § 906 Abs.2 S.2 BGB einordnen wollte oder ob er in dieser Vorschrift eine aktienrechtsspezifische Anspruchsgrundlage eigener Art erblickt, führt er nicht aus.

bb) Grzimek in Geibel/Süßmann

Auch Grzimek[179] stellt maßgeblich darauf ab, dass eine Ausgleichsregelung für den Verlust der Eigentumsposition zur Wahrung der Verhältnismäßigkeit und zum Ausgleich gleichheitswidriger Sonderopfer erforderlich sein kann. So verhält es sich seiner Meinung nach auch beim Squeeze-out. Grzimek verweist weiter darauf, dass der Eingriff in die Eigentumsposition der Minderheitsaktionäre zwar durch vorgehende Gemeinwohlinteressen gerechtfertigt sei, die verfassungsrechtliche Rechtsprechung aber verlange, dass zur Wahrung der Verhältnismäßigkeit den ausscheidenden Minderheitsaktionären ein voller wirtschaftlicher Ausgleich für den von ihnen hinzunehmenden Verlust gewährt werden müsse.[180]

---

[177] Vgl. Larenz, Schuldrecht, Bd. 1, AT, § 27 I, S. 422 (zu Schadensersatzansprüchen).
[178] Hüffer, AktG-Kommentar, § 327b, Rn. 1 ff.
[179] Grzimek in Geibel/Süßmann, WpÜG-Kommentar, Art. 7, AktG, § 327a, Rn. 30.
[180] BVerfGE 14, 263 ff., 281 („Feldmühle"); 100, 289 ff., 305 („DAT/ Altana").

Auch wenn Grzimek in Geibel/Süßmann keine Festlegung zur Einordnung der Rechtsnatur des Abfindungsanspruches trifft, wird aus seiner Kommentierung deutlich, dass er in der Abfindung keine Vergütung aus einem kontradiktorischen Vertrag sieht.

cc) Heidel/Lochner

Heidel und Lochner[181] sind der Ansicht, dass die Abfindung den Vermögensausgleich für den zwangsweisen Ausschluss darstelle. Hieraus lässt sich ableiten, dass diese Autoren nicht von einem vergütungsrechtlichen Anspruch bei den §§ 327a Abs.1 S.1, 327b Abs.1 AktG ausgehen. Ansonsten ist aus der offenen Formulierung „Vermögensausgleich" nicht zu entnehmen, welche Rechtsnatur der Abfindungsanspruch hat.

dd) Klöhn

(1) Argumentation

Klöhn[182] ist der Auffassung, dass Abfindungsansprüche nach § 327b Abs.1 AktG zum System der aufopferungsrechtlichen Anspruchsgrundlagen (insbesondere §§ 904 S.2, 906 Abs.2 S.2, 912 Abs.2, 917 Abs.2, 867 S.2, 962 S.3, 1005 BGB, 14 S.2 BImschG) zu zählen seien.[183] Dies begründet er damit, dass mit den §§ 327a, 327b AktG Regelungen normiert worden seien, die dem Aufopferungsprinzip unterliegen.

Das Aufopferungsprinzip wird dadurch gekennzeichnet, dass ein gegebener Abwehranspruch aufgrund eines anzuerkennenden überwiegenden Interesses des Beeinträchtigenden ausgeschlossen ist und dass dafür der Beeinträchtigte eine in Geld zu zahlende Entschädigung erhält.[184] Dieses Verhältnis zwischen Beeinträchtigenden und Beeinträchtigten in aufopferungsrechtlichen Konstellationen ist dann nach Auffassung von Klöhn vergleichbar mit dem Verhältnis zwischen Hauptaktionär und Minderheitsaktionären beim Squeeze-out. Klöhn ist der Auffassung, dass Aufopferungsansprüche einen Konflikt zu lösen versuchen. Dieser ergebe sich daraus, dass dem Einzelnen absolute Rechte dauerhaft und absolut zugeordnet seien und dass die Schutzwürdigkeit der dauerhaften Zuordnung durch sich ändernde Verhältnisse später aufgrund eines überwiegenden Eingriffsinteresses einer anderen Person entfällt. Dies habe zur Folge, dass eine

---

[181] Heidel/Lochner in Heidel, Aktienrecht, AktG, § 327a, Rn. 21.

[182] Klöhn, AG 2002, 443 ff., 447/448.

[183] Klöhn, AG 2002, 443 ff., 452.

[184] Vgl. BGHZ 58, 149 ff., 160; 60, 119 ff., 123; 72, 289 ff., 291f.; 111, 158 ff., 162; Becker-Schaffner, VersR 1970, 100 ff., 100; Konzen, Aufopferung im Zivilrecht, S. 136; Schulze-Osterloh, Das Prinzip der Eigentumsopferentschädigung im Zivilrecht und im öffentlichen Recht, S. 302.

Aufopferung dieses absoluten Rechts gegen Entschädigung gerechtfertigt sei. Bei der Mitgliedschaft an einer Aktiengesellschaft handele es sich vom Prinzip her um ein den Aktionären dauerhaft zugeordnetes absolutes Recht[185], welches gegenüber den Interessen des Hauptaktionärs zurücktreten müsse, sofern dieser 95% der Stimmanteile erlangt habe. Darüber hinaus gäbe es deshalb Aufopferungsvorschriften, um diesen Interessenkonflikt unter dem Gesichtspunkt der werterhaltenden und wertmehrenden, d.h. gesamtökonomischen Zweckmäßigkeit zu lösen.[186] Dieser Gesichtspunkt der gesamtökonomischen Zweckmäßigkeit spielte im Gesetzgebungsverfahren zum Squeeze-out eine wichtige Rolle[187]; deshalb findet sich in der Regierungsbegründung auch der Hinweis[188], dass es „ökonomisch keinen Sinn" mache, sehr kleine Minderheiten in der Aktiengesellschaft zu belassen.

(2) Stellungnahme
Auch wenn Klöhn Begründungsansätze dafür liefert, weswegen der Abfindungsanspruch nach den §§ 327a, 327b Abs.1 AktG als aufopferungsrechtlicher Anspruch einzustufen sein könnte, sind Zweifel an der Folgerichtigkeit seiner Argumentation angezeigt. So kann Klöhn entgegen gehalten werden, dass er allgemeine Grundsätze für aufopferungsrechtliche Ansprüche aufstellt, die zumindest umstritten sind. Es wird in der Literatur genauso vertreten, dass sich für Aufopferungsansprüche wegen ihrer Vielgestaltigkeit kein gemeinsamer materieller Haftungsgrund formulieren ließe.[189] Andere Vertreter in der Literatur nehmen an, dass es mehrere Fallgruppen gäbe, nach denen aufopferungsrechtliche Ansprüche geltend gemacht werden können.[190] Nach Auffassung von Hubmann[191] liegt nur bei Vernichtung oder Beschädigung eines fremden Gutes eine Aufopferung vor, sofern sich durch diese Rechtsgutsverletzung das eigene Interesse des Eingreifenden durchsetzt. Nach dieser Definition von Hubmann wären die gegenseitigen Ansprüche beim Squeeze-out nicht als aufopferungsrechtliche einzustufen. Die von den Minderheitsaktionären gehaltenen Unternehmensanteile gehen nämlich gerade nicht unter, sondern vielmehr auf den Hauptaktionär über.

---

[185] Hierzu Teil 1, A. I. 2. b).
[186] Klöhn, AG 2002, 443 ff., 448.
[187] Vgl. aber hierzu Teil 2, A. I. 2. a).
[188] RegEntw., BT-Drucks. 14/7034, S. 32.
[189] Roth in Roth/Lemke/Krohn, Der bürgerlich-rechtliche Aufopferungsanspruch, S. 6.
[190] Medicus, Schuldrecht II, Rn. 897.
[191] Hubmann, JZ 1958, 489 ff., 492.

ee) Scharpf

Scharpf[192] ist der Auffassung, dass die angemessene Barabfindung gemäß § 327a Abs.1 AktG regelmäßig über dem Verkehrswert der Anteile liegen müsse.[193] Zu diesem Ergebnis gelangt er, weil er eine systematische Unterscheidung zwischen dem Ausschluss einerseits aus einer Personengesellschaft und andererseits aus einer Aktiengesellschaft vornimmt. Dabei stellt er heraus, dass es nur nach dem Personengesellschaftsrecht eines wichtigen Grundes zum Ausschluss bedarf. Hieraus folge, dass die auszuschließenden Gesellschafter einer Personengesellschaft schlechter behandelt werden dürfen als grundlos ausgeschlossene Gesellschafter einer Aktiengesellschaft. Scharpf spricht davon, dass die Gesellschafter einer Personenhandelsgesellschaft keine zusätzliche Entschädigung zu erhalten brauchen. Auch wenn Scharpf mit der Formulierung „zusätzliche Entschädigung"[194] keine abschließende dogmatische Klassifizierung vornehmen wollte, ob eine Abfindung nach § 327b Abs.1 AktG spezifisch aktienrechtlich oder im Sinne der allgemeinen entschädigungsrechtlichen Ansprüche zu verstehen ist, geht er zumindest nicht davon aus, dass es sich um einen vergütungs- oder schadensersatzrechtlichen Anspruch handelt.

b) Literaturauffassungen bei ähnlichen Regelungsbereichen

aa) Larenz

Larenz[195] hält es für ein besonderes Spezifikum des Schadensersatzrechts, dass das Gesetz in vielen, aber bei weitem nicht in allen Fällen – womit er vor allem die Fälle der Gefährdungshaftung anspricht –, ein Verschulden, also ein rechtlich missbilligtes Verhalten des Ersatzpflichtigen, voraussetzt. Dennoch verwirft Larenz den Gedanken, nach dem im Schadensersatz eine Sanktion für das Unrecht als solches zu sehen sei. In diesem Fall hätten nämlich die einzelnen gesetzlichen Vorschriften gerade eine Abstufung der Ersatzpflicht nach dem jeweiligen Verschuldensgrad vornehmen müssen. Abgesehen vom § 254 BGB hat allerdings ein Gesetz eine solche Abstufung zumindest dann nicht vorgenommen, wenn dem Geschädigten kein Mitverschulden vorzuwerfen ist.

Larenz lehnt auch die Ansicht ab, nach der sich die Einstufung als Schadensersatzanspruch über den sogenannten Präventionsgedanken herleiten ließe.[196] Dieser Präventionsgedanke besagt nämlich – ähnlich wie der Verschuldensgedanke –, dass die Rechtsordnung an unerwünschte und zu Schäden führende Verhal-

---

[192] Scharpf, Chancen und Risiken beim Ausschluss von Minderheitsaktionären, S. 139 ff.
[193] Scharpf, Chancen und Risiken beim Ausschluss von Minderheitsaktionären, S. 140.
[194] Scharpf, Chancen und Risiken beim Ausschluss von Minderheitsaktionären, S. 140.
[195] Larenz, Schuldrecht, Bd. 1 , AT, § 27 I, S. 423.
[196] So auch Mertens, NJW 1959, 865; Mertens, S. 97; einschränkend: Bötticher, AcP 158, 385 ff.

tensweisen eine Schadensersatzpflicht knüpft, um von einer solchen Verhaltensweise generell abzuschrecken und dadurch Schäden zu verhüten. Larenz ist der Auffassung, dass über diesen Präventionsgedanken nur ein Teil der Schadensersatzansprüche zu erfassen sei; so wirkt die Androhung der Ersatzpflicht nur dann abschreckend, wenn der Verursacher dadurch den Schaden vermeidet. Dies träfe allerdings wiederum nur für Fälle der Verschuldenshaftung und bis zu einem gewissen Grade – sofern der Haftende in der Lage ist, durch mehr als pflichtgemäße Vorkehrungen zur Schadensverhütung das Risiko eines Schadenseintritts zu vermindern – auch noch für die Gefährdungshaftung, nicht aber für sonstige verschuldensunabhängige Schadensersatzpflichten zu.

Aufgrund dieser Erwägungen kommt Larenz zu folgendem Ergebnis[197]: In allen Schadensersatzfällen soll der Verletzte für den ihm zugefügten Schaden einen Ersatz bzw. einen Ausgleich erhalten. Was als Schadensersatz geschuldet wird, das richtet sich nicht nach dem Sanktions- oder Präventionsprinzip, sondern nach dem Ausgleichsgedanken.

Da Larenz Schadensersatzansprüche nicht nach dem Sanktions- oder Präventionsprinzip beurteilt, wäre es mit dem Wortlaut des § 327b Abs.1 AktG in Einklang zu bringen, diesen als eine schadensersatzrechtliche Vorschrift anzusehen. Der Minderheitsaktionär büßt im Zuge des Squeeze-outs Vermögensgüter ein, was der Hauptaktionär nach Auffassung von Larenz nicht gewollt haben müsste, um § 327b AktG als eine schadensersatzrechtliche Norm einzustufen. Auf einen solchen Willen oder einen dahingehenden Plan kommt es nämlich nach Larenz nicht an.[198]

bb) Komp

Komp[199] stellt in seiner Untersuchung zu den Abfindungsregelungen der §§ 305, 320b AktG heraus, dass für alle Bewertungsvorgänge, aufgrund derer der Wert eines Anteils zu ermitteln ist, eine Gemeinsamkeit bestünde. Diese liegt darin, dass für die Bewertung die konkrete Situation und die einschlägigen gesetzlichen Vorschriften maßgeblich seien. Obgleich Komp auf die §§ 249 ff. BGB zu sprechen kommt, zeigt er doch schlüssig auf, dass diese nur bei Schadensersatzansprüchen zur Anwendung kommen und dass die Abfindungen nach §§ 305, 320b AktG nicht als schadensersatzrechtlich einzustufen seien.

Komp stellt den Zweck der §§ 305, 320b AktG innerhalb des Aktienrechts besonders heraus. Diese Vorschriften sind danach ein wesentlicher Bestandteil des

---

[197] Larenz, Schuldrecht, Bd. 1, AT, § 27 I (S. 424).
[198] Larenz, Schuldrecht, Bd. 1, AT, § 27 II a) (S. 426).
[199] Komp, Zweifelsfragen des aktienrechtlichen Abfindungsanspruchs, S. 32 ff.

Minderheiten- und Anlegerschutzes, der gerade dem Ausgleich des Interessengegensatzes zwischen Minderheitsaktionären und Mehrheitsaktionär dient.[200] Mit der Höhe des Abfindungsanspruches wird festgelegt, in welchem Umfang die entgegenstehenden Interessen berücksichtigt und geschützt werden.

Mit diesen Überlegungen stellt Komp gerade bei Abfindungsansprüchen – zumindest in Fällen des Abschlusses eines Beherrschungs- und Gewinnabführungsvertrages oder bei Eingliederungen – die aktienrechtlich relevanten Interessen heraus. Es kommt Komp entscheidend auf den Hinweis an, dass die Abfindungsansprüche aufgrund einer spezifischen gesellschaftsrechtlichen Konstellation gezahlt werden müssen. Diese spezifische gesellschaftsrechtliche Konstellation besteht darin, dass sich ein Gesellschafter unter bestimmten Bedingungen für eine Beteiligung entschieden hat, die von dem Hauptaktionär nicht beliebig verändert werden darf. Unter Zugrundelegung dieses von Komp angestellten Gedankenganges liegt es nahe, dass Komp die Rechtsnatur von Abfindungsansprüchen als spezifisch aktienrechtlich ansieht und nicht allgemeine dogmatische Ansätze des Zivilrechts auf diesen Anspruch angewendet wissen will.

cc) Kropff

Kropff[201] geht im Rahmen des früher möglichen Ausschlussverfahrens nach § 12 Abs.1 UmwG vom 12.11.1956 (alter Fassung) der Frage nach, welche Rechtsnatur dieser Anspruch auf angemessene Abfindung hat. Interessant ist dabei die Argumentation von Kropff, nach der dieser Abfindungsanspruch der ausgeschlossenen Aktionäre nicht einen Schadensersatzanspruch oder eine Enteignungsentschädigung beinhaltet. Kropff vertritt nämlich die Auffassung, dass es bei Annahme einer dieser beiden Rechtsnaturen nahe liegen würde, den Abfindungsanspruch der ausscheidenden Aktionäre unter Zugrundelegung des jeweiligen Aktienkurses zu bemessen. Dies muss nach Auffassung von Kropff deshalb gelten, weil vor allem nach der Schadensersatznorm des § 249 BGB ein Minderheitsaktionär den Betrag erhalten muss, den er zum Erwerb einer gleichwertigen Beteiligung benötigt. Ein gleichwertiger Erwerb sei aber nur dann möglich, wenn ein Minderheitsaktionär nach allgemeiner börsenmäßiger Marktbewertung einen Ausgleich erhält.

Es ist fraglich, ob die Auffassung von Kropff nicht deswegen als überholt anzusehen ist, weil mittlerweile das Bundesverfassungsgericht[202] entschieden hat, dass bei Abfindungen auf Grundlage von §§ 305, 320b AktG der Börsenkurs zu berücksichtigen ist bzw. grundsätzlich die Untergrenze der Abfindungshöhe bil-

---

[200] Komp, Zweifelsfragen des aktienrechtlichen Abfindungsanspruchs, S. 36.
[201] Kropff, DB 1962, 155 ff., 155/156.
[202] BVerfGE 100, 289 ff., 306 („DAT/Altana").

det. Unter Berücksichtigung dieser geänderten Rechtsauffassung zur Einbeziehung von Börsenkursen bei Aktienbewertungen ist zumindest nicht auszuschließen, dass Kropff[203] nicht mehr als Angemessenheitsmaßstab § 738 BGB zugrunde legen würde. Für die Zugrundelegung des gesellschaftsrechtsspezifischen Angemessenheitsmaßstabs würde allerdings weiterhin sprechen, dass § 738 BGB einen allgemeinen Rechtsgedanken enthält, der nicht nur beim Ausschluss eines Gesellschafters aus einer Personengesellschaft, sondern auch beim Ausschluss aus einer GmbH oder Aktiengesellschaft gilt.[204]

5. Eigene Auffassung

a) Keine Vergütungsregelung

Im Ergebnis sollte es nach der derzeitigen Rechtslage abgelehnt werden, in der Vorschrift des § 327b AktG eine Vergütungsregelung zu sehen. Für das Vorliegen einer Vergütungsregelung spricht zwar, dass die Regelungen der §§ 327a ff. AktG gemeinsam mit den Vorschriften des WpÜG zum 01.01.2002 in Kraft getreten sind und es sich bei Erwerbs-, Übernahme- und Pflichtangeboten nach herrschender Ansicht[205] um Angebote zu einem Kauf- bzw. Tauschvertrag handelt, die Vergütungsansprüche enthalten. Die Bundesregierung hat auch nicht ausdrücklich auf die unterschiedliche dogmatische Grundlage des Abfindungsanspruchs nach §§ 327a Abs.1, 327b Abs.1 AktG und des Anspruchs auf Gegenleistung gemäß § 31 WpÜG hingewiesen. Dennoch ergibt sich aus den unterschiedlichen Begrifflichkeiten „Barabfindung“ und „Gegenleistung“ und aus der mangelnden Vergleichbarkeit der Regelungsbereiche, dass keine Rückschlüsse von der dogmatischen Einordnung der Gegenleistungsansprüche auf Abfindungsansprüche beim Squeeze-out gezogen werden können.

Beim Squeeze-out hat nämlich – anders als in den Fällen der Übernahme nach WpÜG – ein Kleinaktionär kein Wahlrecht dahingehend, ob er die von ihm gehaltenen Aktien behält oder veräußert. Für ihn bestimmt vielmehr die Hauptversammlung gemäß § 327a Abs.1 AktG, ob er seine Anteile auf den Hauptaktionär übertragen muss. Die Minderheitsaktionäre können zwar als Teilnehmer der Hauptversammlung gegen den Squeeze-out-Beschluss stimmen; sie halten jedoch einen solch geringen Anteil an der AG/KGaA, dass ihre Stimmabgabe keine Auswirkungen darauf hat, ob der Ausschluss erfolgt oder nicht. Praktisch entscheidet also der Hauptaktionär, ob es zur Durchführung eines Squeeze-outs kommt. Anders als in Fällen einer Übernahme fehlt es beim Squeeze-out an ei-

---

[203] Kropff, DB 1962, 155 ff., 156.
[204] Kropff, DB 1962, 155 ff., 156.
[205] Geibel in Geibel/Süßmann, WpÜG, § 11, Rn. 2; Liebscher, ZIP 2001, 853 ff., 862; Schüppen, WPg 2001, 958 ff., 961.

nem kontradiktorischen Rechtsverhältnis zwischen dem Hauptaktionär und dem jeweiligen Minderheitsaktionär, bei dem es typischerweise auf eine Übereinstimmung der jeweiligen Willensbildung ankommen würde.

Auch die Übernahmerichtlinie vom 21.04.2004[206] ändert nichts an dem Ergebnis, dass zumindest nach der derzeitigen Fassung der §§ 327a ff. AktG die Barabfindung nicht als eine Kaufpreiszahlung einzustufen ist. Diese EU-Richtlinie legt zwar die Annahme eines Kaufvertrages nahe, weil sie in ihrem Art. 15 Abs.2 davon spricht, dass beim Ausschluss von Minderheitsaktionären die verbleibenden Wertpapierinhaber ihre Wertpapiere zu einem angemessenen Preis „verkaufen" müssen. Auch in den Erwägungen vor Art. 1 Ziff. (24) EU-Richtlinie wird in Hinsicht auf das Squeeze-out-Verfahren die Formulierung „die Inhaber der übrigen Wertpapiere zum Verkauf ihrer Wertpapiere zu verpflichten" verwendet. Mit den Wörtern „verkaufen" und „Verkauf" bringt dabei der Richtliniengeber zum Ausdruck, dass er nicht von einer Entschädigung, einem Schadensersatz oder einem eigenständigen gesellschaftsrechtlichen Ersatzanspruch eigener Art ausgeht, sondern in gleicher Weise wie bei Pflicht- oder freiwilligen Übernahmeangeboten in der Gegenleistung eine Vergütung sieht.

Es ist allerdings nicht gerechtfertigt, die Inhalte der EU-Richtlinie auf die derzeitige Rechtslage in Deutschland zu übertragen. Dies ist deswegen abzulehnen, weil mit Art. 15 EU-Richtlinie eine viel engere Verbindung zum Übernahmerecht geschaffen werden soll. Nach Art. 15 EU-Richtlinie ist die Einleitung eines Squeeze-out-Verfahrens nur dann rechtlich zulässig, wenn diesem ein an alle Wertpapierinhaber der Zielgesellschaft gerichtetes Angebot für sämtliche Wertpapiere vorausging. In den Erwägungen vor Art. 1 mit Ziffer (24) gibt die Richtlinie vor, dass der Squeeze-out als bloße Ergänzung zu erfolgreichen Übernahmen in nationales Recht eingeführt werden soll. So heißt es dort, dass die Mitgliedsstaaten die notwendigen Vorkehrungen treffen müssen, um einem Aktionär, der durch Übernahme ein hohes Maß an Kontrolle erlangt hat, die Möglichkeit zu geben, die verbleibenden Aktionäre zum Verkauf ihrer Wertpapiere zu veranlassen.

Eine solch enge Verbindung zwischen der Durchführung von Unternehmensübernahmen und des Squeeze-outs hat der deutsche Gesetzgeber nicht geschaffen. Nach deutschem Recht ist für die Durchführung eines Squeeze-out-Verfahrens nicht einmal Voraussetzung, dass es sich bei der AG/KGaA um ein börsennotiertes Unternehmen handelt. Es ist genauso wenig erforderlich, dass

[206] Vgl. Richtlinie 2004/25/EG des Europäischen Parlaments und des Rates vom 21.04.2004 betreffend Übernahmeangebote, NZG 2004, 651 ff., 659/660; so bereits der zugrunde liegende Vorschlag einer Übernahmerichtlinie vom 02.10.2002: ZIP 2002, 1863 ff., 1871/1872.

für dieses Unternehmen überhaupt schon einmal ein Übernahmeangebot abgegeben worden ist.

Im Ergebnis ist es also zumindest vor Änderung der §§ 327a ff. AktG, mit der diese europäische Richtlinie umgesetzt werden wird, abzulehnen, in der „Barabfindung“ nach § 327b Abs. 1 AktG eine Vergütungsregelung zu sehen.

b) Zur Frage der schadensersatzrechtlichen Rechtsnatur
In der Vorschrift des § 327b AktG kann auch eher keine Vorschrift aus dem Schadensersatzrecht gesehen werden. Gegen diese Einstufung spricht die Formulierung in der Regierungsbegründung, in der die Abfindung nach den §§ 327a ff. AktG als Entschädigungsregelung bezeichnet wird. Wie oben bereits aufgezeigt[207], widerspricht es der allgemeinen zivilrechtlichen Dogmatik, Schadensersatz- mit Entschädigungsregelungen gleichzusetzen. In der Regierungsbegründung fehlt außerdem jeder Hinweis auf eine mögliche Anwendbarkeit der §§ 249 ff. BGB. Dies spricht eher dafür, dass der Gesetzgeber die Anwendung dieser Vorschriften abgelehnt hat, zumal sich auch in der bisherigen Rechtsprechung zu §§ 305, 320b AktG keine Tendenz dahingehend entwickelt hat, die §§ 249 ff. BGB direkt oder entsprechend anzuwenden.

c) Zur Einstufung als entschädigungsrechtlichen Anspruch
Für die Einstufung des Abfindungsanspruches nach den §§ 327a ff. AktG als Entschädigungsregelung sprechen keine fernliegenden Erwägungen. So ist im Zusammenhang mit § 906 Abs.2 S.2 BGB wegen seines eindeutigen Wortlauts anerkannt, dass der Benutzer kein Störer in dem Sinne ist, dass der duldungsverpflichtete Eigentümer von diesem auch ein Unterlassen verlangen könnte.[208] Bei den Vorschriften zum Squeeze-out besteht insoweit eine vergleichbare Situation, weil auch hier die Minderheitsaktionäre den Verlust ihrer Anteilsrechte zu dulden haben und nur Abfindungen nach Maßgabe der Vorschrift des § 327b Abs.1 AktG erhalten. Auch die Formulierungen im Regierungsentwurf sprechen nicht gegen die Einordnung des § 327b AktG in das allgemeine Entschädigungsrecht, zumal dort im Zusammenhang von Abfindungen von Entschädigungen gesprochen wird.[209]

Gegen die Einstufung des § 327b Abs.1 AktG als Norm des allgemeinen Entschädigungsrechts, auf die dann auch Vorschriften wie § 906 Abs.2 S.2 BGB bzw. deren zugrunde liegende Rechtsgedanken anwendbar wären, spricht aller-

---

[207] Hierzu Teil 2, B. I. 3.

[208] Jauernig in Jauernig, BGB-Kommentar, § 906, Rn. 7; Baur in Soergel, BGB-Kommentar, Bd. 14, § 906, Rn. 140.

[209] RegBegr., BT-Drucks. 14/7034, S. 72.

dings, dass Abfindungen aufgrund von Squeeze-out-Beschlüssen spezifisch gesellschaftsrechtlich ausgestaltet sind. Anders als § 906 Abs.2 S.2 BGB beruhen die §§ 327a ff. AktG auf einem diese Normen prägenden spezifischen Zusammenschluss von verschiedenen Personen. Es soll gerade ein Ausgleich für unterschiedliche Interessen dieser spezifischen Betroffenen geschaffen werden. Aus diesem Grund können grundsätzlich nur Vorschriften aus dem BGB zur Bestimmung der Rechtsnatur des Abfindungsanspruchs nach den §§ 327a ff. AktG herangezogen werden, die diese spezifische Problematik des Zusammenschlusses von verschiedenen Personen berücksichtigen (ggf. also §§ 21 ff., 705 ff. BGB).

Auch die Erwägung, nach der bei rechtswidrigen Immissionen der Grundstücksnachbar grundsätzlich zunächst – trotz dessen unvollständiger Ausgestaltung[210] – gemäß § 1004 BGB Rechtsschutz suchen muss, bevor er einen nachbarrechtlichen Ausgleichsanspruch nach § 906 Abs.2 S.2 BGB geltend machen kann[211], spricht gegen die Annahme, § 327b Abs.1 AktG als entschädigungsrechtliche bzw. aufopferungsrechtliche Vorschrift anzusehen. Nach den gesetzlichen Regelungen zum Squeeze-out muss sich nämlich der Hauptaktionär vor der Durchführung des Ausschlussverfahrens gerade nicht um einen anderweitigen Erwerb der Anteile bemühen, sofern er die formale Voraussetzung des Innehaltens von mindestens 95% der Stimmanteile erfüllt hat.

d) Gesellschaftsrechtlicher Ersatzanspruch eigener Art

Für die Einstufung der Barabfindung nach § 327b Abs.1 AktG als einen gesellschaftsrechtlichen Ersatzanspruch eigener Art spricht, dass die Besonderheit der Vorschriften der §§ 327a ff. AktG gerade im Zusammenschluss von Personen liegt, die eine Gesellschaft begründet haben. Für die Gesellschafter ist dabei von maßgeblicher Bedeutung, dass sie grundsätzlich vor Veränderungen in der Struktur der Gesellschaft geschützt werden. Es ist als actus contrarius zum Beitritt eines Gesellschafters in eine Aktiengesellschaft zu verstehen, wenn das Gesellschaftsverhältnis durch Ausschließung von Kleinaktionären beendet wird. Ein aus wirtschaftlichen Gründen gefasster Entschluss des Hauptaktionärs, die Gesellschafterstellung einzelner oder aller Aktionäre zu beenden, sollte deshalb nach rechtsdogmatischen Grundsätzen erfolgen, nach denen die wirtschaftliche Interessenlage der Gesellschafter vorrangig berücksichtigt wird.

Die spezifischen aktienrechtlichen Anspruchsgrundlagen, die mit den Abfindungsregelungen nach den §§ 327a Abs.1 S.1, 327b Abs.1 AktG vom Gesetzgeber eingeführt worden sind, sind so stark vom gesellschaftsrechtlichen Korpora-

---

[210] Baur/Stürner, Sachenrecht, § 12, Rn. 4; Armbrüster, NJW 2003, 3087 ff., 3088.
[211] Roth in Roth/Lemke/Krohn, Der bürgerlich-rechtliche Aufopferungsanspruch, S. 44.

tionsrecht geprägt, dass auch deren Rechtsnatur als gesellschaftsrechtlich geprägt gelten muss. Dies ergibt sich auch daraus, dass nach den Grundsätzen zur gesellschaftsrechtlichen Treupflicht[212] Kleinaktionäre bei Umstrukturierungen in ihrem Vermögen zu schützen sind. Im Zusammenhang mit diesen gesellschaftsrechtlichen Treupflichten steht dabei § 327b AktG. Es widerspräche den Grundsätzen über die Treupflicht zwischen Aktionären, wenn der Hauptaktionär ohne Leistung einer angemessenen Abfindung Minderheitsaktionäre ausschließen könnte.

III. Zwischenergebnis

Der Abfindungsanspruch nach § 327b Abs.1 AktG ist von seiner Rechtnatur her als gesellschaftsrechtlicher Ersatzanspruch eigener Art einzuordnen. Für diese Einordnung spricht vor allem der Umstand, dass insbesondere die Treubindungen unter Gesellschaftern die Geltendmachung dieses Abfindungsanspruches rechtfertigen. Die Einordnung des § 327b Abs.1 AktG als schadensersatzrechtlich ist abzulehnen; eine direkte oder analoge Anwendung der §§ 249 ff. BGB scheidet aus. Die Einstufung als Entschädigungsanspruch ist ebenfalls abzulehnen, so dass §§ 906 Abs.2 S.2 BGB, 85 ff. BauGB nicht entsprechend herangezogen werden können. Die Reichweite von gesellschaftsrechtlichen Ersatzansprüchen eigener Art richtet sich nach allgemeinen Rechtsgedanken im Gesellschaftsrecht (vgl. Grundsätze über die gesellschaftsrechtliche Treupflicht sowie § 723 Abs.2 S.2 BGB).

---

[212] BGHZ 103, 184 ff., 194 („Linotype“); BGH, ZIP 1992, 1464 ff., 1470 („IBH/Scheich Kamel“); BGHZ 129, 136 ff., 142 („Girmes“); BGHZ 142, 167 ff., 170 („Hilgers“).

C. Subjektiver Grenzpreis und Relevanz von Börsenkursen

I. Einleitung

Im Zusammenhang mit aktienrechtlichen Abfindungsvorschriften gab es schon vor Einführung der Vorschrift des § 327b Abs.1 AktG in der Literatur wie auch in der Rechtsprechung erhebliche Kontroversen, wie die Abfindungshöhe zu bestimmen ist.[213] Sofern bei deren Bemessung nicht bzw. nicht vornehmlich auf den Börsenkurs abgestellt wird, ergibt sich die Unsicherheit, dass - abhängig von dem jeweiligen Standpunkt - unterschiedliche betriebswirtschaftliche Methoden zur Ermittlung der Abfindungshöhe herangezogen werden.[214] Bei Durchführung einer Unternehmensbewertung treten derzeit insbesondere bei der Frage nach der Bestimmung des Kapitalisierungszinsfußes, der Höhe des Geldentwertungsabschlages oder des Risikozuschlages[215], bei der Abgrenzung des betriebsnotwendigen und nicht betriebsnotwendigen Vermögens[216] sowie bei der Ermittlung latenter Steuern Meinungsverschiedenheiten hinsichtlich der maßgeblichen Bewertungsmethode auf.[217]

Die dogmatische Einordnung des Abfindungsanspruches als gesellschaftsrechtlichen Ersatzanspruch eigener Art[218] spricht dafür, dass die spezifischen gesellschaftsrechtlichen Interessen der Aktionäre bei der Bestimmung der Abfindungshöhe berücksichtigt werden müssen. Treupflichten, welche gesellschaftsrechtstypisch die Interessenlage zwischen den Aktionären bestimmen, legen es nahe, dass subjektive Grenzpreise bei der Bestimmung der Abfindungshöhe herangezogen werden. Die subjektiven Grenzpreise spiegeln nämlich gerade wider, welche anerkennenswerten Erwartungen ein Aktionär an sein Aktieneigentum stellt.

---

213 Diese Kontroversen beziehen sich auf die Frage, in welcher Höhe im Rahmen der §§ 305 Abs.1, 320b Abs.1 AktG den außenstehenden bzw. den ausgeschiedenen Aktionären eine Abfindung zu zahlen ist; vgl. zur Diskussion, ob hierfür der sog. Grenzpreis oder der sog. Schiedspreis maßgeblich sein sollte: Emmerich in Emmerich/Habersack, Aktien- und Konzernrecht, § 305 AktG, Rn. 38; Emmerich/Sonnenschein/Habersack, Konzernrecht, § 22, III., 3..

214 Gude, Strukturänderungen und Unternehmensbewertung zum Börsenkurs, S. 429.

215 Vgl. Meinungsstand: Hüttemann in Heintzen/Kruschwitz, Unternehmen bewerten, S. 162. Dieser Bewertungsabschlag bei Unternehmensbewertungen liegt zumeist bei 0,5 - 2% und hängt von den Umständen des Einzelfalles ab. OLG Celle, AG 1999, 128 ff. sowie OLG Düsseldorf, AG 1999, 321 ff., 323 nahmen jeweils in den zu entscheidenden Fällen einen Bewertungsabschlag von 1,5% an.

216 Hüttemann in Heintzen/Kruschwitz, Unternehmen bewerten, S. 163 f.

217 Forster, Festschrift für Claussen, S. 91 ff., 91.

218 Vgl. hierzu Teil 2, B.

II. Subjektive Grenzpreise

Nach dem in der Betriebswirtschaftslehre anerkannten Eignerbezogenheitsprinzip (Subjektivitätsprinzip) hängen die zu erwartenden Erträge eines Unternehmens vom jeweiligen Unternehmenseigner ab.[219] Unterschiedliche Eigner werden insbesondere finanzielle Erträge unterschiedlicher Höhe erwirtschaften, nichtfinanzielle Erträge unterschiedlicher Art bevorzugen sowie unsichere Erträge unterschiedlich in Ansatz bringen und überdies je nach individueller Risikoneigung unterschiedlich gewichten.[220] Die subjektiven Grenzpreise geben dabei an, welchen Preis ein Unternehmens- oder Anteilsverkäufer mindestens erzielen muss, um bei alternativer Anlage des Veräußerungspreises ökonomisch nicht schlechter zu stehen als ohne den Verkauf.[221]

1. Konsequenzen für das Squeeze-out-Verfahren

Dieser die subjektiven Grenzpreise berücksichtigende Bewertungsansatz ist gerade in Konstellationen, die einem Squeeze-out zugrunde liegen, von Relevanz. Für den Hauptaktionär sind die Anteile der Minderheitsaktionäre von strategischer Bedeutung. So kann nach dem Ausschluss der Minderheitsaktionäre der Hauptaktionär insbesondere unter vereinfachten Bedingungen Umstrukturierungsmaßnahmen durchführen. Diese Art von Vorteilen, die zusammengefasst als Trennungs- bzw. Synergievorteile bezeichnet werden, kann nur der Hauptaktionär nutzen, da er allein nach Durchführung eines Squeeze-out-Verfahrens in der Lage ist, eine 100%ige Beteiligung an der Gesellschaft zu erlangen. Darüber hinaus muss ein Minderheitsaktionär, der sein Vermögen in Unternehmenswerten anlegen möchte, bei einer Veräußerung seiner Anteile grundsätzlich berücksichtigen, dass er für die Wiederanlage Transaktionskosten zu tragen hat.[222] Einige Minderheitsaktionäre könnten auch nach den Vorschriften der §§ 17, 22 Nr.2, 23 EStG steuerpflichtige Gewinne erzielen.[223] Dann müssten diese eine höhere Abfindung erhalten, damit sie die gleichen Nettogewinne erzielen wie die übrigen Aktionäre, die ihre Gewinne nicht versteuern müssen. Bei Einbeziehung der Transaktionskosten oder auch der steuerlichen Ausgaben könnte sich

---

[219] Hüttemann, ZHR 162 (1998), 563 ff., 566; Großfeld, Unternehmens- und Anteilsbewertung im Gesellschaftsrecht, B. II. 4. c).

[220] Moxter, Grundsätze ordnungsmäßiger Unternehmensbewertung, § 4, I. (S. 23).

[221] Maul, Festschrift Drukarczyk, S. 255 ff., 266.

[222] Vgl. hierzu Teil 2, F.

[223] Strunk/Bös, FB 2003, 601 ff., 603; vgl. auch Waclawik, DStR 2003, 447 ff., 453: Nach §§ 22 Nr.2, 23 Abs.1 S.1 Nr.2 EStG führen private Veräußerungsgeschäfte mit Wertpapieren zu steuerpflichtigen Einnahmen, wenn Erwerb und Veräußerung binnen Jahresfrist erfolgen. Nach § 17 Abs.1 S.1 EStG gehört zu den Einkünften aus Gewerbebetrieb auch der Gewinn aus der Veräußerung von Anteilen an einer Kapitalgesellschaft, wenn der Veräußerer innerhalb der letzten fünf Jahre am Kapital der Gesellschaft unmittelbar oder mittelbar mit mindestens 1% beteiligt war.

demnach für einen Minderheitsaktionär ein entsprechend höherer Grenzpreis ergeben.

In Fällen eines Squeeze-outs ist die Anwendung der in der Betriebswirtschaft vertretenen Lehre problematisch, wonach ein Unternehmensbewerter bei seiner Bewertung sich ungefähr deckende subjektive Grenzpreise des Verkäufers und des Käufers zugrunde zu legen hat.[224]

2. Derzeitige Auslegung des § 327b Abs.1 AktG

In der Literatur wird überwiegend vertreten, dass bei der Bestimmung der Abfindungshöhe die Minderheitsaktionäre nicht von den Vorteilen des Hauptaktionärs übermäßig profitieren sollten.[225] Die Vorschrift des § 327b Abs.1 AktG, nach der die Abfindung angemessen sein und die Verhältnisse der Gesellschaft zum Zeitpunkt der Beschlussfassung der Hauptversammlung berücksichtigen muss, ist im übrigen den Regelungen über die Abfindung bei Beherrschungs- und Gewinnabführungsverträgen (§ 305 AktG), bei der Eingliederung (§ 320b AktG) und bei Umwandlungsmaßnahmen (§§ 29, 30, 207, 208 UmwG) inhaltlich angenähert. Hieraus wird der Schluss gezogen, dass die für diese Vorschriften anerkannten Grundsätze auch bezüglich des § 327b Abs.1 AktG gelten sollten.[226] Die Abfindungshöhe im Rahmen von Beherrschungs- und Gewinnabführungsverträgen richtet sich dabei nach überwiegender Ansicht in der Literatur[227] lediglich nach dem Grenzpreis, zu dem ein außenstehender Aktionär ohne Nachteil aus der Gesellschaft ausscheiden kann, und nicht nach einem Schiedspreis des Unternehmens. Dies entspricht auch der Auffassung der Rechtsprechung, die grundsätzlich für die Bestimmung der Abfindungshöhe den sog. „Grenzwert" in Ansatz bringt und damit gerade den Preis zugrunde legt, den die außenstehenden Aktionäre mindestens zu erhalten haben, um aus der Gesellschaft ohne Nachteile ausscheiden zu können.[228]

3. Kritische Beurteilung dieses Ansatzes in der Literatur

Es wird in der Literatur teilweise vertreten, dass bei Durchführung eines Squeeze-outs der objektivierte Wert nicht als neutrale Informationsquelle dienen kann.[229] Dazu wird ausgeführt, dass die Ermittlung des objektivierten Werts als

---

[224] Moxter, Grundsätze ordnungsmäßiger Unternehmensbewertung, § 4, III. (S. 29).
[225] Ehricke/Roth, DStR 2001, 1120 ff., 1124.
[226] Krieger, DB 2002, 53 ff., 55/56.
[227] Bilda in Münchener Kommentar zum Aktiengesetz, § 305, Rn. 59; Elmendorff, WPg 1961, 548 ff., 552.
[228] BGHZ 138, 136 ff., 140 („ASEA/BBC II"); BGH, ZIP 2003, 387 ff., 389 („Macrotron"); BayObLG, AG 2002, 390 („Rieter Ingolstadt Spinnereimaschinenbau AG II").
[229] Feldhoff, DB 2000, 1237 ff., 1239; so auch generell in Fällen eines zwangsweise durchgeführten Ausschlusses: Drukarczyk, AG 1973, 357 ff., 361.

Unternehmenswert bei unveränderter Fortführung der Unternehmenskonzeption und ohne Berücksichtigung[230] noch nicht eingeleiteter Maßnahmen und Synergieeffekte regelmäßig zu relativ niedrigen Werten führt.[231] Maßgeblich für die Bewertung nach dieser objektivierten Methode ist die Sicht eines neutralen Gutachters, der einen unparteiischen Ansatz wählt, bei dem weder rein verkäufer- noch rein käuferorientierte[232] subjektive Wert- und Nutzungsvorstellungen in Ansatz gebracht werden.[233] Allerdings wird in der Vorauflage des WP-Handbuches (1992)[234] nicht ohne Grund angegeben, dass der objektivierte Wert mit der Preisuntergrenze des Verkäufers gleichzusetzen sei. In der Literatur[235] wird es mithin vielfach abgelehnt, den objektivierten Wert als einen auf einem unparteiischen Ansatz beruhenden Wert anzuerkennen. Es wird vielmehr vertreten, dass der objektivierte Wert den niedrigsten Preis markiert, den der Minderheitsaktionär gerade noch akzeptieren kann und der aus der Sicht des Hauptaktionärs die bestmögliche Lösung ist, die dem Minderheitsaktionär nicht schadet.

Es ist problematisch, dass Fälle vorstellbar sind, in denen die Höhe der Abfindung noch nicht einmal diese Preisuntergrenze des Minderheitsaktionärs erreicht.[236] Es gibt nämlich eine nicht unerhebliche Zahl von Fällen, in denen die übrigen Aktionäre der Gesellschaft für die Zukunft ertragssteigernde Umstrukturierungsmaßnahmen planen bzw. vorhaben, das Unternehmenskonzept zu ändern. Solche künftigen Ertragssteigerungen können allerdings bei der Ermittlung eines objektivierten Unternehmenswertes nicht berücksichtigt werden. Der objektivierte Unternehmenswert ist nämlich ein typisierter Zukunftserfolgswert, der sich einerseits bei Fortführung des Unternehmens in unverändertem Konzept und andererseits mit allen realistischen Zukunftserwartungen im Rahmen seiner Marktchancen und -risiken, finanziellen Möglichkeiten sowie sonstigen Einflussfaktoren nach den Grundsätzen betriebswirtschaftlicher Unternehmensbewertung bestimmen lässt.[237] Nach dieser Bewertungsmethode darf also nicht werterhöhend berücksichtigt werden, dass die Gesellschaft nur Planungen vornimmt, wenn diese nicht bereits durch eine Konzeptänderung umgesetzt worden sind. Problematisch an einer Wertfeststellung, die noch nicht einmal die Preisun-

---

230 Nach Auffassung des BGH dürfen Entwicklungen, die erst nach dem Bewertungsstichtag eintreten, nur dann berücksichtigt werden, wenn diese Entwicklungen bereits vor dem Stichtag angelegt waren – vgl. BGHZ 138, 136 ff., 140.

231 Schildbach, WPg 1981, 193 ff., 195.

232 Übertragen auf den Squeeze-out ist auf die Vorstellungen der auszuschließenden Minderheitsaktionäre sowie des Hauptaktionärs abzustellen.

233 WP-Handbuch (2002), Bd. 2, A., Rn. 35.

234 WP-Handbuch (1992), Bd. 2, A., Rn. 10.

235 Schildbach, BfuP 1993, 25 ff, 32; tendenziell auch Feldhoff, DB 2000, 1237 ff., 1239.

236 Vgl. Schildbach, BfuP 1993, 25 ff., 30.

237 IDW S.1, WPg. 2000, 825/826; WP-Handbuch (2002), Bd. 2, A., Rn. 35.

tergrenze des Minderheitsaktionärs darstellt, ist vor allem, dass dieser in einer Verhandlungssituation nicht unterhalb dieses Grenzpreises veräußern würde. Zwischen der Preisobergrenze des Hauptaktionärs und der Preisuntergrenze der Minderheitsaktionäre liegt nämlich nach betriebswirtschaftlichen Grundsätzen lediglich der Argumentationsspielraum dieser Verhandlungspartner.[238] Sofern allerdings berücksichtigt werden würde, dass es einen solchen Preisspielraum gibt, in dem die Abfindungshöhe liegen wird, wäre es nicht gerechtfertigt und für die Minderheitsaktionäre nachteilig, wenn entweder der niedrigste Preis innerhalb dieser Preisspanne oder ein noch darunter liegender Preis für die Abfindungshöhe bestimmend ist.

In welchem Umfang eine Erhöhung der Abfindung nach §§ 327a Abs.1, 327b Abs.1 AktG gerechtfertigt erscheint, wird in dieser Arbeit in den einzelnen Abschnitten geprüft, insbesondere bei der Frage, ob Synergieeffekte zugunsten der Minderheitsaktionäre bei Bestimmung der Abfindungshöhe zu berücksichtigen sind[239], bei der Frage nach der Ausgleichsfähigkeit der Verhandlungsposition[240] sowie bei den Problemstellungen „Ersatz für Transaktionskosten“[241], „Ausgleich für Beraterkosten“[242] und „Relevanz von Paketaufschlägen, die anderen Aktionären gewährt worden sind“[243].

4. Eigene Auffassung

Gerade in Squeeze-out-Konstellationen ist es nicht gerechtfertigt, dass sich die Abfindungshöhe an dem Grenzpreis orientiert, zu dem ein Minderheitsaktionär ohne Nachteil aus der Gesellschaft ausscheiden könnte. Die Abfindungsregelungen, die für den Squeeze-out gelten, müssen einen interessengerechten Ausgleich zwischen den vermögensrechtlichen Interessen der Minderheitsaktionäre einerseits und der des Hauptaktionärs andererseits schaffen. Der Abfindungsanspruch nach § 327b Abs.1 AktG ist – wie in dieser Arbeit herausgearbeitet[244] – ein gesellschaftsrechtlicher Ersatzanspruch eigener Art. Dies hat zur Folge, dass gesellschaftsrechtsspezifische Maßstäbe bei der Ermittlung der Abfindungshöhe herangezogen werden müssen. Es ist also insoweit auf das Treueverhältnis zwischen den Aktionären abzustellen. Danach ist bei der Ermittlung der Abfindungshöhe mit einzubeziehen, welchen Preis ein Minderheitsaktionär vom Hauptaktionär hätte verlangen können, wenn er nicht aus der Gesellschaft gemäß §§ 327a ff. AktG ausgeschlossen worden wäre. So ist ein Minderheitsakti-

[238] Dörner, WPg. 1981, 202 ff., 203.
[239] Hierzu Teil 2, H.
[240] Hierzu Teil 2, E.
[241] Hierzu Teil 2, F.
[242] Hierzu Teil 2, G.
[243] Hierzu Teil 2, I.
[244] Vgl. Teil 2, B., II. 5.

onär im Rahmen einer tatsächlich durchgeführten Verhandlung grundsätzlich nicht dazu bereit, einen Preis zu akzeptieren, der für ihn zwar keinen Vermögensverlust darstellt, der aber dennoch weit unter dem höchsten Preis liegt, den der Hauptaktionär als potentieller Käufer zu zahlen bereit wäre. Vielmehr ist zu erwarten, dass ein ausgehandelter Preis zwischen den Grenzpreisen der Parteien liegen würde, und zwar je nach Verhandlungsstärke der Parteien dichter an dem Grenzpreis eines Minderheitsaktionärs oder dem des Hauptaktionärs. Da nicht selten der Hauptaktionär erhebliche Vorteile erzielen kann, wenn die Minderheitsaktionäre aus der Gesellschaft ausgeschlossen werden, wäre er somit bei Verhandlungen mit den Minderheitsaktionären in vielen Fällen bereit, einen Preis zu zahlen, der erheblich über dem Grenzpreis des Minderheitsaktionärs liegt. Insoweit ist festzuhalten, dass nach der derzeitigen Auslegung des § 327b Abs. 1 AktG maßgebliche betriebswirtschaftliche Grundsätze, deren Anwendung zu einer fairen Preisermittlung führen, nicht beachtet werden.

Es sprechen sogar zunächst die besseren Erwägungen dafür, bei der Bestimmung der Abfindungshöhe den Grenzpreis des Hauptaktionärs als maßgeblich anzusetzen. Dem Hauptaktionär steht es nämlich frei, ob er ein Squeeze-out-Verfahren durchführen oder aber davon absehen möchte. Insoweit ist es eher gerechtfertigt, dass der Hauptaktionär bei der Nutzung eines Rechtsinstitutes, welches auf Zwang beruht, keine Vorteile zieht. Anders als in Fällen von Beherrschungs- und Gewinnabführungsverträgen haben die Minderheitsaktionäre beim Squeeze-out kein Wahlrecht, ob sie die Abfindung annehmen oder in der Gesellschaft verbleiben. Auch in Fällen einer Umwandlung nach dem Umwandlungsgesetz hat ein Aktionär ein Wahlrecht, ob er in der umgewandelten Gesellschaft verbleiben will oder eine angemessene Barabfindung verlangt.[245] In Fällen von Eingliederungen gemäß §§ 319 ff. AktG scheidet zwar der Minderheitsaktionär – wie beim Squeeze-out – aus der einzugliedernden Gesellschaft aus. Allerdings erlangt der Minderheitsaktionär – anders als beim Squeeze-out – eine angemessene Abfindung in Form von Aktien an der Hauptgesellschaft (§ 320b Abs. 1 AktG). Sofern die Hauptgesellschaft ihrerseits wiederum abhängige Gesellschaft ist, hat ein Minderheitsaktionär in Fällen einer Ausgliederung sogar gemäß § 320b Abs. 1 S. 2 AktG ein Wahlrecht, ob er Aktionär der Hauptgesellschaft werden oder eine angemessene Barabfindung bekommen möchte. Insoweit ist festzustellen, dass die bei §§ 305, 320b AktG, 29, 207 UmwG angewendete Wertansätze wegen der anders gelagerten Struktur der ihnen zugrundeliegenden Rechtsinstitute nur mit nennenswerten Einschränkungen auf die Bewertungsermittlung nach § 327b Abs. 1 AktG übertragen werden können.

[245] Bei Verschmelzungen (§§ 2 ff. UmwG) ergibt sich dies aus § 29 UmwG, bei Spaltungen (§§ 123 ff. UmwG) aus § 125 i.V.m. § 29 UmwG und bei Formwechseln (§§ 190 ff. UmwG) aus § 207 UmwG.

Gegen einen Ansatz, nach dem beim Squeeze-out der höchste, dem Hauptaktionär noch zumutbare Preis zur Festlegung der Abfindungshöhe maßgeblich ist, spricht jedoch, dass dadurch dem Hauptaktionär der Anreiz genommen wird, ein Squeeze-out-Verfahren durchzuführen. Ökonomisch betrachtet wäre es auch nicht sinnvoll, eine Abfindungsregelung zugunsten der Minderheitsaktionäre zu installieren, die zur Nichtdurchführung eines Squeeze-outs führt und dadurch Maßnahmen zur Unternehmenswertsteigerung unterbindet.[246]

Unter Zugrundelegung dieser Erwägungen sollte weder der Grenzpreis der Minderheitsaktionäre noch der des Hauptaktionärs für die Höhe der Abfindung bestimmend sein. Es ist nicht gerechtfertigt, dass ein Minderheitsaktionär unter seinem Grenzpreis abgefunden wird. Hieraus folgt, dass ein Minderheitsaktionär zumindest vollen Ersatz für die von ihm gehaltenen Aktienanteile erhalten muss. Dass die Minderheitsaktionäre die Transaktionskosten tragen müssen, die bei ihrem Ausschluss entstehen, ist nach der Grenzwertbetrachtung nicht gerechtfertigt. Diese Transaktionskosten muss deshalb der Hauptaktionär tragen. Die Frage, inwieweit der Hauptaktionär zusätzlich Kosten für Folgetransaktionen tragen muss[247] und zumindest anteilig gezogene Synergiegewinne an die Minderheitsaktionäre abzugeben hat[248], kann zwar im Rahmen einer auf den Minderheitsaktionär bezogenen Grenzpreisermittlung nicht abschließend beantwortet werden. Allerdings sprechen die Erwägungen zur Grenzpreisermittlung dafür, dass die eben bezeichneten Rechnungspositionen zumindest teilweise zu einer Erhöhung der Abfindung nach § 327b Abs.1 AktG führen müssen.

III. Bedeutung des Börsenkurses

Bei börsennotierten Gesellschaften kann als Ausgangsgröße für die Bestimmung des Unternehmenswertes der Börsenkurs herangezogen werden. Daneben kann auch – genauso wie bei nicht börsennotierten Gesellschaften – für die Ermittlung des Wertes eine Unternehmensbewertung durchgeführt werden. Allerdings besteht bei Unternehmensbewertungen der Unsicherheitsfaktor, dass bei diesen unabhängig von dem zugrunde gelegten Bewertungsverfahren bestimmte, sich auf die Zukunft beziehende Erwartungen in die Berechnungen mit einfließen. Deshalb wird angenommen, dass man „theoretisch und selbstverständlich in Grenzen praktisch … jede Firma arm oder reich rechnen“ kann.[249] Es muss darüber hinaus bedacht werden, dass sich selbst unter Anwendung betriebswirt-

---

[246] Ritzer-Angerer, FB 2004, 285 ff.,291.
[247] Hierzu Teil 2, F.
[248] Hierzu Teil 2, H.
[249] LG Heidelberg, EWiR 2004, 265 f., 265 (hierzu Anmerkung von Großfeld).

schaftlicher Methoden der Unternehmenswert nicht genau ermitteln lässt, da auch ein so gewonnenes Ergebnis immer auf bestimmten Prognosen beruht, die mit erheblichen Unsicherheiten behaftet sind.[250]

Sofern hingegen der Börsenkurs bei der Bewertung des Unternehmens zugrunde gelegt wird, hat dies den Vorteil, dass dann das tatsächliche Verkauf- und Kaufverhalten aller Marktteilnehmer den Wert der Gesellschaft bestimmt. An der Börse wird nämlich der Wert des in der Aktie verkörperten Anteilseigentums jedenfalls börsentäglich in einem unter staatlicher Aufsicht stehenden Verfahren bestimmt.[251]

1. Auffassung der Rechtsprechung und der herrschenden Literatur
Nach der höchstrichterlichen Rechtsprechung darf ein existierender Börsenkurs bei der Ermittlung des Wertes der Unternehmensbeteiligung nicht unberücksichtigt bleiben.[252] Der Verkehrswert der Aktie ist dabei mit dem Börsenkurs der Aktie regelmäßig identisch.[253] Diese bei einer Konstellation eines Beherrschungs- und Gewinnabführungsvertrages entwickelte Rechtsprechung des Bundesverfassungsgerichts wird ausdrücklich in der Regierungsbegründung zum WpÜG aufgegriffen und auch bei Abfindungen nach dem Squeeze-out-Verfahren für anwendbar erklärt.[254] Auch in der Literatur wird es kaum noch bestritten, dass diese Grundsätze nicht nur für Fälle von Abfindungen bei Beherrschungs- und Gewinnabführungsverträgen und bei Eingliederungen gelten, sondern auch gerade bei der Bestimmung der Abfindungshöhe im Rahmen der Durchführung eines Squeeze-outs.[255]

Wenn man die Entwicklung zur Bestimmung der Abfindungshöhe berücksichtigt, ist es eher erstaunlich, dass nunmehr auch die Rechtsprechung den Börsenkurs als maßgebliche Größe einer Unternehmensbewertung ansieht. Demgegenüber hat der BGH[256] noch im Jahre 1967 zur Relevanz des Börsenkurses Folgendes ausgeführt:

---

[250] OLG Stuttgart, ZIP 2004, 712 ff., 714 („Vereinigte Filzfabriken").

[251] Kümpel, Bank- und Kapitalmarktrecht, Kapitel 17.42; Kümpel in Kümpel/Hammen, Börsenrecht, S. 47.

[252] BVerfGE 100, 289 ff., 307 („DAT/Altana").

[253] BVerfGE 100, 289 ff., 308 („DAT/Altana").

[254] BT-Drucks. 14/7034, S. 72.

[255] Lochner in Heidel, Aktienrecht, AktG, § 327b, Rn. 7; Grzimek in Geibel/Süßmann, WpÜG-Kommentar, AktG, § 327b, Rn. 31.

[256] BGH, AG 1967, 264.

„Der Börsenkurs kann sich mit dem wahren Wert der Aktien decken, er kann aber auch niedriger oder höher sein. Er ergibt sich aus dem im Augenblick der Kursbildung vorhandenen Verhältnis von Angebot und Nachfrage, das von der Größe oder Enge des Marktes, von zufallsbedingten Umsätzen, von spekulativen Einflüssen und sonstigen nicht wertbezogenen Faktoren wie politischen Einflüssen, Gerüchten, Informationen, psychologischen Momenten oder einer allgemeinen Tendenz abhängt. Außerdem unterliegt der Börsenkurs unberechenbaren Schwankungen und Entwicklungen, wie die Aktienkurse der letzten Jahre besonders deutlich gemacht haben. Das schließt es aus, der Berechnung der angemessenen Abfindung den Börsenkurs zugrunde zu legen."

Erst seit dem Beschluss des Bundesverfassungsgerichts vom 27.04.1999[257] ist diese jahrzehntelang geltende Rechtsprechung[258] aufgegeben worden. Grundsätzlich ist nach der DAT/Altana-Entscheidung des Bundesverfassungsgerichts der Börsenkurs bei der Bestimmung der Abfindungshöhe mit zu berücksichtigen. In dieser Entscheidung wird auch gerade in Fällen von Eingliederungen die Maßgeblichkeit der Börsenkurse für die Unternehmensbewertung anerkannt.[259] Dies ist deshalb von besonderer Bedeutung, weil die Vorschriften über die Eingliederung (§§ 319 ff. AktG) und des Squeeze-outs (§§ 327a ff. AktG) strukturelle Ähnlichkeiten aufweisen. In beiden Fällen bedarf es eines Großaktionärs, der 95% des Grundkapitals an der Gesellschaft hält. Unter Berücksichtigung der in der DAT/Altana-Entscheidung getroffenen Erwägungen widerspräche es der Systematik des Aktienrechts, wenn einerseits in Fällen eines Squeeze-outs wegen bestehender Marktenge die festgestellten Börsenkurse für die Wertermittlung nicht herangezogen werden würden und andererseits in Fällen von Eingliederungen die Anwendbarkeit grundsätzlich bejaht wird. Das Bundesverfassungsgericht[260] sieht zwar auch die Gefahr, dass im Fall der Eingliederung durch Mehrheitsbeschluss (§ 320 AktG) eine Marktenge entstehen kann, weil mindestens 95% der Aktien in der Regel unverkäuflich sind. Es sei dann nämlich ungewiss, ob der Minderheitsaktionär seine Aktien tatsächlich zum Börsenkurs hätte verkaufen können. Dennoch fehle dem Börsenkurs nicht jede Eignung zur Feststellung des Werts der Unternehmensbeteiligung, solange die Aktien an der Börse gehandelt werden. Nach Auffassung des Bundesverfassungsgerichts trägt dabei der Hauptaktionär in einem Spruchstellenverfahren die Beweislast dafür, dass der Börsenkurs nicht dem Verkehrswert entspricht.

---

[257] BVerfGE 100, 289 ff. („DAT/Altana").
[258] Vgl. LG Köln, DB 1993, 217 f., 217; OLG Düsseldorf, DB 1994, 1770 f., 1770.
[259] BVerfGE 100, 289 ff., 291 („DAT/Altana").
[260] BVerfGE 100, 289 ff., 309 („DAT/Altana").

Im Anschluss an die DAT/Altana-Entscheidung des Bundesverfassungsgerichts stellt auch der Bundesgerichtshof[261] bei der Ermittlung der Barabfindung gemäß § 305 Abs.2 Nr.3 AktG auf den Börsenwert ab, der grundsätzlich die Untergrenze der Bewertung bilden soll. Dabei sind nach Auffassung des BGH Fälle, bei denen der Börsenkurs nicht die Untergrenze der Barabfindung bildet, insbesondere solche, in denen über einen längeren Zeitraum mit den Aktien der Gesellschaft praktisch kein Handel stattgefunden hat, aufgrund einer Marktenge der einzelne außenstehende Aktionär nicht in der Lage ist, seine Aktien zum Börsenpreis zu veräußern oder der Börsenpreis manipuliert worden ist.[262]

In der Literatur findet die Rechtsprechung des Bundesverfassungsgerichts und des Bundesgerichtshofes größtenteils Zustimmung, nach der der Börsenkurs vom Grundsatz her die Untergrenze der Abfindung bildet.[263] Dies gilt deshalb, weil sachverständigen Unternehmensbewertern keine bessere Werteinschätzung zugetraut wird als der des Marktes. Das Risiko der Manipulierbarkeit, welches bei geringem Streubesitz eher gegeben ist als bei breitem Streubesitz, führt dabei grundsätzlich nicht zu einem Marktversagen, da im Markt solche Tendenzen ausgeglichen werden können.[264] Des Weiteren wird in der Literatur allerdings angeführt, dass gerade die Entwicklung der Börsenkurse der letzten Jahre mit enormen Volatilitäten gezeigt hat, dass der Börsenkurs mit dem Unternehmenswert im Prinzip nichts zu tun habe.[265] Auf Grundlage dieses Befundes hat auch der Verfassungsgerichtshof in Österreich entschieden, dass es keine eindeutige und generelle Beantwortung der Frage geben könne, ob „der Markt“ oder ein Sachverständiger zuverlässiger bewerte.[266]

Inwiefern beim Squeeze-out der Börsenkurs wegen eines geringen Börsenhandels zu nicht marktgerechten Ergebnissen führt und deshalb nicht berücksichtigt werden sollte[267], ist allerdings umstritten. In Fällen, in denen der Streubesitz sehr niedrig ist, führen Kauf- und Verkaufsangebote viel schneller und auch in einem stärkeren Umfang dazu, dass die Kurse an der Börse steigen bzw. fallen.[268] Dieses marktökonomische Prinzip könnte dazu führen, dass den ermittelten Börsenkursen nicht die maßgebliche Relevanz für die Ermittlung des Verkehrswertes einzuräumen ist. Gegen die uneingeschränkte Berücksichtigung von

---

[261] BGH, ZIP 2001, 734 ff., 736 („DAT/Altana“); BGH, ZIP 2003, 1745 ff., 1745 („Ytong AG“).
[262] BGH, ZIP 2001, 734 ff., 736 („DAT/Altana“).
[263] Steinhauer, AG 1999, 299 ff., 302; Götz, DB 1996, 259 ff., 260.
[264] Luttermann, ZIP 1999, 45 ff., 47.
[265] OGH (Österreich), ÖBA 2002, 336; Koppensteiner, JB 2003, 707 ff., 708.
[266] VfGH, ÖZW 2003, 12; vgl. auch Koppensteiner, JB 2003, 707 ff., 708.
[267] So Vetter, ZIP 2000, 1817 ff., 1822.
[268] Kümpel in Kümpel/Hammen, Börsenrecht, S. 47; Spindler, WM 2002, 1325 ff., 1328.

Börsenkursen lässt sich auch anführen, dass es Fälle gibt, in denen Marktteilnehmer versuchen, die Kurse zu beeinflussen. Des Weiteren wird geltend gemacht, dass generell kein Markt existiere, in dem nicht einzelne Marktteilnehmer Informationsvorteile besäßen.[269] Es liegt aber nicht auf der Hand, dass in Fällen, in denen ein Squeeze-out durchgeführt wird, die allgemeinen Marktmechanismen nicht funktionieren. Es wird zwar vereinzelt die These vertreten, dass ein „Recht des Stärkeren", also das Recht eines besser Informierten, an der Börse existiere.[270] Zumeist wird allerdings vertreten, dass die Möglichkeit, Börsenkurse maßgeblich zu beeinflussen, eingeschränkt ist.[271] Hierfür sorge die Vorschrift des § 15 WpHG, die die unverzügliche Veröffentlichung aller kursrelevanten Informationen vorsieht. Von daher wird angenommen, dass Marktteilnehmer nur für kürzere Zeiträume über einen Informationsvorsprung gegenüber der Öffentlichkeit verfügen.[272] Außerdem ist auch deshalb nicht mit erheblichen Kursmanipulationen zu rechnen[273], weil Marktteilnehmern, die als Dritte i.S.d. § 14 Abs.2 WpHG i.V.m. § 13 Abs.1 WpHG Kenntnis von einer nicht öffentlich bekannten Tatsache haben, deren Veröffentlichung den Börsenkurs erheblich beeinflussen würde, der Handel mit diesem Wertpapier untersagt ist.

2. Eigene Auffassung

Der in der Literatur vertretenen Ansicht, die in Fällen eines Squeeze-outs eine Marktenge annimmt und dem Börsenkurs nicht die im DAT/Altana-Beschluss zugedachte Bedeutung zuerkennt[274], sollte nur eingeschränkt[275] gefolgt werden. Grundsätzlich ist nämlich davon auszugehen, dass die festgestellten Börsenkurse auch in Märkten zustande kommen können, in denen nur mit wenigen Aktien gehandelt wird. Der ermittelte Börsenpreis, der teilweise auch als der „wahre Preis"[276] bezeichnet wird, ist in diesen Fällen dennoch zutreffend und relevant. Ein geringer Umsatz ist nämlich per se nichts Schlechtes und führt zumindest dann nicht zu einem Ungleichgewicht am Markt bzw. zu Marktineffizienzen, wenn Angebot und Nachfrage ausgeglichen sind.[277] Unter einem effizienten Kapitalmarkt ist dabei ein vollkommener Kapitalmarkt zu verstehen, auf dem sichergestellt wird, dass die Anleger bei gleichem Informationsstand homogene Erwartungen in Hinblick auf die Rendite/Risiko-Entwicklung von Aktien he-

---

[269] Grzimek in Geibel/Süßmann, WpÜG-Kommentar, AktG, § 327b, Rn. 24.
[270] Suhr, Eigentumsinstitut und Aktieneigentum, S. 103.
[271] Böcking, in Festschrift für Drukarczyk, S. 59 ff., 77.
[272] Steinhauer, AG 1999, 299 ff., 307.
[273] Böcking, in Festschrift für Drukarczyk, S. 59 ff., 78.
[274] Vgl. Habersack, ZIP 2001, 1230 ff., 1238; Vetter, ZIP 2000, 1817 ff., 1822; Schiessl, AG 1999, 442, 451.
[275] So auch Grzimek in Geibel/Süßmann, WpÜG-Kommentar, AktG, § 327b, Rn. 31.
[276] Zum Begriff: BGH, AG 1967, 264; Luttermann, ZIP 1999, 45 ff., 46.
[277] Weber, ZGR 2004, 280 ff., 298.

gen.[278] Ein uneingeschränkt effizienter Markt liegt dabei allerdings ohnehin praktisch wohl niemals vor, weil dies voraussetzen würde, dass die Marktteilnehmer alle verfügbaren Informationen unverzüglich und zutreffend (d.h. ohne Überreaktion) verarbeiten.[279] In Fällen, in denen dem Markt die Durchführung eines Squeeze-outs bekannt ist, ist nicht erkennbar, dass der Markt dadurch ineffizient wird. Sofern die Preise nach oben getrieben werden, ist es nach derzeitiger Rechtslage nicht sicher, dass die Minderheitsaktionäre deswegen eine erhöhte Abfindung erhalten werden. Dies gilt insbesondere deshalb, weil nach der Rechtsprechung[280] für den Fall, dass der Börsenkurs ausnahmsweise nicht dem Verkehrswert entspricht, anerkannt ist, dass die Abfindungshöhe auch unter Börsenwert liegen kann. Ein Minderheitsaktionär, der die Kurse nach oben hin „manipulieren“ möchte, der also eine Preisermittlung bewirken möchte, die nicht den Wert der Aktie widerspiegelt, muss auch damit rechnen, dass andere Minderheitsaktionäre nicht die Durchführung des Squeeze-outs abwarten, sondern zu diesen erhöhten Preisen veräußern würden. Diese wissen nämlich auch, dass der Börsenkurs nicht zwingend die Mindestgröße der Unternehmenswertermittlung ausmacht.

Außerdem hat der Hauptaktionär bei Vorliegen manipulativ nach oben getriebener Kurse ebenfalls unterschiedliche Möglichkeiten, nicht auf Grundlage dieser Aktienkurse abfinden zu müssen. Einerseits kann er selbst auf Verkäuferseite auftreten und dadurch die Kurse wieder nach unten treiben; andererseits kann der Hauptaktionär abwarten, bis die Aktien wieder niedriger an der Börse gehandelt werden und erst dann ein Squeeze-out-Verfahren durchführen lassen. Der Hauptaktionär ist nämlich derjenige, der ein Wahlrecht hat, ob er die Minderheitsaktionäre in der Gesellschaft belässt oder ob er ein Ausschlussverfahren initiiert.

Da es also vor allem in der Sphäre des Hauptaktionärs liegt, ob die Börsenpreise im für die Bestimmung der Abfindung maßgeblichen Zeitraum nach oben getrieben werden, ist es gerechtfertigt, den durchschnittlichen Börsenkurs im Referenzzeitraum als Mindestabfindungshöhe anzuerkennen. Grundsätzlich sollte dabei auf einen Referenzzeitraum von drei Monaten abgestellt werden[281], da bei länger anzusetzenden Referenzzeiträumen auch Tatsachen berücksichtigt werden würden, die nicht den Wert zum Zeitpunkt des Squeeze-out-Beschlusses selbst widerspiegeln.

---

[278] Eine Definition nach der Efficient Capital Market Hypothesis – Süchting, Finanzmanagement, S. 395.

[279] Steinhauer, AG 1999, 299 ff., 304.

[280] BVerfGE 100, 289 ff., 309 („DAT/Altana“).

[281] So auch BGH, ZIP 2001, 734 ff., 738; Pfisterer in Lorz/Pfisterer//Gerber, Beck`sches Formularhandbuch, Aktienrecht, U. III. Nr.10; Gesmann-Nuissl, WM 2002, 1205 ff., 1207.

IV. Zwischenergebnis

Auch beim Squeeze-out sind die ermittelten Börsenkurse von entscheidender Relevanz. Es sind deshalb die durchschnittlichen Börsenkurse im Referenzzeitraum zur Bestimmung des Verkehrswerts heranzuziehen.

In Fällen des Squeeze-outs ist dem Minderheitsaktionär nicht nur in Höhe seines Grenzpreises Abfindung zu leisten, sondern es muss auch seine subjektive Interessenlage unter Heranziehung der Grundsätze zur Grenzwertbetrachtung berücksichtigt werden. Das subjektive Interesse kann auf die Abfindungspositionen „Ersatz für den Verlust der Verhandlungsposition", „Ersatz der Transaktionskosten", „Ausgleich für die der Gesellschaft zugute kommenden Synergievorteile", „Ersatz für steuerliche Verluste" sowie „Ersatz für Paketaufschläge" gerichtet sein. Die Berücksichtigung des subjektiven Interesses der Minderheitsaktionäre ist beim Squeeze-out – im Gegensatz zu umwandlungsrechtlichen Fallgestaltungen sowie Konstellationen bei Beherrschungs- und Gewinnabführungsverträgen – erforderlich, weil die Minderheitsaktionäre beim Squeeze-out keine Wahlmöglichkeit haben, ob sie in der Gesellschaft verbleiben oder gegen Abfindung ausscheiden. Da auch bei Eingliederungen (§§ 319 ff. AktG) Minderheitsaktionäre zumindest mittelbar am Erfolg der einzugliedernden Gesellschaft partizipieren, müssen nach einer Grenzwertbetrachtung dem Minderheitsaktionär beim Squeeze-out zumindest teilweise im Rahmen der Ermittlung einer angemessenen Abfindung gemäß § 327b Abs.1 AktG zusätzliche vermögensrechtliche Positionen gewährt werden. Es muss allerdings auch beachtet werden, dass dem Hauptaktionär nicht jeder Vorteil, der durch einen Squeeze-out entsteht, genommen werden darf. Ansonsten gäbe es keine Anreize für den Hauptaktionär, einen Squeeze-out durchzuführen.

D. Systematische Einordnung der Verhandlungsposition: Verwaltungs- oder Vermögensrecht?

In der Regierungsbegründung zum Squeeze-out[282] lässt sich bereits der Hinweis finden, dass bei der Bemessung der Abfindung sowohl die mitgliedschaftlichen Herrschaftsrechte als auch die Vermögensrechte des Minderheitsaktionärs zu berücksichtigen seien. Ob tatsächlich im ausreichenden Maße die Verwaltungs- sowie Vermögensrechte bei der Bewertung des Abfindungsanspruches miteinbezogen werden, ist indes zweifelhaft. Nach dem Wortlaut des § 327b Abs.1 S.1 AktG muss der Hauptaktionär bei der Bestimmung der Abfindungshöhe lediglich die „Verhältnisse der Gesellschaft" und nicht die Rechte bzw. die Interessen der Gesellschafter berücksichtigen. Zusätzliche Interessen der Gesellschafter können dann bestehen, wenn sie bestimmte Erwartungen mit ihrer Aktienanlage verbinden, die nicht im Anteilswert ihrer Aktien liegen.

Bei uneingeschränkter Übernahme der Rechtsprechungsgrundsätze zu §§ 305, 320b AktG[283] würden bei der Bestimmung der Abfindungshöhe nach § 327b Abs.1 AktG zusätzliche Interessen der auszuschließenden Aktionäre als nicht werterhöhend in Ansatz gebracht werden. Nach diesen Grundsätzen steht nämlich bei der Bestimmung der Abfindungshöhe im Vordergrund, dass ein Aktionär nicht weniger erhält, als wenn er eine freie Desinvestitionsentscheidung getroffen hätte.[284] Ein Aktionär würde nach dieser Rechtsprechungsansicht bei freier Desinvestition den Gegenwert seiner Gesellschaftsbeteiligung erhalten.[285]

Die Kleinaktionäre können jedoch in Fällen eines Squeeze-outs höhere Abfindungsbeträge als bei Beherrschungs- und Gewinnabführungsverträgen oder bei Eingliederungen erwarten. Dies gilt deshalb, weil nach Durchführung eines Squeeze-outs die ausgeschlossenen Aktionäre – anders als in Fällen von Beherrschungs- und Gewinnabführungsverträgen oder bei Eingliederungen – noch nicht einmal mehr mittelbar an der Gesellschaft beteiligt sein können.[286] Auch die in der Rechtsprechung entwickelten Maßstäbe zur übertragenden Auflösung[287] sind nur eingeschränkt auf Fälle eines Squeeze-outs übertragbar, so dass die Abfindung beim Squeeze-out höher liegen kann als der Anteil am Liquidationserlös bei der übertragenden Auflösung.[288] So könnte es deshalb geboten sein,

---

282 BT-Drucks. 14/7034, S. 72.
283 BVerfG, ZIP 1999, 1436 ff., 1439 („DAT/Altana").
284 BVerfGE 100, 289 ff., 306 („DAT/Altana").
285 BVerfGE 100, 289 ff., 306 („DAT/Altana").
286 Hierzu Teil 2, C. II. 4.
287 BVerfG, ZIP 2000, 1670 ff., 1671 („Moto Meter").
288 Hierzu Teil 2, A. II.

dass weitere Verwaltungs- und Vermögensrechte sowie andere Aktionärsinteressen in einem Squeeze-out-Verfahren den Abfindungsanspruch erhöhen.

Hiergegen spricht auch nicht der Abgrenzungsansatz des Bundesverfassungsgerichts, wonach Kleinaktionäre nicht als Mitunternehmer, sondern als bloße Kapitalanleger anzusehen seien.[289] Auch bei Einstufung der Minderheitsaktionäre als bloße Kapitalanleger könnte es geboten sein, den Minderheitsaktionären einen Ausgleich für den Verlust ihres Rechts, selbst den Zeitpunkt zum Verkauf ihrer Anteile zu bestimmen, zu gewähren.[290] Kapitalanleger streben insbesondere dann einen vollständigen Ersatz für den Verlust ihrer Interessen als Gesellschafter an, wenn sie – wie beim Squeeze-out – nach Durchführung einer gesellschaftsrechtlichen Maßnahme nicht einmal mehr mittelbar von den unternehmerischen Erfolgen der Gesellschaft profitieren können.

I. Einzelne Verwaltungsrechte

1. Zu den anerkannten Verwaltungsrechten

Zu den anerkannten Verwaltungsrechten gehören unter anderem das Recht auf Teilnahme an der Hauptversammlung gemäß § 118 Abs.1 AktG, das Auskunftsrecht gemäß § 131 Abs.1 AktG (einschließlich der Möglichkeit zum Auskunftserzwingungsverfahren nach § 132 AktG), das Stimmrecht gemäß §§ 133 ff. AktG und das Recht auf Erhebung der Nichtigkeits-, Unwirksamkeits- und Anfechtungsklage gemäß §§ 241 ff. AktG.[291] Daneben gibt es weitere, aus Verwaltungsrechten resultierende Ansprüche der Aktionäre, deren Geltendmachung von einer bestimmten Beteiligungsquote abhängig ist. So können Minderheitsaktionäre, deren Anteile zusammen den hundertsten Teil des Grundkapitals oder deren Anteile betragsmäßig die Höhe von einer 100.000,00 Euro erreichen, bei Vorliegen weiterer Voraussetzungen nach § 142 Abs.2 AktG die gerichtliche Bestellung eines Sonderprüfers erzwingen. Nach § 147 AktG besitzt zwar die Hauptversammlung nicht selbst die Befugnis, bei Pflichtverletzungen der Organe der Gesellschaft Schadensersatzklagen geltend zu machen. Allerdings müssen Ersatzansprüche von der Gesellschaft geltend gemacht werden, wenn das die Hauptversammlung mit einfacher Stimmenmehrheit beschließt (§ 147 Abs.1 S.1 AktG). Außerdem können Aktionäre gemäß § 148 Abs.1 S.1 AktG, deren Anteile im Zeitpunkt der Antragstellung zusammen den einhundertsten Teil des Grundkapitals oder einen anteiligen Betrag von 100.000,00 Euro erreichen, eine gerichtliche Zulassung beantragen, im eigenen Namen Ersatzansprüche gegen

[289] BVerfG, NJW 2001, 279 ff., 280 („Moto Meter").
[290] Hierzu Teil 2, E.
[291] Hüffer, Gesellschaftsrecht, § 31, Nr.2, a).

Organe der Gesellschaft geltend zu machen. Nach § 147 Abs.2 S.2 AktG können Aktionäre, deren Anteile zusammen den zehnten Teil des Grundkapitals oder den anteiligen Betrag von € 1.000.000,00 erreichen, gerichtlich beantragen, dass zur Geltendmachung von Ansprüchen nach § 147 Abs.1 AktG andere Personen als die zuständigen Organmitglieder bestellt werden, wenn dies für eine gehörige Geltendmachung zweckmäßig erscheint.

Grundsätzlich geht das deutsche Aktienrecht mit § 12 Abs.1 S.1 AktG vom Gleichlauf zwischen mitgliedschaftlicher Kapitalbeteiligung und Stimmrecht aus; die Satzung kann von diesem Grundsatz auch keine Ausnahmen vorsehen (§ 23 Abs.5 AktG).[292] Der wichtigste Fall, der diese Regel durchbricht, tritt bei Ausgabe von Vorzugsaktien ein, mit denen gerade kein Stimmrecht ausgeübt werden kann (§ 12 Abs.1 S.2 AktG). Bei nichtbörsennotierten Aktiengesellschaften können darüber hinaus Höchststimmrechte statutarisch vorgesehen werden (§ 134 Abs.1 S.2 AktG). Entgegen der Rechtslage[293] vor Einführung des KonTraG[294] besteht nunmehr das Verbot zur Ausgabe von Mehrstimmrechten (§ 12 Abs.2 AktG).[295]

2. Anerkennung weiterer Verwaltungsrechte

Es fragt sich darüber hinaus, ob bereits im bloßen Innehaben von Anteilen an einer Aktiengesellschaft gleichfalls ein Verwaltungsrecht zu sehen ist. Die Aktionäre einer Gesellschaft haben nämlich grundsätzlich das Recht, selbst die Modalitäten zum Verkauf ihrer Anteile zu bestimmen. Hierzu gehört es, dass Aktionäre selbst den Zeitpunkt, den Preis und die Umstände des Verkaufs bestimmen. Auch nach dem von der Rechtsprechung[296] entwickelten Leitbild, nach dem Kleinaktionäre keine Mitunternehmer, sondern bloße Kapitalanleger sind, lässt sich nicht ableiten, dass in der Verhandlungsposition ein nicht ausgleichsfähiges zusätzliches Aktionärsrecht liegt. Dies kann deshalb nicht gelten, weil ansonsten ein Aktionär zumindest in bestimmten Fällen keine freie Desinvestitionsentscheidung treffen könnte. Gegen die Einstufung als Verwaltungsrecht könnte allerdings sprechen, dass der Besitz von Anteilen an einer Aktiengesellschaft lediglich die Ausübung von Verwaltungsrechten vermittelt und mithin die Anteile wie auch die Dispositionsbefugnis über sie keine Verwaltungsrechte darstellen.

Die Frage, ob das bloße Innehaben von Aktien und die dadurch vermittelte Möglichkeit des Minderheitsaktionärs, nach eigenem Ermessen den Zeitpunkt

---

[292] Hüffer, Gesellschaftsrecht, § 31, Nr.2, a).
[293] Vgl. zur früheren Rechtslage: Zöllner/ Noack, AG 1991, 117 ff., 117.
[294] Gesetz zur Kontrolle und Transparenz im Unternehmensbereich (KonTraG) vom 27.04.1998, BGBl. I, S. 786.
[295] Vgl. Geßler, AktG-Kommentar, § 12, Rn. 6; Saenger, ZIP 1997, 1813 ff., 1813.
[296] BVerfG, NJW 2001, 279 ff., 280 („Moto Meter").

für einen Verkauf seiner Anteile zu bestimmen, ist keineswegs lediglich akademischer Natur. Je nach Lösungsweg kann vielmehr einem Minderheitsaktionär ein unterschiedlicher Abfindungsbetrag zustehen. Wenn der Verlust des Anteils selbst, welcher im Innehaben einer Verhandlungsposition liegt, unter eine dritte Gruppe von Rechten[297] fallen würde, dann wäre nach den Vorgaben der bisherigen höchstrichterlichen Rechtsprechung[298] für diese Gruppe von Rechten kein Ausgleich zu leisten. Dies gilt deshalb, weil nach der in der Regierungsbegründung vertretenen Auffassung zum Squeeze-out[299] nur mitgliedschaftliche Herrschaftsrechte sowie Verwaltungsrechte in einer Ausgleichsbilanz in Ansatz zu bringen sind. Auf Grundlage dieser Erwägung ist zu untersuchen, ob im Verlust der Verhandlungsposition ein Verwaltungsrecht des Minderheitsaktionärs zu sehen ist.

a) Bei enger Betrachtungsweise

Im Aktiengesetz ist nicht eindeutig definiert, welche Mitverwaltungsrechte die Aktionäre haben können. Es ist nur allgemein in der Literatur und in der Rechtsprechung anerkannt, dass es Mitverwaltungsrechte gibt und dass sie den Aktionären neben Vermögensrechten zustehen.[300] Als Mitverwaltungsrechte werden alle Aktionärsrechte verstanden, die dem Aktionär die Mitwirkung an den Entscheidungen in der Gesellschaft ermöglichen.[301] Als typische Verwaltungsrechte gelten das Recht auf Teilnahme an der Hauptversammlung, das Rederecht in der Hauptversammlung, das Recht auf Auskünfte, das Stimmrecht sowie das Recht zur Wahl von Aufsichtsratsmitgliedern.[302] Unter Berücksichtigung der genannten Beispielsfälle ist es zweifelhaft, ob im Innehaben einer durch Aktieneigentum vermittelten Verhandlungsposition ein Mitverwaltungsrecht gesehen werden kann. Im Unterschied zu den sonstigen – allgemein anerkannten – Verwaltungsrechten liegt bei diesem Recht die Besonderheit vor, dass dem Minderheitsaktionär nicht zusätzliche Mitwirkungsrechte in der Gesellschaft, sondern nur Dispositionsrechte an Gesellschaftsanteilen erwachsen. Sofern der Ansicht[303] gefolgt werden sollte, nach der Zurückhaltung bei Bejahung von Vermögens- und Verwaltungsrechten geboten ist, ist es abzulehnen, in der Disposi-

---

297 Schmidt-Hern, Der Schutz der außenstehenden Aktionäre im faktischen Konzern, S. 83, weist darauf hin, dass sich die Stellung der Aktionäre mit den Begrifflichkeiten Mitverwaltungsrechte, Vermögensrechte, Leistungspflichten und Treuepflichten nur unzulänglich, da lediglich ausschnittsweise, zusammenfassen lassen.

298 BVerfGE 100, 289 ff., 305 („DAT/Altana").

299 RegBegr., BT-Drucks. 14/7034, S. 72.

300 Hueck/Windbichler, Gesellschaftsrecht, § 26, III.

301 Kloppenburg, Mitverwaltungsrechte der Aktionäre, S. 29.

302 Kloppenburg, Mitverwaltungsrechte der Aktionäre, S. 28.

303 KK-Kraft, AktG-Kommentar, Bd. 1, § 11, Rn. 11; Hueck/Windbichler, Gesellschaftsrecht, § 26, III.

tionsfreiheit des Minderheitsaktionärs, den Verkaufszeitpunkt selbst zu bestimmen, ein Verwaltungsrecht zu sehen. Dies ist bei restriktiver Betrachtungsweise deshalb abzulehnen, da der Kauf und Verkauf von Aktien lediglich bewirken, dass ein Aktionär Vermögens- und Verwaltungsrechte erlangt oder verliert. In der Möglichkeit zum Verkauf der Aktien liegt hingegen nach restriktiver Betrachtungsweise nicht selbst ein Verwaltungsrecht.

b) Bei weiter Betrachtungsweise

Bei weitem Verständnis des Begriffes der Verwaltungsrechte läge hingegen das Ergebnis nahe, dass auch die freie Dispositionsmöglichkeit der Minderheitsaktionäre hinsichtlich des „Ob" und des „Wie" von Aktienverkäufen als Verwaltungsrecht anzusehen ist. Sofern davon auszugehen ist, dass es mit den Vermögens- und den Verwaltungsrechten nur zwei Gruppen an Mitgliedschaftsrechten gibt, bestände nur die Wahl, das Recht auf freie Dispositionsbefugnis als Vermögens- oder Verwaltungsrecht einzuordnen. Einige Stimmen in der Literatur neigen dazu, die Mitgliedschaftsrechte weit auszulegen.[304] In dem Recht eines Minderheitsaktionärs, selbst den Zeitpunkt des Verkaufs seiner Anteile zu bestimmen, läge nach diesem weiten Verständnis ein Verwaltungsrecht, welches die Minderheit gegenüber der Gesellschaft und seinen Mitaktionären besitzt. Dass einem Aktionär grundsätzlich ein solches Recht auf Veräußerung seiner Anteile eingeräumt ist, kann auch aus der Ausnahmeregelung des § 68 Abs.2 AktG geschlossen werden. Denn nur bei Übertragung von Namensaktien kann nach § 68 Abs.2 S.1 AktG eine Übertragung von der Zustimmung der Gesellschaft abhängig gemacht werden.

c) Vorzuziehende Auffassung

Die Auffassung, die in der Dispositionsbefugnis des Minderheitsaktionärs kein Verwaltungsrecht sieht, ist vorzuziehen. Hierfür spricht vor allem der Zweck von Verwaltungsrechten: Mitgliedschaftsrechte sollen das wichtigste Grundrecht der Aktionäre darstellen.[305] Dementsprechend sollen Mitgliedschaftsrechte deutlich machen, dass der Aktionär nicht Gläubiger einer Forderung, sondern „Eigentümer einer Vermögensmasse" ist. Diese Vermögensmasse unterliegt der Vermögensverwaltung der zwischengeschalteten Gesellschaft, die als juristische Person selbständige Rechtsträgerin ist.[306] Bei der Dispositionsbefugnis des Minderheitsaktionärs, frei über Art, Umfang und Zeitpunkt des Verkaufes seiner Anteile zu bestimmen, handelt es sich hingegen gerade nicht um eine mittelbare Bestimmung des Aktionärs, wie mit dem Vermögen der Gesellschaft zu verfahren ist. Dies gilt deshalb, weil mit Ausübung der Dispositionsbefugnis aus-

---

304 Wellkamp, Aktionärsschutz, S. 1; Pellens, Aktionärsschutz im Konzern, S. 47.
305 Henn, Die Rechte des Aktionärs, S. 3.
306 Kübler, Gesellschaftsrecht, S. 177; Henn, Handbuch des Aktienrechts, S. 233 f.

schließlich die Änderung der Stellung des Gesellschafters zur Gesellschaft und seinen Mitgesellschaftern herbeigeführt werden kann.

Von daher ist nicht anzunehmen, dass Minderheitsaktionäre einen Verlust an Verwaltungsrechten erleiden, wenn sie ihr Recht verlieren, selbst den Zeitpunkt ihres Ausscheidens aus der Gesellschaft zu bestimmen. [307]

II. Einzelne Vermögensrechte

Gleichfalls problematisch ist es, den Verlust der Aktionärsstellung bzw. den Verlust der Möglichkeit, selbst über den eigenen Ausstieg aus der Gesellschaft zu entscheiden, unter die gesellschaftsrechtliche Kategorie „Vermögensrechte" subsumieren zu wollen. Unter Vermögensrechten versteht man vor allem den Anspruch auf Bilanzgewinn gemäß § 58 Abs.4 AktG, den Anspruch auf Vergütung von Nebenleistungen gemäß §§ 55, 61 AktG, das Bezugsrecht bei Kapitalerhöhungen gemäß § 186 Abs.1 AktG, den Anspruch auf Liquidationserlös gemäß § 271 AktG sowie die Ansprüche auf Abfindung und Ausgleich gemäß §§ 304, 305 AktG.[308] In der Regel liegen dann Vermögensrechte vor, wenn sich entsprechende Ansprüche gegen die Gesellschaft richten und diese auch abgetreten werden können.[309]

Der Anspruch der Minderheitsaktionäre auf Zahlung einer Abfindung gemäß §§ 327a Abs.1, 327b Abs.1 AktG kann selbst als ein solches Vermögensrecht angesehen werden, obgleich er nach herrschender Meinung[310] gegenüber dem Hauptaktionär geltend zu machen ist. Dieser Anspruch ist auch abtretbar. Gegen die Einordnung der Dispositionsfreiheit als Vermögensrecht spricht gleichfalls nicht, dass grundsätzlich die einzelnen vermögensrechtlichen Rechte und Pflichten mit dem Erwerb der Mitgliedschaft beginnen und mit ihrem Verlust enden.[311] Es ist nämlich auch möglich, dass das Entstehen vermögensrechtlicher Ansprüche mit dem Ausscheiden aus der Gesellschaft zusammenfällt.

Selbst wenn man grundsätzlich den Abfindungsanspruch gemäß §§ 327a Abs.1, 327b Abs.1 AktG als ein Vermögensrecht einstuft, wird damit nicht die Reich-

---

[307] BT-Drucks. 14/7034, S. 72.

[308] Wiesner in Münchener Handbuch des Gesellschaftsrechts, Bd. 4, § 17, Rn. 4; Zätzsch/Maul in Beck`sches Handbuch der AG, § 4, Rn. 188.

[309] Zwissler, Treuegebot – Treuepflicht - Treuebindung, S. 118; Zätzsch/ Maul in Beck`sches Handbuch der AG, § 4, Rn. 188.

[310] KK-Hasselbach, WpÜG-Kommentar, AktG, § 327b, Rn. 10; Grzimek in Geibel/Süßmann, WpÜG-Kommentar, AktG, § 327b, Rn. 2.

[311] Wiesner in Münchener Handbuch des Gesellschaftsrechts, Bd. 4, § 17, Rn. 2.

weite dieses Vermögensrechtes festgelegt. Es bleibt also offen, ob die Möglichkeit, selbst den Zeitpunkt des Ausscheidens aus der Gesellschaft zu bestimmen, Teil dieses Vermögensrechtes ist. Genauso verhält es sich mit der Ausgleichspflicht des Hauptaktionärs hinsichtlich von Transaktionskosten. Auch insoweit gilt, dass im Falle einer Ausgleichspflicht hierin nur eine Rechnungsposition im Rahmen des § 327b Abs.1 AktG läge.

III. Rechtliche Folgerungen

Auch nach der Vorgabe des Bundesverfassungsgerichts, nach der neben den Verwaltungsrechten auch die Vermögensrechte abzufinden sind[312], ist es möglich, Vermögenspositionen, die bisher nach herrschender Auffassung nicht bei der Bemessung der Abfindungshöhe zu berücksichtigen waren, bewertungsmäßig einzustellen. Hiergegen spricht nicht die vom Bundesverfassungsgericht gegebene Definition, wonach unter den Begriff „Vermögensrechte" der gesetzliche Anspruch auf Bilanzgewinn, soweit er zur Verteilung kommt, das Recht auf Bezug neuer Aktien bei Kapitalerhöhungen sowie das Recht auf Teilnahme am Liquidationserlös fallen.[313] Diese Aufzählung kann schon allein deshalb nicht als abschließend angesehen werden, weil wichtige anerkannte Vermögensrechte wie Ansprüche auf Vergütung von Nebenleistungen gemäß §§ 55, 61 AktG sowie Abfindungs- und Ausgleichsansprüche nach §§ 304, 305 AktG nicht aufgeführt worden sind. Von daher bleibt also Raum, auch den Verlust der Dispositionsfreiheit über die gehaltenen Aktien als ersatzfähige Vermögensposition anzuerkennen.

---

[312] BVerfG, ZIP 1999, 1436 ff., 1439 („DAT/Altana"); BVerfG, ZIP 2000, 1670 ff., 1671 („Moto Meter").
[313] BVerfGE 100, 289 ff., 302 („DAT/Altana").

E. Verlust der Verhandlungsposition

I. Zum wirtschaftlichen Interesse

Für Kapitalanleger ist es wichtig, dass sie selbst bestimmen bzw. darüber disponieren können, zu welchem Zeitpunkt, ob und zu welchem Preis und unter Umständen auch welchem Marktteilnehmer sie ihre Anteile veräußern werden.[314] Ansonsten würde sich das Aktienrecht dem Recht der Termingeschäfte annähern, bei dem die mit diesen Anlageprodukten handelnden Kapitalanleger auch lediglich bis zu einem bestimmten Zeitpunkt das Recht haben, zu einem vorher festgelegten Preis Anteile zu kaufen (Call-Option) oder zu verkaufen (Put-Option).[315] Im Optionsscheinhandel bewirken die Marktmechanismen regelmäßig, dass Optionen mit längerer Laufzeit, bei denen der Optionsscheininhaber erst zu einem späteren Zeitpunkt sein Optionsrecht ausüben muss, einen höheren Wert haben als Optionen, die eine kürzere Restlaufzeit aufweisen (sog. Zeitwert des Zertifikates).[316] Aus diesem Preisbildungsmechanismus folgt, dass im Optionsscheinhandel allein in der Dauer der Restlaufzeit ein wertbildender Faktor liegt. Die Durchführung eines Squeeze-outs bewirkt, dass den Minderheitsaktionären mit Eintragung des Übertragungsbeschlusses ins Handelsregister die Möglichkeit genommen wird, ihre Anteile zu halten oder anderweitig zu veräußern. Es stellt sich also die Frage, ob der Hauptaktionär den Minderheitsaktionären wegen des Verlustes der Verhandlungsposition einen Ausgleich leisten muss.

Es liegt nahe, dass bei der Wertermittlung eines Optionsrechts auch der Zeitwertaspekt zu berücksichtigen ist; denn in längeren Zeitabschnitten können sich erheblichere Kursveränderungen als in kürzeren ergeben.[317] Für die Ermittlung des Optionspreises sind weiterhin die Kursausschläge der Aktien von Relevanz: Wenn Kursausschläge abnehmen, würde etwa der Preis für ein Optionsrecht sinken.[318] Für die Entstehung von Aktienkursen ist es hingegen grundsätzlich nicht von Bedeutung, in welchem Umfang Kursausschläge im Aktienkursverlauf zu verzeichnen sind. Die Höhe der Aktienkurse hängt vielmehr davon ab, inwieweit künftig von wachsenden Ertragszahlen ausgegangen werden kann. Da ein Minderheitsaktionär vielfach nicht zum freiwilligen Verkauf von Anteilen bereit ist, könnte es auch in Fällen eines Squeeze-outs geboten sein, den Minderheitsaktionär wie einen Optionsrechteinhaber zu behandeln und ihm Kompensation für den Verlust der Möglichkeit, zu einem späteren Zeitpunkt seine

[314] Hierzu auch Teil 2, D. I. 2.
[315] Schefold in Schimanski/Bunte/Lwowski, Bankrecht III, § 116, Rn. 289.
[316] Schefold in Schimanski/Bunte/Lwowski, Bankrecht III, § 116, Rn. 291; Hull, Optionen, Futures und andere Derivate, S. 259.
[317] Becker, Terminhandel, S. 674.
[318] Hull, Einführung in Futures- und Optionsmärkte, S. 286.

Anteile zu veräußern, – entsprechend dem Zeitwert bei Optionsscheinen – zu leisten.

Bei der Frage, inwieweit den Minderheitsaktionären ein Ausgleich für den Verlust ihrer Verhandlungsposition zu leisten ist, muss das von den Interessen des Hauptaktionärs dominierte Verfahren Berücksichtigung finden[319]: So können die Minderheitsaktionäre ihren Ausschluss aus der Aktiengesellschaft nicht dadurch verhindern, dass sie die Abfindung ablehnen. Der Hauptaktionär, der über eine 95%ige Kapitalbeteiligung verfügt, kann den Ausschluss auch ohne deren Zustimmung beschließen und durchführen lassen. Deswegen ist es höchst problematisch, wenn der Hauptaktionär bei Festlegung der Abfindung nicht gezwungen ist, die subjektiven finanziellen Interessen der auszuschließenden Aktionäre zu berücksichtigen.[320]

II. Zur derzeitigen Gesetzeslage

Es muss anhand der gängigen Auslegungsmethoden ermittelt werden, ob nach der derzeitigen Gesetzeslage, insbesondere bei Berücksichtigung des § 327b Abs.1 AktG, ein Minderheitsaktionär einen Ausgleich für den Verlust seiner Verhandlungsposition erhalten muss.

Folgende Überlegungen müssen dabei vorangestellt werden: Sofern ein Minderheitsaktionär die Entscheidung trifft, seine Anteile zu veräußern, muss er keine Vergütung für die Aufgabe seiner Verhandlungsposition erhalten. Durch Abgabe seiner Willenserklärung, seine Anteile zu einem bestimmten Preis zu verkaufen, gibt der Minderheitsaktionär nämlich zu erkennen, dass er auch seine Verhandlungsposition[321] aufgeben möchte. Anders liegt das bei einem zwangsweise durchgeführten Ausschluss, bei dem es an einer solchen Willenserklärung des Minderheitsaktionärs fehlt. In diesem Fall kommt es in Betracht, das Interesse eines Minderheitsaktionärs, selbst den Zeitpunkt des Verkaufes seiner Anteile zu bestimmen, zu berücksichtigen.

1. Wortlaut des § 327b Abs.1 S.1 Hs.2 AktG

Wie bei jeder Auslegung einer Gesetzesnorm ist für die Bestimmung der Reichweite des § 327b Abs.1 AktG die Wortbedeutung Ausgangspunkt der Gesetzesauslegung. Dies gilt deshalb, weil ein eindeutiger Wortsinn, der durch

---

[319] Rühland, WM 2000, 1884 ff., 1884; Rühland, Der Ausschluss von Minderheitsaktionären, S. 225.

[320] Hecker/Wenger, ZBB 1995, 321 ff., 326.

[321] Zur dogmatischen Einordnung der Verhandlungsposition: Vgl. hierzu Teil 2, D.

Auslegung festgestellt werden muss, grundsätzlich bindend ist.[322] Von diesem eindeutigen Wortsinn darf nur abgewichen werden, wenn der Gesetzeszweck eine abweichende Auslegung nicht nur nahe legt, sondern gebietet.[323] Der Gesetzeswortlaut des § 327b Abs.1 AktG ist nicht dahingehend eindeutig, dass ein Minderheitsaktionär keinen Ausgleich für den Verlust seiner Verhandlungsposition erhalten soll. Im Satz 2 dieser Vorschrift wird zwar klargestellt, dass bei Bestimmung der Höhe der Barabfindung die Verhältnisse der Gesellschaft im Zeitpunkt der Beschlussfassung ihrer Hauptversammlung zu berücksichtigen seien. Die Verhandlungsposition eines Minderheitsaktionärs ist allerdings nicht unter das Tatbestandsmerkmal „Verhältnisse der Gesellschaft" subsumierbar; bei der Verhandlungsposition geht es dem Minderheitsaktionär nämlich um persönliche Interessen, die nur mittelbar mit den Verhältnissen der Gesellschaft im Zusammenhang stehen. Der Wortlaut des § 327b Abs.1 S.1 Hs.2 AktG ist dennoch nicht eindeutig, da die Verhältnisse der Gesellschaft bei der Bestimmung der Abfindungshöhe ausdrücklich nur „berücksichtigt" werden müssen. Hieran zeigt sich, dass nach dem Wortlaut der Vorschrift noch andere Umstände zur Ermittlung der Abfindungshöhe herangezogen werden können bzw. sogar müssen. Nach der Wortlautauslegung ist es mithin offen, ob der Hauptaktionär für den Verlust der Verhandlungsposition Ersatz leisten muss.

2. Systematische Stellung des § 327b Abs.1 S.1 AktG

Aus § 327a Abs.1 S.1 AktG ergibt sich, dass die Barabfindung die Gegenleistung für die Übertragung der Aktien des Minderheitsaktionärs ist. Die Übertragung der Aktien und die Gewährung einer angemessenen Barabfindung stehen dabei in einem synallagmatischen Verhältnis zueinander. Hieraus folgt, dass nach § 327a Abs.1 S.1 AktG der Hauptaktionär bei Festlegung der Höhe der Barabfindung die Interessen des Minderheitsaktionärs berücksichtigen muss. Sofern der Hauptaktionär lediglich den anteiligen, auf Grundlage einer Unternehmensbewertung zugrunde gelegten Wert des Anteils als Gegenleistung festlegen würde, wäre es sehr fraglich, ob damit den zwischen Haupt- und Minderheitsaktionären bestehenden gesellschaftsrechtsspezifischen Interessen Genüge getan würde. Der Minderheitsaktionär dürfte nämlich häufig die nur den Unternehmensanteilswert berücksichtigende Gegenleistung für nicht ausreichend halten. Allerdings ist eine dahingehende systematische Auslegung keineswegs zwingend. So könnte bei § 327a Abs.1 AktG genauso einleuchtend auf die Sicht des Hauptaktionärs abgestellt werden. Die systematische Auslegung ist mithin weder geeignet, aufzuzeigen, dass bei Festlegung einer angemessenen Barabfindung ein Wert für den Verlust der Verhandlungsposition einzustellen ist, noch dass dies unzulässig wäre.

[322] BGHZ 46, 74 ff., 76; Palandt-Heinrichs, BGB-Kommentar, Einleitung vor §§ 1 ff., Rn 51.
[323] RGZ 149, 235 ff., 238; BGHZ 2, 176 ff., 184.

3. Historische Auslegung

Anhand der Gesetzesmaterialien ist nicht erkennbar, inwieweit auch der Verlust der Verhandlungsposition zu entschädigen ist. Allerdings findet sich zumindest der Hinweis in der Regierungsbegründung, dass die in den §§ 327a Abs.1 S.1, 327b AktG vorgesehene Entschädigung sicherstellen soll, dass der ausscheidende Minderheitsaktionär eine Abfindung erhält, die dem Wert seiner gesellschaftlichen Beteiligung an dem Unternehmen entspricht.[324] Aus dieser Formulierung kann nicht entnommen werden, dass der Minderheitsaktionär auch für den Verlust seiner Verhandlungsposition entschädigt werden sollte. Es ist deshalb nicht zu klären, ob der Gesetzgeber die Frage nach dem „Ersatz für den Verlust der Verhandlungsposition" lediglich übersehen hat oder ob er die Lösung dieser Frage den Gerichten überlassen wollte. So wird insbesondere in der Regierungsbegründung nicht dargelegt, aus welchen Positionen sich ein vermögensrechtlicher Anspruch zusammensetzt. Im Ergebnis kann eher davon ausgegangen werden, dass der Gesetzgeber nicht an die Berücksichtigungsfähigkeit der Verhandlungsposition gedacht hat. Hieraus folgt, dass auch nach historischer Auslegung die Frage, ob ein Ausgleich für den Verlust der Verhandlungsposition zu erfolgen habe, nicht geklärt werden kann.

4. Teleologische Auslegung

Die teleologische Auslegung ist dann die maßgebliche Auslegungsmethode, wenn nach der Wortlautauslegung kein eindeutiges Ergebnis ermittelbar ist.[325] Bei der teleologischen Auslegung ist die ratio legis zu ermitteln, also die durch den Gesetzgeber verfolgten Zwecksetzungen. Es dürfen allerdings nicht allgemeine Zweck- und Gerechtigkeitserwägungen außer Betracht bleiben. Es kommt also nicht nur darauf an, ob der Gesetzgeber einen Ausgleich für den Verlust einer Verhandlungsposition schaffen wollte, sondern auch darauf, ob allgemeine Gerechtigkeitserwägungen für eine solche Ausgleichspflicht sprechen.[326] Bei Normierung des § 327b Abs.1 AktG kam es dem Gesetzgeber darauf an, den vom Bundesverfassungsgericht festgelegten Vorgaben nachzukommen. Der Minderheitsaktionär hat nach Auffassung des Bundesverfassungsgerichtes eine volle wirtschaftliche Entschädigung zu erhalten.[327] Was unter „voller wirtschaftlicher Entschädigung" zu verstehen ist, ergibt sich aus einem Vergleich mit den Fällen, zu denen diese Rechtsprechung des Bundesverfassungsgerichtes ergangen ist.

---

[324] BT-Drucks. 14/7034, S. 32.

[325] BGHZ 2, 176 ff., 184; Palandt-Heinrichs, BGB-Kommentar, Einleitung vor §§ 1 ff., Rn. 56; Hefermehl in Soergel, BGB-Kommentar, AT 2, Anhang zu § 133, Rn. 1.

[326] So nach der objektiven Theorie zur Gesetzesauslegung, die nach der ständigen Rechtsprechung des Bundesverfassungsgerichtes für maßgeblich gehalten wird - BVerfGE 6, 55 ff., 72; 10, 234 ff., 244; 11, 126 ff., 130; 37, 1 ff., 29.

[327] BVerfGE 100, 289 ff., 306 („DAT/Altana").

a) Interessenlage bei ähnlich liegenden Rechtsinstituten

Es sind vor allem zwei Entscheidungen des Bundesverfassungsgerichts zu §§ 304, 305, 320b AktG[328] sowie zu Konstellationen von „übertragenden Auflösungen"[329] heranzuziehen.

Auch wenn in diesen beiden Grundsatzentscheidungen das Bundesverfassungsgericht nur mittelbar Hinweise gab, ob der Verlust der Verhandlungsposition ausgleichspflichtig ist, stellt sich die Frage, ob der Squeeze-out mit den diesen Entscheidungen zugrunde liegenden Rechtsinstituten vergleichbar ist. Zumindest im Hinblick auf die Fälle, in denen ein Ausgleich oder eine Barabfindung bei den Abschlüssen von Beherrschungs- und Gewinnabführungsverträgen zu zahlen sind, liegt eine zum Squeeze-out-Verfahren grundverschiedene Situation vor. So hat ein Minderheitsaktionär auch nach Abschluss von Beherrschungs- und Gewinnabführungsverträgen (§§ 291 ff. AktG) die Möglichkeit, in der Gesellschaft zu verbleiben. Dem Minderheitsaktionär entsteht also ein Wahlrecht, ob er einen Ausgleich oder eine Abfindung nach den §§ 304, 305 AktG annehmen soll, also ob er ausscheidet oder in der Gesellschaft verbleibt. Sofern sich der außenstehende Aktionär für eine Abfindung nach § 305 AktG entscheidet, wäre es wenig naheliegend, wenn der Minderheitsaktionär zusätzlich einen Ausgleich für den Verlust seiner Verhandlungsposition verlangen dürfte. Schließlich hat er selbst seine Verhandlungsposition freiwillig aufgegeben.

Die DAT/Altana-Entscheidung zeigt, dass den DAT-Aktionären keine Barabfindung, sondern Aktien der Altana AG angeboten worden sind.[330] Sofern die außenstehenden Aktionäre das Angebot der Altana AG angenommen haben, stand ihnen in der Folgezeit zumindest eine Verhandlungsposition in Bezug auf ihre Aktionärsstellung bei der Altana AG zu. Ähnlich liegt auch die Interessenlage bei Minderheitsaktionären, die im Zuge einer Eingliederung nach § 320b Abs.1 AktG eine angemessene Abfindung erhalten. Sie erhalten gemäß § 320b Abs.1 S.2 AktG Aktien der Hauptgesellschaft bzw. ggf. wahlweise gemäß § 320b Abs.1 S.3 AktG, wenn die Hauptgesellschaft ihrerseits abhängige Gesellschaft ist, eine Barabfindung. Dies bedeutet jedoch zugleich, dass sie zumindest mit diesen Aktien frei disponieren können. Die Bezugsgesellschaft hat sich zwar im Zuge der Eingliederung gemäß §§ 319 ff. AktG geändert; allerdings liegt es so, dass die neue Bezugsgesellschaft des Minderheitsaktionärs zumindest 100% der Anteile der bisherigen Bezugsgesellschaft hält, so dass sich die Verhandlungsposition des Minderheitsaktionärs nur partiell geändert hat.

---

[328] BVerfG, Urteil vom 27.04.1999, BVerfGE 100, 289 ff. („DAT/Altana").

[329] BVerfG, Beschluss vom 23.08.2000, NJW 2001, 279 ff. („Moto Meter").

[330] BVerfGE 100, 289 ff., 292 („DAT/Altana").

Auch dem Grundsatzbeschluss des Bundesverfassungsgerichts[331] zur „übertragenden Auflösung" kann nicht entnommen werden, dass beim Squeeze-out kein Ausgleich für den Verlust der Verhandlungsposition zu zahlen sei. Bei der sog. „übertragenden Auflösung" wird nach der Durchführung eines Liquidationsverfahrens gemäß §§ 262 ff. AktG die Gesellschaft für alle Aktionäre beendet, also unabhängig von der jeweils gehaltenen Aktienanzahl. In Fällen der „übertragenden Auflösung" wird somit allen Aktionären – also auch den Großaktionären – die Verhandlungsposition genommen, im Gegensatz zum Squeeze-out, bei dem nur die Minderheitsaktionäre ihre Verhandlungsposition verlieren. Außerdem findet in Fällen einer übertragenden Auflösung – anders als beim Squeeze-out – eine Auseinandersetzung zwischen den Gesellschaftern statt, wobei alle Aktionäre für ihre Aktien in gleicher Höhe Liquidationserlös erhalten.

Bei den umwandlungsrechtlichen Rechtsinstituten der Verschmelzung (§§ 2 ff. UmwG), der Spaltung (§§ 123 ff. UmwG) sowie des Formwechsels (§§ 190 ff. UmwG) ist es ebenso nicht möglich, einen Gesellschafter aus der Gesellschaft auszuschließen, soweit dieser das nicht verlangt.[332]

b) Zur besonderen Sachlage beim Squeeze-out

Ein wichtiges Argument, welches für eine Werterhöhung der Abfindung spricht, ist danach gerade aus allgemeinen Gerechtigkeitsgedanken herzuleiten. Es widerspräche dem die Verhältnisse des Minderheits- sowie des Hauptaktionärs berücksichtigenden Gerechtigkeitsgedanken, wenn einerseits die Minderheitsaktionäre ein Recht verlieren und andererseits für den Verlust dieses Rechtes kein hinreichender Ausgleich gewährt werden würde. Die Interessen der Minderheitsaktionäre müssen angemessen berücksichtigt werden. Dies gilt vor allem deswegen, weil den Minderheitsaktionären – anders als bei Abfindungen nach §§ 305 AktG, 29, 30, 207 UmwG – kein Wahlrecht zusteht, ob sie die Abfindungshöhe akzeptieren und aus der Gesellschaft ausscheiden oder weiterhin in der Gesellschaft verbleiben.

Unter Zugrundelegung der teleologischen Betrachtungsweise ist es mithin erforderlich, den Minderheitsaktionären auch den Wert der Verhandlungsposition zu ersetzen. Hierauf ist auch das maßgebliche subjektive Interesse der ausscheidenden Aktionäre gerichtet.

[331] BVerfG, ZIP 2000, 1670 ff.; hierzu auch Teil 2, A. II.
[332] Kallmeyer, AG 2000, 59 ff., 59.

5. Verfassungsrechtliche Erwägungen

Auch verfassungsrechtliche Erwägungen sprechen dafür, dass im Rahmen der Ermittlung der angemessenen Abfindung gemäß § 327b Abs.1 AktG der Wert der Verhandlungsposition den Minderheitsaktionären zu ersetzen ist. Einerseits ist zu erwägen, ob eine Verletzung des Eigentumsgrundrechtes gemäß Art. 14 GG anzunehmen ist. Andererseits könnte eine Verletzung des verfassungsrechtlichen Schutzes der Privatautonomie (Art. 2 Abs.1 GG) vorliegen, wenn der Hauptaktionär keinen Ausgleich für den Verlust der Verhandlungsposition leistet.

Ein Eingriff in das Eigentumsgrundrecht könnte allerdings bereits deshalb abgelehnt werden, weil vom Schutzumfang des Art. 14 Abs.1 GG keine situationsbedingten Erwerbschancen und Erwerbsvorteile erfasst werden.[333] Die Möglichkeit der Minderheitsaktionäre, ihre Aktien zu halten und erst zu einem beliebigen späteren Zeitpunkt zu veräußern, spiegelt dabei lediglich eine Erwartung – sei sie auch sehr konkret – wider, nach der die Aktien künftig an Markt- bzw. Kurswert steigen könnten. Von einer solchen Erwartung ist deshalb auszugehen, weil ein durchschnittlicher Minderheitsaktionär in der Regel mit diesem Ziel seine Aktien halten dürfte. Sofern ein Minderheitsaktionär nicht von steigenden Kursen ausgeht, wird er hingegen grundsätzlich bestrebt sein, seine Anteile zu veräußern. In der Literatur wird jedoch teilweise angenommen, dass es zweifelhaft sei, Gewinnchancen nicht einem grundgesetzlichen Schutz zu unterstellen.[334] Dabei ist aber nach dieser Auffassung in der Literatur nicht der Schutzbereich des Art. 14 Abs.1 GG, sondern der des Art. 12 Abs.1 GG betroffen. Dieser Gedankengang, nach dem der Schutzbereich der Berufsfreiheit gemäß Art. 12 Abs.1 GG eröffnet ist, kann allerdings nur in Fällen greifen, in denen die Minderheitsaktionäre ihre Anteile auf Dauer und zum Zwecke der Schaffung und Erhaltung der Lebensgrundlage[335] halten. Nach herrschender Auffassung in der Rechtsprechung[336] und in der Literatur[337] dienen hingegen Nebentätigkeiten nicht der Erhaltung der Lebensgrundlage und sollen von daher nur von Art. 2 Abs.1 GG geschützt werden. Da sich Minderheitsaktionäre regelmäßig nicht ausschließlich der Verwaltung ihrer Aktien widmen, ist es danach abzulehnen, den Schutzbereich des Art. 12 Abs.1 GG als eröffnet anzusehen. Da vom

---

[333] Papier in Maunz-Dürig, GG-Kommentar, Art. 14, Rn. 101; Sachs, GG-Kommentar, Art. 14, Rn. 48; Jarass in Jarass/Pieroth, GG-Kommentar, Art. 14, Rn. 22; BVerfGE 68, 193 ff., 222; 105, 252 ff., 277.

[334] Bryde in von Münch/Kunig, GG-Kommentar, Art.14, Rn. 21.

[335] Zur Definition der Berufsfreiheit: Vgl. BVerfGE 7, 377 ff., 397; 54, 301 ff., 313; 68, 272 ff., 281; Gubelt in von Münch/Kunig, Art.12, Rn. 8.

[336] BVerfGE 33, 44 ff., 48; BVerwGE 35, 201 ff., 205; 67, 287 ff., 294 f.

[337] Scholz in Maunz/Dürig, GG-Kommentar, Art.12, Rn. 20; Gubelt in von Münch/Kunig, GG-Kommentar, Art.12, Rn. 10.

Schutzbereich des Art. 14 Abs.1 GG Erwerbschancen nicht umfasst sind, stellt sich verfassungsrechtlich die Frage, ob der Verlust der Verhandlungsposition als Verletzung des Art. 2 Abs.1 GG einzustufen ist.

Ein Eingriff in den verfassungsmäßigen Schutz der Privatautonomie nach Art. 2 Abs.1 GG liegt vor, wenn den Minderheitsaktionären kein Ausgleich für den Verlust ihrer Verhandlungsposition geleistet wird. Es ist anerkannt, dass die eigenbestimmte Gestaltung von Rechtsverhältnissen einen Teil der allgemeinen Handlungsfreiheit darstellt, die ihre Grenze in der Gestaltungsfreiheit anderer findet.[338] Dabei setzt die Privatautonomie voraus, dass die Bedingungen der Selbstbestimmung des einzelnen auch tatsächlich gegeben sind.[339] Die Durchführung eines Squeeze-out-Verfahrens bewirkt, dass den Minderheitsaktionären die Möglichkeit zur Bestimmung, wie mit ihren Gesellschaftsanteilen zu verfahren ist, genommen wird.

Der Eingriff in die Privatautonomie nach Art. 2 Abs.1 GG kann auch nicht als verfassungsmäßig gerechtfertigt angesehen werden, sofern der Hauptaktionär keinen Ausgleich für den Verlust der Verhandlungsposition den Minderheitsaktionären gegenüber leistet. Art. 2 Abs.1 GG steht zwar unter dem Gesetzesvorbehalt seines zweiten Halbsatzes, dass nicht Rechte anderer verletzt werden bzw. gegen die verfassungsmäßige Ordnung oder das Sittengesetz verstoßen wird. Unter verfassungsmäßiger Ordnung werden dabei alle Rechtsnormen gefasst, die formell und materiell mit der Verfassung in Einklang stehen.[340] Da in § 327b Abs.1 S.1 AktG bestimmt ist, dass die Minderheitsaktionäre eine angemessene Abfindung erhalten müssen, steht diese Vorschrift in Einklang mit der verfassungsrechtlichen Ordnung. Es bleibt nämlich der Gestaltungsfreiheit des Gesetzgebers überlassen, wie er den Schutz der Privatautonomie gewährleistet.[341] Bei der Bestimmung der angemessenen Abfindung muss allerdings Berücksichtigung finden, dass die Minderheitsaktionäre beim Ausschluss aus der Gesellschaft ihre Verhandlungsposition verlieren. Auch der Umstand, dass nur der Hauptaktionär ein Wahlrecht hat, ob er die Minderheitsaktionäre ausschließt oder sie in der Gesellschaft belässt, spricht dafür, dass ein nicht gewährter Ersatz für den Verlust der Verhandlungsposition eine Verletzung des Art. 2 Abs.1 GG darstellt. Hieraus folgt, dass § 327b Abs.1 S.1 AktG dahingehend verfassungskonform auszulegen ist, dass die Minderheitsaktionäre zum Zweck der Erfüllung der Schutzpflichten nach Art. 2 Abs.1 GG auch Ersatz für den Verlust ihrer Verhandlungsposition erhalten müssen.

---

338 BVerfGE 8, 274 ff., 328; 72, 155 ff., 170.
339 BVerfGE 81, 242 ff., 254 f.; BVerfG, NJW 2005, 2376 ff., 2377 f.
340 BVerfGE 6, 32 ff., 38; 7, 11 ff., 119; 8, 274 ff., 329; 91, 186 ff., 201; 96, 375 ff., 397f.
341 Vgl. BVerfG, NJW 2005, 2363 ff., 2376; Baumann, r + s 2005, 401 ff., 403.

III. Ermittlung des Wertes der Verhandlungsposition

Die Verhandlungsposition lässt sich mit der Erwartung der Minderheitsaktionäre auf mögliche Kursgewinne begründen; durch ihren Ausschluss aus der Gesellschaft entgeht diesen die Option auf Kursgewinne.[342] Deshalb liegt es nahe, die Theorien zur Optionsbewertung auch bei Unternehmensbewertungen einfließen zu lassen.[343] Am Finanzmarkt ist die Black-Scholes-Formel eine anerkannte Methode zur Berechnung von Optionswerten, nach der einem Recht – wie also dem Recht zum Verhandeln – unter Beachtung aller relevanter Umfeldfaktoren ein quantifizierbarer Wert zuzuordnen ist.[344]

Eine Option setzt sich zusammen aus dem Inneren Wert und dem Zeitwert. Der Innere Wert stellt die Differenz zwischen dem möglichen Kursniveau in der Zukunft und den zum Zeitpunkt des Squeeze-outs bestehenden Marktpreisen dar; der Zeitwert wird durch die Chance charakterisiert, dass dieser Kurs unter fest definierten Umfeldbedingungen erreicht werden kann.

1. Bedeutung des Inneren Wertes einer Option
Bei der Bestimmung des Inneren Wertes ist ein Faktor zu errechnen, der auf Grundlage eines Vergleiches von Bewertungen im Markt ähnlich agierender Unternehmen ermittelt wird. Sofern dieser Vergleich ergibt, dass das Bewertungsniveau der Gesellschaft, bei der das Squeeze-out-Verfahren durchgeführt wird, niedriger liegt als bei den Vergleichsunternehmen, kann ein positiver Innerer Wert festgestellt werden. Die ermittelte Differenz beruht allerdings auf Schätzungen. Es muss berücksichtigt werden, dass dem Minderheitsaktionär durch sein Ausscheiden nur ein möglicher Kursgewinn entgangen ist. Bei Preisermittlung nach der Black-Scholes-Formel muss der angestrebte Zielpreis der Aktie des Squeeze-out-Unternehmens angegeben werden, welcher sich auf Grundlage einer qualifizierten Analystenmeinung ergeben muss. Unter Zugrundelegung dieses angestrebten Zielpreises, der Laufzeit, die zur Erreichung dieses Kursniveaus erwartet wird, der bisherigen Volatilität der Squeeze-out-Aktie, des derzeitigen EUR-Libor-Zinssatzes und der erwarteten Dividendenrendite lässt sich nach dieser Formel ein Preis ermitteln, der als Ausgleichsbetrag für den Verlust der Verhandlungsposition dient.

---

[342] Ballwieser, DBW 62 (2002), 184 ff., 185.
[343] Ballwieser, DBW 62 (2002), 184 ff., 185.
[344] Hull, Optionen, Futures und andere Derivate, S. 338 ff.

In Abzug müssen schließlich die Kosten gebracht werden, die ein Aktionär für das Halten der Aktien hätte tragen müssen. Diese sog. Cost of Carry-Kosten[345] liegen insbesondere in den Depotgebühren, die ab dem Zeitpunkt des Ausschlusses aus der Gesellschaft entstanden wären.

2. Zeitwert einer Option

Selbst wenn am Markt die vergleichbaren Unternehmen niedriger bewertet werden als die Gesellschaft, bei der das Squeeze-out-Verfahren durchgeführt wird, lässt sich allein auf der Grundlage der bestehenden Restlaufzeit ein positiver Wert ermitteln, den der Hauptaktionär den Minderheitsaktionären ausgleichen muss (sog. Zeitwert[346]). Hierbei ergibt sich allerdings die Schwierigkeit, welcher Zeitraum als ausgleichspflichtige Restlaufzeit anzusetzen ist. Dabei verhält es sich dergestalt, dass der Ausgleichsbetrag entsprechend ansteigt, wenn man eine längere Restlaufzeit in Ansatz bringt.[347] Es ist allerdings in Fällen eines Squeeze-outs nicht einheitlich zu bestimmen, wie lange die einzelnen Minderheitsaktionäre noch ihre Anteile gehalten hätten. Es wäre dabei nicht praktikabel, wenn für jeden einzelnen Aktionär ein geschätzter Zeitraum festgelegt werden würde, in dem er seine Anteile noch weiter gehalten hätte. Auch bei Heranziehung des sonstigen Anlageverhaltens eines Aktionärs wäre eine solche Schätzung fiktiv. Es liegt näher, für alle Minderheitsaktionäre eine gleich lange Haltedauer pauschal festzulegen. Diese Haltedauer kann zum Beispiel auf der Grundlage ermittelt werden, dass die bisherigen Börsenumsätze als Maßstab dienen und dass damit das bisherige Anlageverhalten als Bewertungsgröße zum Ansatz gebracht wird. Sofern beispielsweise das Anlageverhalten in Bezug auf das entsprechende Unternehmen als kurzfristig einzustufen wäre[348], läge es nahe, die Restlaufzeit kurz zu bemessen und auf ein Jahr festzulegen. Sofern normalerweise das Anlageverhalten als mittelfristig einzuordnen wäre, wären etwa drei Jahre als Rechnungsposition für die Restlaufzeit angemessen; bei typischerweise langfristigen Anlageverhalten könnten schließlich fünf Jahre in Ansatz gebracht werden. In dieser oder ähnlicher Weise sollten Wirtschaftsprüfern Vorgaben, beispielsweise im Rahmen von IDW-Richtlinien, gegeben werden.

Daneben wird der Zeitwert einer Option stark von der Volatilität einer Aktie bestimmt. Die Volatilität, also das Maß für die Intensität der Schwankungen des Preises oder der Rendite in einem vorgegebenen Zeitraum, ist umso größer, je stärker der Preis oder die Rendite schwankt.[349] Auch insoweit ist in dem Fall ei-

---

[345] Kempf, Zum Preiszusammenhang zwischen Kassa- und Futuremärkten, S. 1.

[346] Hauck, Optionspreise, Kapitel 2.1.2 (S. 94).

[347] Hauck, Optionspreise, Kapitel 2.1.2 (S. 95).

[348] Vgl. Lottenbach, Der Anlageentscheidungsprozess im internationalen Portfolio Management, Kapitel 3.2.1. (S. 263).

[349] Bolek, Volatilitätsschwankungen und DAX-Optionen, S. 30.

nes Squeeze-outs im Rahmen einer Schätzung die Höhe der Volatilität zu bestimmen.

Schließlich fragt es sich, ob als Optionstyp eine amerikanische oder eine europäische Option gewählt werden sollte. Der Unterschied dieser beiden Optionsarten besteht darin, dass die amerikanische Option jederzeit bis zum Fälligkeitstermin ausgeübt werden kann, während eine europäische Option nur am Fälligkeitstag selbst ausgeübt werden kann.[350] Dabei zeigt sich in der Praxis generell, dass Optionen des amerikanischen Typs höher bewertet werden, als identische europäische Kontrakte.[351] Da dem Minderheitsaktionär Ersatz dafür verschafft werden soll, dass er die Handlungsoption verliert, zu jedem beliebigen Zeitpunkt seine Anteile zu verkaufen, spiegelt der amerikanische Optionstyp das Interesse des Minderheitsaktionärs besser wider.

IV. EU-Richtlinie 2004/25/EG vom 21.04.2004

Auch in der EU-Richtlinie[352] ist eine Vergütung für den Verlust der Verhandlungsposition nicht ausdrücklich vorgesehen. Dennoch nimmt die Verhandlungsposition anders als nach bisherigem deutschen Recht eine ganz herausragende Stellung ein. Der Hauptaktionär muss nämlich auf Grundlage eines Preises, der von 90% des von dem Angebot betroffenen stimmberechtigten Kapitals im Zuge eines Übernahmeverfahrens angenommen worden ist, auch die angemessene Abfindung im Squeeze-out-Verfahren bestimmen (Art. 15 Abs.5 EU-Richtlinie).

1. Rechtslage nach EU-Richtlinie

Es kommt der Rechtsgedanke zur Geltung, nach dem es für die Preisbestimmung ausreichend ist, wenn andere Personen verhandelt haben. Diesem Ansatz ist deshalb zuzustimmen, weil grundsätzlich davon auszugehen ist, dass auch die anderen Marktteilnehmer ein Interesse daran haben, einen besonders hohen Preis auszuhandeln. Mit den in Art. 15 Abs.5 EU-Richtlinie[353] aufgestellten Preisbestimmungsfiktionen wird gewährleistet, dass nicht ein ganz unbedeutender Teil von Minderheitsaktionären zu Lasten der später im Squeeze-out-Verfahren aus-

---

[350] Hull, Einführung in Futures- und Optionsmärkte, S. 250; Franke/Hax, Finanzwirtschaft des Unternehmens und Kapitalmarkt, S. 375.

[351] Hauck, Optionspreise, Kapitel 2.2.4.1. (S. 116).

[352] Richtlinie 2004/25/EG des Europäischen Parlaments und des Rates vom 21.04.2004 betreffend Übernahmeangebote, NZG 2004, S. 651 - 661 (vgl. auch den zugrunde liegenden Richtlinienvorschlag, ZIP 2002, S. 1863 – 1872).

[353] EU-Richtlinie 2004/25/EG des Europäischen Parlaments und des Rates vom 21.04.2004 ist in der NZG 2004, S. 651 – 661 abgedruckt.

geschlossenen Minderheitsaktionäre einen zu niedrigen Preis aushandelt. So gilt die Fiktion einer angemessenen Abfindung nur in dem Fall, in dem Aktionäre, die mindestens 90% des Gesellschaftskapitals halten, das freiwillige Übernahmeangebot angenommen haben. Durch ein Pflichtangebot muss der Bieter entweder erreichen, dass er Wertpapiere in Höhe von 90% des Gesellschaftskapitals erwirbt oder dass er – je nach Ausgestaltung im nationalen Recht – nach Durchführung des Pflichtangebotsverfahrens 90 – 95% des Gesellschaftskapitals hält; dies hat jeweils zur Folge, dass die Gegenleistung aus dem Pflichtangebot als angemessen gilt. Sofern keine dieser beiden Vermutungen greift, ist die angemessene Gegenleistung unter Zugrundelegung der im jeweiligen Mitgliedstaat maßgeblichen Berechnungsmethoden zu bestimmen.[354]

2. Eigene Stellungnahme

Die EU-Richtlinie zeigt auf, dass eine angemessene Abfindung beim Squeeze-out auch durch Verhandlungen bestimmt werden kann. Sofern ein ganz überwiegender Teil der Aktionäre den Wert seiner Verhandlungsposition als ausreichend vergütet ansieht, müssen sich auch die restlichen Minderheitsaktionäre, die höchstens einen Anteil von 10% des Grundkapitals halten dürfen, in dieser Höhe abfinden lassen. Hiergegen sprechen allerdings dann verfassungsrechtliche Bedenken[355], wenn die Vermutung der Angemessenheit in solchen Fällen nicht widerlegbar wäre; insoweit muss Art. 15 Abs.5 EU-Richtlinie verfassungskonform ausgelegt werden.

Diesem Ergebnis steht auch nicht entgegen, dass die Abfindungshöhe nur andere Aktionäre ausgehandelt haben und eben nicht die, die im Rahmen eines Squeeze-outs ausgeschlossen werden sollen. Nach betriebswirtschaftlichen Grundsätzen ist es zwar grundsätzlich nicht treuwidrig (§ 242 BGB), wenn jeder Aktionär den von ihm erstrebten Grenzpreis für sich auch dann fordert, wenn die meisten anderen Aktionäre bereits zu einem geringeren Preis ihre Anteile veräußert haben. Dennoch sprechen allgemeine Praktikabilitätsgründe sowie der gesellschaftsrechtlich anerkannte Grundsatz der Treupflicht zwischen den Aktionären dafür, dass sich auch die übrigen Aktionäre mit der von dem überwiegenden Teil der Aktionäre angenommenen Gegenleistung einverstanden erklären müssen.

---

354 Maul/Muffat-Jeandet, AG 2004, 306 ff., 317.

355 Erhebliche eigentumsrechtliche Zweifel bestanden bei einer ähnlich lautenden Fassung des § 327b Abs.1 S.3 AktG-Entwurf, nach der ein Hauptaktionär, der eine 95%ige Beteiligung im Rahmen eines erfolgreichen Übernahmeangebotes erzielt hat, berechtigt war, den Angebotspreis auch im Rahmen des Squeeze-outs zugrunde zu legen, sofern 90% der Aktionäre, an die das Angebot gerichtet war, dieses angenommen hatten (vgl. Heidel/Lochner, DB 2001, 2031 ff., 2032 f.; Wenger/Kaserer/Hecker, ZBB 2001, 317 f., 330; Rühland, NZG 2001, 448 ff., 453 f.; Habersack, ZIP 2001, 1230 ff., 1238).

V. Zwischenergebnis

Der Wert der Verhandlungsposition muss im Rahmen eines Squeeze-outs bei der Bestimmung der Abfindungshöhe berücksichtigt werden. Dies muss – anders als in Fällen nach §§ 305 AktG, 29, 30, 207 UmwG – deshalb geschehen, weil den Minderheitsaktionären bei einem zwangsweisen Ausschluss kein Wahlrecht bleibt, ob sie in der Gesellschaft verbleiben oder ob sie aus der Gesellschaft ausscheiden. Die Ermittlung des Wertes der Verhandlungsposition muss nach betriebswirtschaftlichen Grundsätzen und insbesondere gemäß der Black-Scholes-Formel erfolgen.

F. Transaktionskosten

Beim Squeeze-out sind zwei Zeitpunkte zu unterscheiden, zu denen einem Minderheitsaktionär Transaktionskosten entstehen bzw. entstehen können. Einerseits führen die Banken beim Squeeze-out – wie auch im Falle einer Übernahme bei Annahme des Angebots – eine Transaktion hinsichtlich der Aktien der Gesellschaft durch, wenn diese vom Minderheitsaktionär auf den Hauptaktionär übertragen werden. Bei einer solchen Kapitaltransaktion verlangen die Banken grundsätzlich auch Transaktionsgebühren; diese Transaktionskosten werden in den Preis- und Leistungsverzeichnissen der Banken angegeben.[356] In der Praxis ist es derzeit üblich, dass sich der Hauptaktionär beim Squeeze-out verpflichtet, diesen Teil der Transaktionskosten zu übernehmen.[357] Gleiches gilt auch teilweise bei Übernahmen für die Kosten, die durch die Annahme des Übernahmeangebots anfallen.[358]

Andererseits entstehen den Minderheitsaktionären auch dann Transaktionskosten, wenn sie die Barabfindung bzw. die Gegenleistung in bar dazu nutzen, andere Aktien zu erwerben (sog. Kosten für Folgetransaktionen). Einem Minderheitsaktionär steht zwar auch die Möglichkeit offen, von einer Wiederanlage der Barabfindung abzusehen. Es ist allerdings zweifelhaft, ob ein Kapitalanleger so behandelt werden kann, als ob er nicht in Sach-, sondern in Geldwerte investiert. Im Folgenden ist zu untersuchen, inwieweit es rechtmäßig ist, dass die zuletzt genannten Gebühren für Folgetransaktionen den Minderheitsaktionären nicht vom Hauptaktionär ersetzt werden. Das Verhältnis zwischen dem Ausgleich der Transaktionskosten und den Anspruch auf Ausgleich des Verlustes der Verhandlungsposition wird gesondert geprüft.[359] Es ist rechtlich und insbesondere verfassungsrechtlich problematisch, wenn Transaktionskosten nicht vom Hauptaktionär ausgeglichen werden müssen.

---

[356] Preis- und Leistungsverzeichnis der Deutschen Bank AG, Stand: 1. Juli 2003, S. 18, welches die Transaktionskosten für einen Umtausch/Übernahme bei einem sog. maxblue-Konto mit 0,25 % des Aktienvolumens, aber mindestens 10 € festlegt.

[357] Vgl. Vossius, ZIP 2002, 511 ff., 516.

[358] Procter & Gamble-Angebotsunterlage: Freiwilliges öffentliches Übernahmeangebot (Barangebot) an die Aktionäre der Wella Aktiengesellschaft vom 24. April 2003, S. 18: Die Kostenübernahme erfolgt jedoch mit der Einschränkung, dass ggf. anfallende ausländische Börsenumsatz- und Stempelsteuern sowie etwaige Gebühren von Depotbanken außerhalb der Bundesrepublik Deutschland von dem jeweiligen annehmenden Aktionär zu tragen sind.

[359] Vgl. hierzu Teil 2, K. II. 1.

I. Art und Umfang der Kosten

Abhängig von der jeweiligen Art der Transaktion entstehen den Minderheitsaktionären zusätzliche Kosten, wenn sie mit der Barabfindung, die sie im Zuge des Squeeze-outs erhalten haben, einen weiteren Kauf von Unternehmensanteilen finanzieren müssen. Die Höhe dieser Kosten hängt stark davon ab, welche Anlageform der Minderheitsaktionär bei dem Kauf von Anteilen wählt. So können bei außerbörslichen Geschäften unter Umständen sämtliche Transaktionskosten vermieden werden.[360] Sofern allerdings der Minderheitsaktionär den üblichen Weg wählt und seiner Bank den Auftrag erteilt, über die Börse Aktien zu erwerben, verlangen die Banken in Deutschland im Schnitt Transaktionskosten in Höhe von circa einem Prozent der Kaufsumme von ihren Kunden.[361] Die Höhe der Gebühren hängt dabei zumeist stark vom Auftragsvolumen ab. Die anfallende Maklergebühr, die bei knapp 0,1 % des Kurswertes[362] liegt, wird vielfach mit der Provision der Bank in einem Satz zusammengefasst.[363] Im formularmäßig zwischen der Bank und dem Kunden geschlossenen Vertrag ist des Weiteren regelmäßig auch für den Fall, dass es sich bei der Bank um einen Discountbroker handelt und diese ausdrücklich ihre Verpflichtung zur Beratung ausschließt, eine Reduzierung der Transaktionskosten vorgesehen.[364] Eine Verringerung der Transaktionskosten wird meistens auch bei Aufträgen, die online abgegeben werden, gewährt (Online-Banking).[365] In den Preis- und Leistungsverzeichnissen ist häufig auch vorgesehen, dass der Bankkunde eine Mindestgebühr für jeden Anteilserwerb zu zahlen hat.[366] Diesen Mindestgebühren kommt vor allem dann eine sehr bedeutende Rolle zu, wenn der Minderheitsaktionär einen Kleinauftrag erteilen muss.[367] Weitaus höhere Transaktionskosten in Höhe von 1% können bei Aktienkäufen anfallen, wenn diese über den sog. grauen Kapitalmarkt abgewickelt werden.[368]

---

[360] Kümpel, Bank- und Kapitalmarktrecht, Rn. 14.146.

[361] Assmann/Schütze, Kapitalanlagerecht, § 12, Rn. 163; Preis- und Leistungsverzeichnis der Deutschen Bank AG, S. 13.

[362] Stenzel, Außerbörslicher Aktienhandel, Teilband I, S. 111, der anführt, dass grundsätzlich in Deutschland der Kursmakler für die Vermittlung eines Aktiengeschäfts von beiden Marktparteien jeweils eine Courtage von 0,06 % des Kurswertes erhält.

[363] Dirksen/Seger, Rechtsfragen im Geschäftsverkehr, Rn. 6.2.1.; anders Preis- und Leistungsverzeichnis der Deutschen Bank AG, S. 13, wo vermerkt ist: „Fremde Spesen und Auslagen, wie z. B. Porti, Courtagen und Steuern, werden separat in Rechnung gestellt."

[364] Claussen, Bank- und Börsenrecht, § 6, Rn. 42.

[365] Preis- und Leistungsverzeichnis der Deutschen Bank, S. 15: „Für direkt über Online-Banking erteilte Aufträge reduziert sich der Preis für Wertpapiertransaktionen um 25 %."

[366] Preis- und Leistungsverzeichnis der Deutschen Bank AG, S. 13: Für Kunden, die Inhaber eines Standardkontos sind, beträgt diese Mindestgebühr 15,34 €.

[367] Stenzel, Außerbörslicher Aktienhandel, Teilband I, S. 109.

[368] Bericht der Bundesregierung zum Grauen Kapitalmarkt, BT-Drucks. 14/1633, S. 3.

Transaktionskosten in Höhe von einigen Prozenten des anzulegenden Geldes entstehen dem Anleger zumeist auch beim Kauf von Aktien-, Renten- oder Immobilienfonds. Nur beim Kauf von Geldmarktfonds[369], bei denen mit kurzfristig laufenden Schuldtiteln gehandelt wird, fallen wie teilweise auch bei den sog. Over-the-counter-Geschäften[370] keine Transaktionskosten an. Bei Over-the-counter-Geschäften wird allerdings anders als bei Börsentermingeschäften regelmäßig mit keinem standardisierten Produkt gehandelt[371], so dass einem Investor ein Preisvergleich erschwert wird. Dieser Nachteil besteht auch zumeist bei außerbörslich durchgeführten Transaktionen. Bei quotenbasierten Handelsmodellen oder bei Einbeziehung von Kursmaklern gilt als ein weiterer klassischer Kostenfaktor das Stellen von Spannen (spreads) zwischen den Ankaufs- und Verkaufspreisen.[372]

Darüber hinaus sind als Transaktionskosten im weiteren Sinne neben dem Bankprovisionen auch Informationsbeschaffungskosten anerkannt, die beim Kauf von Börsenbriefen sowie bei Anschaffung und Instandhaltung von Informationsverarbeitungssystemen entstehen.[373] Schließlich können als Transaktionskosten auch solche Aufwendungen angesehen werden, die in der Postkontraktperiode anfallen: So muss ein Minderheitsaktionär bei Wiederanlage überprüfen, ob die ihm zugesagten Leistungen erbracht worden sind, ob ihm also insbesondere die verkauften Anteile übertragen worden sind.[374]

Es ist schließlich fraglich, ob ein Minderheitsaktionär auch für die Kosten Ersatz verlangen kann, die bei Nichtausführung eines Auftrages entstehen. Solche Nichtausführungskosten entstehen nämlich dann, wenn ein Wertpapierauftrag aufgrund mangelnder Liquidität der Gegenseite bzw. eines unakzeptablen Preises nicht ausgeführt werden kann.[375] Wenn zu erwarten ist, dass den auszuschließenden Minderheitsaktionären solche Nichtausführungskosten entstehen werden, sollte der Hauptaktionär auch diese Kosten tragen.

---

369 Lenenbach, Kapitalmarkt- und Börsenrecht, § 1, Rn 1.28.

370 Lenenbach, Kapitalmarkt- und Börsenrecht, § 9 Rn 9.1.; Kümpel, Bank- und Kapitalmarktrecht, Rn. 14.146.

371 Schäfer in Schwintowski/Schäfer, Bankrecht, § 20, Rn. 13.

372 Böhme, Transaktionskosten im Aktienhandel, Ziff. 3.1.2.

373 Süchting, Finanzmanagement, S. 403.

374 Brand, Der Transaktionskostenansatz, S. 116.

375 Böhme, Transaktionskosten im Aktienhandel, Ziff. 3.2.3.

II. Rechtliche Problemstellung

Der Gesetzgeber der §§ 327a ff. AktG hat nicht bestimmt, dass bei Durchführung eines Squeeze-outs die unter I. dargelegten Transaktionskosten vom Hauptaktionär zu übernehmen sind. Es wird erst recht nicht danach unterschieden, welche Kapitalanlage der Minderheitsaktionär nach seinem Ausschluss bevorzugt und in welcher Höhe dafür Transaktionskosten anfallen werden. In § 327a Abs.1 S.1 AktG sieht der Gesetzgeber lediglich vor, dass den Minderheitsaktionären eine angemessene Barabfindung zu zahlen ist. § 327b Abs.1 S.1 AktG legt weiterhin fest, dass der Hauptaktionär die Höhe der Barabfindung festzulegen hat und dass dabei die Verhältnisse der Gesellschaft zum Zeitpunkt der Beschlussfassung ihrer Hauptversammlung zu berücksichtigen sind. Der Wortlaut des § 327b Abs.1 AktG legt mithin nahe, dass für die Abfindungshöhe nicht vorrangig das spezifische Interesse der Minderheitsaktionäre maßgeblich ist, sondern die Bewertung der Aktiengesellschaft selbst. Das spezifische Interesse der Minderheitsaktionäre liegt dabei darin, dass sie ihr Vermögen oder einen Teil davon in Unternehmensanteilen halten. Diese Investitionsentscheidung wird aufgrund der Durchführung eines Squeeze-outs revidiert. Der Minderheitsaktionär gerät also in eine Situation, in der er unter Verwendung des Barabfindungsbetrages eine neue Anlageentscheidung treffen muss, sofern er nicht auf eine Kapitalrendite verzichten möchte.

Die derzeitige Rechtslage ist als problematisch einzustufen, weil die Minderheitsaktionäre nach Durchführung des Ausschlusses gemäß §§ 327a ff. AktG für neue Investitionen zusätzliche Beträge aufwenden müssen, für die sie auch nach derzeitiger Praxis[376] keinen Ausgleich erhalten. Dies führt dazu, dass im Ergebnis die Durchführung eines Squeeze-outs bei anschließender neuerlicher Beteiligung an einer anderen AG/KGaA eine vermögensrechtliche Schlechterstellung des Minderheitsaktionärs bedeutet.

Zusätzliche Aufwendungen für Transaktionskosten lassen die Verfassungsmäßigkeit der §§ 327a ff. AktG nach herkömmlicher Auslegung deshalb als zweifelhaft erscheinen, weil die Minderheitsaktionäre nach ständiger höchstrichterlicher Rechtsprechung eine volle Entschädigung erhalten müssen.[377] Es ist dabei fraglich, ob bei der verwendeten Formulierung „voller Wert der Aktien“ nicht

---

[376] Vgl. OLG Hamburg, NZG 2003, 539 ff., 540: „Die Barabfindung repräsentiert das der Gesellschaft vom Aktionär zur Verfügung gestellte Kapital“.

[377] BVerfG vom 07.08.1962, BVerfGE 14, 263 ff., 284 („Feldmühle“); BVerfG vom 27.04.1999, BVerfGE 100, 289 ff., 303 („DAT/Altana“); BGH vom 13.03.1978, BGHZ 71, 40 ff., 51 („Kali & Salz“); Grzimek in Geibel/Süßmann, WpÜG-Kommentar, AktG, Art. 7, § 327b, Rn. 12.

ebenso hineinzulesen ist, dass ein Ausgleich für die Transaktionskosten vorzunehmen ist.

III. Auslegung des § 327b Abs. 1 AktG

Auch wenn sich aus dem Wortlaut des § 327b Abs.1 AktG nicht ergibt, dass dem Hauptaktionär ein Ausgleich für die bei Neuerwerben entstehenden Transaktionskosten zusteht, muss dennoch geprüft werden, ob nicht andere Auslegungsmethoden dafür sprechen, dass auch diese Kosten vom Hauptaktionär zu tragen sind.

Der Begriff der „Barabfindung" in § 327b Abs.1 S.1 Hs.1 AktG legt nämlich den Schluss nahe, dass eine Gegenleistung in Geld für die zu übertragenden Anteile der Minderheitsaktionäre erbracht werden muss. Aus dem Wortlaut kann nicht gefolgert werden, dass dem Minderheitsaktionär auch ein Ausgleich für die Transaktionskosten, die erst bei nachfolgenden Investitionen entstehen, zu geben ist. Auch mit dem zweiten Halbsatz des § 327b Abs.1 S.1 AktG, der Anhaltspunkte für die Berechnung der Höhe der Barabfindung gibt, legt der Wortlaut des Gesetzes nahe, dass dem Minderheitsaktionär Transaktionskosten nicht zu erstatten sind. Hiernach hat nämlich der Hauptaktionär „die Verhältnisse der Gesellschaft" zu berücksichtigen; unter diesen Passus fallen keine Transaktionskosten, da diese hauptsächlich von der Interessenlage des Gesellschafters abhängen bzw. auch davon, ob er aufgrund von Verträgen mit der Bank zu Provisionszahlungen verpflichtet ist. An diesem Ergebnis ändert sich auch dadurch nichts, dass der Gesetzeswortlaut des § 327b Abs.1 S.1, Hs.2 AktG lediglich von „berücksichtigen" spricht und somit nicht ausschließt, dass auch andere Umstände berücksichtigt werden können. Es musste nämlich nicht ausdrücklich erwähnt werden, dass nicht nur die Verhältnisse der Gesellschaft, sondern auch die der einzelnen Gesellschafter, die bei Neuinvestitionen Transaktionskosten tragen müssen, zu berücksichtigen sind. Nach der Rechtsprechung des Bundesverfassungsgerichts muss ansonsten das Wort „Barabfindung" in der Weise verstanden werden, dass durch eine solche eine „volle wirtschaftliche Kompensation für den Verlust der Aktie" erreicht werden soll;[378] die Kosten für den Neuerwerb von Aktien sind dabei mit der in § 327b Abs.1 AktG verwendeten Formulierung nicht erfasst worden.[379]

Auch die historische Auslegung ist nicht geeignet, § 327b Abs.1 AktG dergestalt aufzufassen, dass neben einem Ausgleich für den Wert des Unternehmensanteils

[378] Vgl. RegEntw., BT-Drucks. 14/7034, S. 72.
[379] Vgl. Steinmeyer/Häger, WpÜG-Kommentar, AktG, § 327b, Rn. 2 ff.

noch zusätzlich ein Ausgleich für die Transaktionskosten des Minderheitsaktionärs erfolgen muss. In der Begründung des Regierungsentwurfs der §§ 327a ff. AktG wird in Hinblick auf § 327b AktG aus der DAT/Altana-Entscheidung des Bundesverfassungsgerichts[380] zitiert. Die Abfindung muss danach eine volle wirtschaftliche Kompensation darstellen, die jedenfalls nicht unter dem Verkehrswert der gehaltenen Aktien liegen darf.[381] Auch wenn die Bundesregierung im Regierungsentwurf ausführt, dass bei der Bemessung der Abfindung der Hauptaktionär und im Streitfall die Gerichte wertmäßig sowohl mitgliedschaftliche Herrschaftsrechte als auch Vermögensrechte des Minderheitsaktionärs zu berücksichtigen haben, steht darin nicht, dass neben dem genauen anteiligen Wert des Unternehmens Transaktionsgebühren zu erstatten sind. Der Gesetzgeber hätte nämlich die Einbeziehung der Transaktionskosten in die Barabfindung nach § 327b Abs.1 AktG schon allein deshalb ausdrücklich regeln müssen, da auch in der bisherigen Rechtsanwendung zu Vorschriften, die auch eine angemessene Barabfindung vorsehen, kein solcher Ausgleich für Transaktionskosten gewährt wurde.[382] Die Bundesregierung wies dennoch in ihrer Regierungsbegründung nicht darauf hin, dass auch die Transaktionskosten durch den Hauptaktionär übernommen werden müssen.[383] Die historische Auslegung zeigt von daher eher, dass eine angemessene Barabfindung im Sinne des § 327b Abs.1 AktG nicht die Übernahme der Transaktionskosten, die den Minderheitsaktionären bei einem neuerlichen Kauf von Aktien entstehen, beinhaltet.

Auch bei Anwendung der Grundsätze der systematischen Auslegung ist ein Ausgleich für Transaktionskosten nicht begründbar. Die Überschrift zu den §§ 327a ff. AktG bzw. einzelne Vorschriften der §§ 327a ff. AktG deuten gleichfalls darauf hin, dass der Hauptaktionär nur eine Barabfindung zu leisten hat, bei der gerade nur der dem Kapitalanteil des Minderheitsaktionärs entsprechende Wert des Unternehmens zu berücksichtigen ist. So wird bereits mit der Überschrift zu § 327a AktG „Übertragung von Aktien gegen Barabfindung“ deutlich, dass bei Abfassung der §§ 327a ff. AktG der Grundgedanke vorherrschte, aus der Sicht des Hauptaktionärs Regelungen über den zu erfolgenden Ausgleich aufzustellen. Die Überschrift macht hingegen nicht deutlich, dass der Hauptaktionär für Kosten der Minderheitsaktionäre aufzukommen habe, die bei Neuinvestitionen entstehen. Auch in § 327c Abs.2 AktG wird für die Prüfung durch die vom Gericht ausgewählten und bestellten Sachverständigen nicht geregelt, dass diese das derzeitige Preisniveau für Transaktionskosten zu berücksichtigen haben. § 327c Abs.2 AktG deutet somit ebenfalls darauf hin, dass der Hauptaktio-

380 Urteil vom 27.04.1999, BVerfGE 100, 289 ff., 304 f. („DAT/Altana“).
381 RegEntw., BT-Drucks. 14/7034, S. 72.
382 BVerfG vom 23.08.2000, NJW 2001, 279 ff. („Moto Meter“).
383 RegEntw., BT-Drucks. 14/7034, S. 72.

när die entstehenden Transaktionskosten der Minderheitsaktionäre nach derzeitiger Gesetzeslage nicht zu übernehmen habe.

Die systematische Auslegung der §§ 327a ff. AktG führt auch dann zu keinem anderen Ergebnis, wenn vergleichend auf die gesetzlichen Regelungen zu Beherrschungs- und Gewinnabführungsverträgen gemäß § 305 Abs.1 und Abs.3 AktG abgestellt wird. Nach § 305 Abs.3 S.2 AktG müssen im Rahmen von Beherrschungs- oder Gewinnabführungsverträgen bei der Bestimmung der angemessenen Barabfindung die Verhältnisse der Gesellschaft zum Zeitpunkt der Beschlussfassung ihrer Hauptversammlung über den Vertrag berücksichtigt werden. Die im Wesentlichen mit § 327b Abs.1 S.1 AktG identische Formulierung des § 305 Abs.3 S.2 AktG zeigt, dass ein Minderheitsaktionär auch in Fällen von Beherrschungs- und Gewinnabführungsverträgen lediglich einen Ausgleich für den Wert seiner Beteiligung erhalten soll.[384] Auch für Eingliederungen wird in § 320b Abs.1 S.5 AktG nicht bestimmt, dass neben dem Unternehmenswert der abhängigen Gesellschaft auch die zusätzlichen Interessen der Minderheitsaktionäre abfindungserhöhend heranzuziehen sind. Der Wortlaut des § 320b Abs.1 S.5 AktG legt für die Bestimmung der Barabfindung fest, dass die Verhältnisse der Gesellschaft im Zeitpunkt der Beschlussfassung ihrer Hauptversammlung über die Eingliederung berücksichtigt werden müssen. Unter den Begriff „Verhältnisse der Gesellschaft“ ist dabei nicht ein Sachverhalt subsumierbar, bei dem ein Minderheitsaktionär für den Erwerb weiterer Anteile Transaktionskosten tragen muss.

Unter Anwendung der teleologischen Auslegungsregeln liegt ebenfalls der Schluss näher, dass der Gesetzgeber bei der Konzipierung der §§ 327a ff. AktG eine Einbeziehung von Transaktionskosten bei der Bestimmung einer angemessenen Abfindung nicht zulassen wollte. Dies zeigt das Bestreben des Gesetzgebers, mit der Normierung der §§ 327a ff. AktG der in der DAT/Altana-Entscheidung begründeten Rechtsprechung des Bundesverfassungsgerichts gerecht werden zu wollen. In dieser Entscheidung führt aber das Bundesverfassungsgericht in Fällen von Beherrschungs- und Gewinnabführungsverträgen aus, dass eine volle Entschädigung dann vorliegt, wenn eine Abfindung zum vollen Wert der Aktien erbracht wird. Transaktionskosten, die in dieser Entscheidung nicht erwähnt werden, sind allerdings gerade nicht ein Wert, der den Aktien selbst innewohnt.

---

[384] Bilda in Münchener Kommentar, AktG, § 305, Rn. 59; BVerfGE 100, 289 ff., 306 („DAT/Altana“); so auch schon BGHZ 71, 40 ff., 51, Urteil vom 13.03.1978 („Kali & Salz“).

IV. Transaktionskosten aus verfassungsrechtlicher Sicht

Im Folgenden ist zu prüfen, ob es unter Berücksichtigung des Eigentumsgrundrechts des Art. 14 Abs.1 GG zulässig ist, den Minderheitsaktionären, die im Zuge des Squeeze-outs aus der Gesellschaft ausgeschlossen werden, keinen Ersatz dafür zu gewähren, dass sie zusätzliche Transaktionsgebühren zu zahlen haben, um wieder in den Besitz von Unternehmensanteilen zu gelangen. Dabei muss unterschieden werden, ob die Minderheitsaktionäre tatsächlich wiederum Aktien erwerben oder ihre Bargeldpositionen halten.

1. Bargeld wird zum Kauf von Aktien genutzt

Ausgeschlossene Minderheitsaktionäre, die ihre Abfindung zum Erwerb anderer Aktien nutzen wollen, müssen zumindest bei einem über die Börse durchgeführten Kauf von Aktien Transaktionsgebühren bezahlen. Außerbörsliche Aktienerwerbe sind diesen außenstehenden Aktionären nicht zumutbar, da es mit großen Schwierigkeiten verbunden ist, Verkäufer zu finden, die außerhalb des Börsenhandels ihre Anteile veräußern[385]. Außerdem besteht bei einem solchen direkten Erwerb einerseits der Nachteil, dass sich der Kaufpreis nicht nach den Regeln der Börsenpreisfestsetzung richtet; andererseits bedarf es auch keiner besonderen Zulassung der Marktteilnehmer.[386] Durch den Erwerb von Aktien eines anderen Unternehmens verliert somit der Minderheitsaktionär einen Teil seines Vermögens an die Bank, nämlich in Höhe von circa einem Prozent, da er zusätzliche Transaktionskosten tragen muss, die ihm im Falle der Beibehaltung seiner Aktionärsstellung in der Gesellschaft nicht entstanden wären. Direktbanking bzw. eine sonstige Transaktionsform, bei denen dem Anleger geringere Transaktionskosten als 1% entstehen, führen dazu, dass der Anleger ohne fachmännische Hilfe seine Kaufentscheidung trifft. Eine solche Vorgehensweise ist mit finanziellen Risiken für den Minderheitsaktionär verbunden.

Der durch zusätzliche Transaktionskosten entstehende Vermögensnachteil kann auch nicht deshalb unberücksichtigt bleiben, weil das ausgezahlte Bargeld nicht wieder hätte angelegt werden müssen. Insoweit finden sich auch in der Moto Meter-Entscheidung des Bundesverfassungsgerichts keine klarstellenden Ausführungen über die wirtschaftlichen Interessen der Minderheitsaktionäre.[387] Das Bundesverfassungsgericht betont zwar in dieser Entscheidung die Bedeutung des Grundrechts des Art. 14 Abs.1 GG, nach welchem Minderheitsaktionäre, die gegen ihren Willen aus der Gesellschaft ausscheiden müssen, wirtschaftlich „voll" zu entschädigen sind. Der Minderheitsaktionär muss dabei erhalten, was

---

[385] Kümpel, Bank- und Kapitalmarktrecht, Rn 8.108.

[386] Kümpel, Bank- und Kapitalmarktrecht, ebenda.

[387] BVerfG, NJW 2001, 279 ff., 280 („Moto Meter").

seine gesellschaftliche Beteiligung an dem arbeitenden Unternehmen wert ist. Bei dieser Auslegung hätte aber das Bundesverfassungsgericht klarstellen müssen, dass ein Minderheitsaktionär normalerweise eine auf den Besitz von Aktien gerichtete Anlagestrategie verfolgt. Ein Ausgleich in Bargeld wird diesem Interesse des Minderheitsaktionärs hingegen nicht gerecht, weil dieser für Investitionen regelmäßig Transaktionsgebühren tragen muss.

a) Zum Eigentumsbegriff

Der Begriff des Eigentums in Art. 14 GG ist nicht mit dem des bürgerlichen Rechts identisch; der grundrechtliche Eigentumsbegriff ist weiter als der des BGB gefasst und von ihm inhaltlich gelöst.[388] Die Lösung des verfassungsrechtlichen vom zivilrechtlichen Eigentumsbegriff führt jedoch nicht unbedingt zu einer Eigenständigkeit des Verfassungsrechts gegenüber dem einfachgesetzlichen Recht, da sich der jeweilige Inhalt des Eigentums aus der Gesamtheit der verfassungsmäßigen Gesetze ergibt.[389] Der von der herrschenden Meinung angenommene weite verfassungsrechtliche Eigentumsbegriff bedeutet, dass der Schutzbereich des Art. 14 GG bei Beeinträchtigungen des Bürgers im vermögensrechtlichen Bereich in der Regel betroffen ist, ohne dass die begriffliche Qualifizierung der jeweiligen Position als „Eigentum" besonders problematisch wäre.[390] Es ist dabei anerkannt, dass auch die Aktie ein gesellschaftsrechtlich vermitteltes Eigentumsrecht gewährt.[391] Dies wird darüber hinaus auch damit begründet, dass der Aktienbesitz nicht nur eine verwaltungsrechtliche Stellung des Aktionärs vermittelt, sondern auch vermögensrechtliche Ansprüche.[392]

Anders als in Fällen von Übernahmen, bei denen den Minderheitsaktionären lediglich das Recht, aus der Gesellschaft gegen Gewährung einer angemessenen Gegenleistung auszuscheiden, eingeräumt wird, oder beim Delisting, bei dem die Verkehrsfähigkeit der Anteile beeinträchtigt wird,[393] führt ein Squeeze-out zwingend zu einem Verlust der Mitgliedschaft in toto.[394] Ausschließungsverfahren nach den §§ 327a ff. AktG berühren die Rechte der Minderheitsaktionäre

---

[388] Bryde in von Münch/Kunig, GG-Kommentar, Art. 14, Rn. 11.

[389] BVerfGE 58, 300 ff., 336; 49, 382 ff., 393; 52, 1 ff., 27.

[390] Bryde in von Münch/Kunig, GG-Kommentar, Art. 14, Rn. 12; Depenhauer in von Mangoldt/Klein/Starck, GG-Kommentar, Art. 14, Rn. 117.

[391] BVerfGE 14, 263 ff., 276 („Feldmühle"); Papier in Maunz/Dürig, GG-Kommentar, Bd. II, Art. 14, Rn. 195.

[392] BVerfGE 14, 263 ff., 276 („Feldmühle"); BVerfGE 100, 289 ff., 301 f. („DAT/Altana"); BVerfG, NJW 2001, 279 ff., 279 („Moto Meter").

[393] BGH, Urteil vom 25.11.2002, ZIP 2003, 387 ff., 390 („Macrotron"); Wilsing/Kruse, WM 2003, 1110 ff., 1112.

[394] Ekkenga, ZGR 2003, 878 ff., 882.

nachhaltig, so dass mit Durchführung eines Squeeze-outs der Schutzbereich des Eigentumsgrundrechts eröffnet ist.

Bereits durch Einführung der Squeeze-out-Vorschriften könnte der Schutzbereich als betroffen angesehen werden. Dies könnte zumindest für die Altaktionäre gelten, da diese sich nach der Einführung der §§ 327a ff. AktG in einer geschwächten rechtlichen Position befinden: Sofern es nämlich ein Aktionär schafft, 95% der Anteile der Gesellschaft zu erlangen, hat dieser die Möglichkeit, die Minderheitsaktionäre auszuschließen. Dennoch ist es fraglich, ob bereits in der Einführung der Vorschriften selbst das Eigentum eines Minderheitsaktionärs als betroffen angesehen werden kann, zumal auch vom Grundsatz her jeder Minderheitsaktionär selbst die Möglichkeit hätte, seinen Anteil auf 95% auszudehnen. Allerdings liegt es näher, in der Möglichkeit, dass ein Minderheitsaktionär selbst versuchen kann, sich eine solche Mehrheitsbeteiligung zu verschaffen, einen Ansatz zu sehen, der zur Verhältnismäßigkeit des § 327b Abs.1 AktG führt. Der Schutzbereich des Art. 14 Abs.1 GG ist somit mit Einführung der §§ 327a ff. AktG eröffnet.

b) Eingriff in den Schutzbereich

Der Eigentumseingriff, d.h. der Entzug der geschützten Positionen oder die Beschränkung der geschützten Nutzung, Verfügung und Verwertung, kann direkt durch eine Norm oder eine Einzelfallregelung bewirkt werden.[395] Dabei lassen sich verschiedene Eingriffsmöglichkeiten unterscheiden; nämlich einerseits Eingriffe in Form von Inhalts- und Schrankenbestimmungen sowie andererseits Eingriffe durch eine Einzelfallregelung ohne Enteignungscharakter und schließlich durch Enteignung.[396]

aa) Keine Enteignung nach Auffassung des BVerfG

Nach Art. 14 Abs.3 S.1 GG kann nur dann eine Enteignung erfolgen, wenn diese zum Wohle der Allgemeinheit zulässig ist. Nach der Rechtsprechung des Bundesverfassungsgerichts setzt eine Enteignung im verfassungsrechtlichen Sinne voraus, dass diese auf die vollständige oder teilweise Entziehung konkreter bestimmter Eigentumspositionen im Sinne des Art. 14 Abs.1 S.1 GG zur Erfüllung bestimmter öffentlicher Aufgaben gerichtet ist.[397] Wo die Grenze zu einer Entziehung, insbesondere einer Teilentziehung, und einer Beschränkung des Eigentums im Sinne des Art. 14 Abs.1 S.2 GG verläuft, wird vielfach als klärungsbedürftig empfunden.[398] Eine Legalenteignung, also eine Enteignung, die direkt

---

[395] Jarass in Jarass/Pieroth, GG-Kommentar, Art. 14, Rn. 26.
[396] Jarass in Jarass/Pieroth, GG-Kommentar, Art. 14, Rn. 26.
[397] BVerfGE 70, 191 ff., 199 f.; 72, 66 ff., 76; 74, 264 ff., 280; 79, 174 ff., 191; 100, 226 ff., 239 f.; vgl. auch BVerfGE 100, 289 ff., 302 („DAT/ Altana").
[398] Wendt in Sachs, GG-Kommentar, Art. 14, Rn. 149.

aus dem verabschiedeten Gesetz folgt, wird allerdings nur dann angenommen, wenn das Gesetz selbst und unmittelbar mit seinem Inkrafttreten ohne weiteren Vollzugsakt individuelle Rechte entzieht oder beschneidet, die einem bestimmten Kreis von Personen oder Personengruppen nach dem bis dahin geltenden Recht zustehen.[399] Mit den §§ 327a ff. AktG schuf der Gesetzgeber Regelungen, die aufgrund eines von dem Hauptaktionär anzustrengenden Verfahrens dazu genutzt werden können, die Minderheitsaktionäre aus der Gesellschaft zu drängen. In der Ermächtigung der Hauptversammlung, die Minderheitsaktionäre auszuschließen, liegt die Befugnis zur Umgestaltung privatrechtlicher Beziehungen zwischen den Aktionären. Eine Legalenteignung ist hierin nicht zu sehen.

Eine Administrativenteignung, d.h. eine Enteignung durch einen behördlichen Verwaltungsakt aufgrund einer ausreichenden gesetzlichen Grundlage im Sinne des Art. 14 Abs.3 S.2 GG, setzt zwingend einen staatlichen Rechtsakt voraus.[400] Beim Squeeze-out besteht die Verpflichtung, dass mit dem Registergericht eine staatliche Stelle den Übertragungsbeschluss gemäß § 327e Abs.1 AktG einträgt. Erst diese Eintragung bewirkt auch den Eigentumsübergang der Aktien, § 327e Abs.3 AktG. Dennoch führt das Registergericht das sonstige Verfahren im Hinblick auf den Ausschluss der Minderheitsaktionäre nicht selbst durch. Verfahrensherrschaft haben die Gesellschaft und ihr Hauptaktionär gemäß den §§ 327a ff. AktG. Des Weiteren ist auch in den Fällen eines Abschlusses eines Unternehmensvertrages gemäß § 294 Abs.1 und Abs.2 AktG sowie in Fällen einer Eingliederung gemäß § 320a AktG eine Eintragung ins Handelsregister erforderlich. Auch bei Beherrschungs- und Gewinnabführungsverträgen (§ 294 Abs.2 AktG) werden diese Umstrukturierungsmaßnahmen erst wirksam, wenn sie ins Handelsregister eingetragen worden sind (konstitutive Wirkung der Eintragung). In Hinblick auf die Bedeutung der Eintragung wird dann auch bei Beherrschungs- und Gewinnabführungsverträgen argumentiert, dass die Eintragung in diesen Fällen zwar konstitutive Kraft entfaltet; diese allerdings nur zum Schutze des Rechtsverkehrs geschaffen wird, damit sich niemand vor der Eintragung auf die Rechtsänderung berufen kann.[401] In Bezug auf den materiellen Gehalt der Rechtsänderung tritt aber die Eintragung hinter den Hauptversammlungsbeschluss zurück und ist nur eine „Beurkundung" einer privatrechtlichen Willensentschließung, auf die der Staat keinen Einfluss hat.[402]

---

399 BVerfGE 45, 297 ff., 325 f.; 52, 1 ff., 27 („Kleingarten").
400 BVerfGE 52, 1 ff., 27; 58, 300 ff., 331.
401 Hüchting, Abfindung und Ausgleich, S. 24.
402 Winter, GmbHR 1960, 101 ff., 102.

Nach der Rechtsprechung des Bundesverfassungsgerichts ist weder in der Einführung der §§ 327a ff. AktG eine Legalenteignung noch in der Durchführung des Squeeze-outs eine Administrativenteignung zu sehen. Die §§ 327a ff. AktG stellen somit nur Inhalts- und Schrankenbestimmungen dar.

bb) Zur Auffassung des BVerfG

In Fällen eines vollständigen Ausschlusses eines Aktionärs aus der Gesellschaft liegt im Vergleich zu einer Eingliederung oder einem Abschluss eines Beherrschungs- und/oder Gewinnabführungsvertrages eine Konstellation vor, bei der umfassender in die Eigentümerstellung eines Aktionärs eingegriffen wird. Dem Gesetzgeber steht es zwar nach Art. 14 Abs.1, 2 GG grundsätzlich frei, Inhalt und Schranken des Eigentums zu regeln, ohne allerdings die Grenze des Art. 19 Abs.2 GG überschreiten zu dürfen. Eine Grenze ist dem Gesetzgeber dann gesetzt, wenn er im Sinne der Institutsgarantie des Art. 14 Abs.1 GG das Eigentumsrecht soweit aushöhlt, dass am Ende nichts mehr vom Eigentumsrecht übrig bleibt, das den Namen Eigentum verdient.[403] Von daher fragt es sich, ob die DAT/Altana-Rechtsprechung des Bundesverfassungsgerichtes auf Fälle eines Squeeze-outs übertragbar ist.

Soweit das Bundesverfassungsgericht im DAT/Altana-Beschluss eine Inhalts- und Schrankenbestimmung angenommen hat, lässt sich die Übertragbarkeit auf Squeeze-out-Fälle anzweifeln: Nach einer Literaturansicht wird eine an sich als Inhalts- und Schrankenbestimmung einzustufende gesetzliche Regelung dann zu einer als Enteignung einzustufenden Bestimmung, wenn der Eingriff von solcher Art und Schwere ist, dass er jenseits einer bestimmten Opfer-, Zumutbarkeits- bzw. Schweregrenze liegt.[404] In der Pflichtexemplarentscheidung lehnte das Bundesverfassungsgericht ein solches Verständnis des Art. 14 GG ausdrücklich ab.[405] Die Einordnung des Eingriffs richtet sich nämlich – nach Auffassung des Bundesverfassungsgerichtes – nach den jeweils maßgeblichen Normen der Verfassung, also im Falle eines nur mittelbaren Eingriffs nach Art. 14 Abs.1 S.2 GG. Dieser Begründung in dieser Entscheidung wird allerdings entgegengehalten, dass sich weder in Art. 14 Abs.1 S.2 GG (Inhalts- und Schrankenbestimmung) noch in Art. 14 Abs.3 GG (Enteignung) eine Definition für das Vorliegen von Inhalts- und Schrankenbestimmungen oder von Enteignungen finden lässt. Der Gesetzestext des Art. 14 GG spricht also nicht dagegen, dass besonders schwere Eingriffe in Individualpositionen wie Enteignungen gewertet werden sollten.

---

[403] OLG Düsseldorf, BB 1960, 535; Hüchting, Abfindung und Ausgleich, S. 24.

[404] Wendt in Sachs, GG-Kommentar, Art. 14, Rn. 150; a.A. Jarass in Jarass/Pieroth, GG-Kommentar, Art.14, Rn. 66; Depenheuer in von Mangoldt/Klein/Starck, Band I, GG-Kommentar, Art.14, Rn. 408.

[405] BVerfGE 58, 137 ff., 145 („Pflichtexemplar“).

cc) Auffassung der Bundesregierung

Die Bundesregierung lehnt eine Enteignung bereits mit dem Argument ab, dass beim Squeeze-out ein Rechtsverlust nicht vom Staat oder von einem mit staatlichen Zwangsrechten beliehenen Unternehmer ausgehe.[406] Hierbei problematisiert die Bundesregierung nicht, dass erst infolge des Hoheitsaktes der Eintragung des Übertragungsbeschlusses in das Handelsregister sämtliche Aktien der Minderheitsaktionäre kraft Gesetzes auf den Hauptaktionär übergehen (§ 327e Abs. 3 S. 1 AktG). Der zuständige Registerrichter muss bei seiner Entscheidung über die Eintragung des Übertragungsbeschlusses nämlich prüfen, ob die formellen und materiellen Eintragungsvoraussetzungen gegeben sind.[407] Nur bei Vorliegen dieser Voraussetzungen hat der Hauptaktionär einen Anspruch darauf, dass der Registerrichter den Übertragungsbeschluss einträgt. Bei ablehnender Entscheidung des Registerrichters kann er dann ein Beschwerdeverfahren gemäß der §§ 19, 20 FGG anstrengen. Die Bedeutung des staatlichen Handelns im Rahmen der Eintragung ist mithin begrenzt. Hiergegen kann auch nicht angeführt werden, dass ein Squeeze-out-Verfahren erst mit Eintragung wirksam durchgeführt worden ist.[408] Dies gilt insbesondere deswegen, weil der Registerrichter nur auf entsprechenden Antrag einen Squeeze-out-Beschluss in das Handelsregister eintragen darf. Die Bundesregierung hat damit folgerichtig aus dem Aspekt, dass die Übertragung nur durch einen Hoheitsakt zu verwirklichen ist, keine Folgerungen gezogen.

dd) Eigene Auffassung

Trotz der genannten Zweifel sind im Ergebnis die Regelungen zum Squeeze-out als Inhalts- und Schrankenbestimmungen einzustufen. Nach der Rechtsprechung des Bundesverfassungsgerichts ist nämlich nicht zuletzt auch auf den gesetzgeberischen Willen abzustellen. So ist nicht der Sinnzusammenhang der §§ 327a ff. AktG heranzuziehen, sondern die Gesetzesmaterialien.[409] In der Regierungsbegründung zu den Vorschriften der §§ 327a ff. AktG findet sich dann auch die eindeutige Einstufung als Inhalts- und Schrankenbestimmung.[410] Da diese Entscheidung des Gesetzgebers grundsätzlich für die Einstufung als Inhalts- und Schrankenbestimmung bindend ist und es zugleich anerkannt ist, dass eine inhaltsbestimmende Vorschrift auch bei Verfassungswidrigkeit ihren Rechtscharakter als Regelung im Sinne des Art. 14 Abs.1 S.2 GG behalten würde,[411] müs-

---

406 RegEntw., BT-Drucks. 14/7034, S. 32.

407 Steinmeyer/Häger, WpÜG-Kommentar, AktG, § 327e, Rn. 4.

408 Vgl. auch LG Berlin, Beschluss vom 25.03.2003 -102 O 19/03-, AG 2003, 930 f., 930.

409 BVerfGE 58, 300 ff., 310 f. („Nassauskiesungsentscheidung“).

410 RegEntw., BT-Drucks. 14/7034, S. 32.

411 BVerfGE 58, 300 ff., 320. („Nassauskiesungsentscheidung“): Hiernach ist eine Umwandlung in eine Enteignungsnorm gleichfalls nicht möglich; ständige Rechtsprechung des BVerfG seit BVerfGE 52, 1 ff., 37 f.

sen die §§ 327a ff. AktG bei Anwendung dieser Maßstäbe als Inhalts- und Schrankenbestimmungen eingestuft werden.

c) Verfassungsrechtliche Rechtfertigung

Da es sich bei den §§ 327a ff. AktG um eine Inhalts- und Schrankenbestimmung handelt[412], muss der Gesetzgeber die Interessen der Beteiligten in einen angemessenen Ausgleich bringen.[413] Dieses Abwägungsgebot erfordert eine Differenzierung der Eigentumsgarantie nach der Beziehung der einzelnen Eigentumsrechte zur Garantie der persönlichen Freiheit einerseits und ihrem sozialen Bezug andererseits.[414] Grundsätzlich hat bereits die höchstrichterliche Rechtsprechung im Zuge des sog. Moto Meter-Beschlusses[415] gezeigt, dass sie unter bestimmten Umständen einen Minderheitenausschluss zulässt. In der Moto Meter-Entscheidung wird hervorgehoben, dass die vorrangige Berücksichtigung der Interessen des Großaktionärs verfassungsrechtlich nicht zu beanstanden ist, wenn dies mit hinreichenden Schutzrechten für die Minderheitsaktionäre verbunden ist.[416] Wenn allerdings in dieser Entscheidung das Bundesverfassungsgericht die vermögensrechtliche Komponente der Minderheitsaktionäre in den Vordergrund stellt, muss diesen auch ein vollständiger Ausgleich gewährt werden. In diesem Zusammenhang ist es zu beanstanden, wenn sich eine wirtschaftlich volle Entschädigung nicht auch auf Folgetransaktionskosten bezieht. Sofern in den §§ 327a ff. AktG Inhalts- und Schrankenbestimmungen gesehen werden, würden diese Vorschriften gegen das sog. Abwägungsgebot verstoßen, wenn sie keinen Ausgleich für Transaktionskosten vorsähen.

Auch bei Einführung von Regelungen, die als Inhalts- und Schrankenbestimmung in Bezug auf Art. 14 GG auszulegen sind, muss der Gesetzgeber den Verhältnismäßigkeits- und den Vertrauensschutzgrundsatz beachten.[417] Dies ist nicht selbstverständlich, da das Bundesverfassungsgericht die Auffassung vertritt, dass erst der Gesetzgeber den Inhalt des Eigentums festlegt,[418] weshalb fraglich ist, woran die Verhältnismäßigkeit eines eigentumsgestaltenden Gesetzes gemessen werden soll. Es liegt deshalb nahe, dass das Bundesverfassungsgericht im Zuge einer Verhältnismäßigkeitsprüfung von einem absoluten Eigen-

---

[412] So im RegEntw., BT-Drucks. 14/7034, S. 72.

[413] BVerfGE 31, 229 ff., 242; 25, 112 ff., 117 f.; 52, 1 ff., 29; 58, 137 ff., 147; 70, 191 ff., 201 f.; 95, 64 ff., 84; 98, 17 ff., 37; 100, 226 ff., 240.

[414] BVerfGE 70, 191 ff., 201; 95, 64 ff., 84.

[415] BVerfG, NJW 2001, 279 ff., 280.

[416] BVerfG, ebenda; so auch BVerfGE 100, 289 ff., 303 („DAT/Altana“).

[417] Bryde in von Münch/Kunig, GG-Kommentar, Art. 14, Rn 62.

[418] BVerfG 24, 367 ff., 396; 31, 229 ff., 240; 37, 132 ff., 141; 53, 257 ff., 292; 58, 81 ff., 110; 58, 300 ff., 358.

tumsbegriff ausgeht.[419] Sofern dieser Ansicht gefolgt wird, wären die §§ 327a ff. AktG als Inhalts- und Schrankenbestimmungen deshalb unverhältnismäßig, weil sie keinen Ausgleich für spätere Transaktionskosten vorsehen und auch nicht verfassungskonform ausgelegt werden können.

Es muss also geprüft werden, ob die ohne Einbeziehung von Transaktionskosten gegen das Eigentumsgrundrecht verstoßenden §§ 327a ff. AktG verfassungskonform ausgelegt werden können.

d) Verfassungskonforme Auslegung

Es ist zweifelhaft, ob § 327b Abs.1 AktG dahingehend verfassungskonform ausgelegt werden kann, dass die Transaktionskosten vom Hauptaktionär zu ersetzen sind. Aber selbst wenn § 327b Abs.1 AktG wegen Nichtberücksichtigung der Transaktionskosten als verfassungswidrig anzusehen wäre, ergäbe sich daraus eher nicht die Nichtigkeit dieser Vorschrift. Es gilt zwar nach der Rechtsprechung des Bundesverfassungsgerichts zunächst der Grundsatz, dass eine Norm, die mit dem Grundgesetz nicht in Einklang steht, grundsätzlich für nichtig zu erklären sei (§§ 95 Abs.3 S.1, 78 S.1 BVerfGG).[420] Eine vorübergehende Unanwendbarkeit einer Vorschrift ist allerdings dann anzunehmen, wenn der Gesetzgeber verschiedene Möglichkeiten hat, den verfassungswidrigen Zustand zu beseitigen.[421] Zumindest diese Möglichkeit stände dem Gesetzgeber offen, da er § 327b Abs.1 AktG ggf. rückwirkend ändern könnte, so dass hiernach Minderheitsaktionäre auch Ersatz für ihre Transaktionskosten verlangen könnten.[422]

Grundsätzlich sind die Gerichte verpflichtet, Gesetze verfassungskonform und verfassungsorientiert auszulegen.[423] Allerdings stößt eine verfassungskonforme Auslegung immer dort an ihre Grenzen, wo die Instanzgerichte zu einem Ersatzgesetzgeber werden müssten. Es soll nach Ansicht des Bundesverfassungsgerichts eine Vermutung dafür sprechen, dass ein Gesetz mit dem Grundgesetz vereinbar ist; im Zweifel hat eine verfassungskonforme Auslegung des Gesetzes zu erfolgen.[424] Es ist anerkannt, dass eine verfassungskonforme Auslegung dort ihre Grenzen findet, wo keine Auslegung mehr im Einklang mit der Verfassung möglich ist.[425] Wie bereits dargelegt[426], legt es weder der Wortlaut noch die His-

---

[419] Bryde in von Münch/Kunig, GG-Kommentar, Art. 14, Rn. 62.
[420] BVerfGE 92, 158 ff., 186.
[421] BVerfGE 90, 263 ff., 276; 92, 158 ff., 186.
[422] Sachs in Sachs, Kommentar zum Grundgesetz, Art. 20, Rn 98, weist darauf hin, dass eine solche bloße Unvereinbarkeit mit der Norm zur Folge hat, dass gegebenenfalls auch rückwirkend ein Verfassungsverstoß durch den Gesetzgeber beseitigt werden kann.
[423] Dreier in Dreier, Bd. 1, GG-Kommentar, Art. 1 III, Rn. 61; BVerfGE 2, 266 ff., 282.
[424] BVerfGE 2, 266 ff., 282.
[425] Stern, Staatsrecht, Bd. 1, § 4 III 8 d).

torie, die Systematik oder die Teleologie der §§ 327a ff. AktG nahe, dass dem Minderheitsaktionär ein Anspruch auf die Bezahlung der Transaktionskosten zustehen sollte. Dem Gesetzgeber der §§ 327a ff. AktG kam es vor allem darauf an, dass einem Minderheitsaktionär der Wert seiner Beteiligung ersetzt wird. Inwieweit ein Minderheitsaktionär Neuinvestitionen ohne finanzielle Schlechterstellung vornehmen können sollte, berücksichtigte hingegen der Gesetzgeber nicht. Von daher wäre es problematisch, wenn sich die Gerichte als Rechtsanwender des § 327b Abs.1 AktG als Ersatzgesetzgeber aufspielen müssten[427] und eine vom Gesetzgeber nicht vorgesehene Auslegung vornehmen.

Allerdings hat der Gesetzgeber mit § 327b Abs.1 S.1 Hs.2 AktG und der vorsichtigen Formulierung, dass die Verhältnisse der Gesellschaft berücksichtigt werden müssen, die Möglichkeit offen gelassen, dass weitere Umstände in eine Bewertung mit einfließen können. Des Weiteren wollte der Gesetzgeber auch grundsätzlich, dass die Abfindungshöhe zumindest den von Art. 14 Abs.1 GG gegebenen Maßstäben entspricht. Die Problematik der Transaktionskostenerstattung beim Squeeze-out wurde im Gesetzgebungsverfahren nicht berücksichtigt. Es kam dem Gesetzgeber auch nicht darauf an, dass die Minderheitsaktionäre die Transaktionskosten zu tragen haben. Insoweit ist die Durchführung einer verfassungskonformen Auslegung einem Ergebnis vorzuziehen, welches die Nichtigkeit des § 327b Abs.1 AktG wegen Unvereinbarkeit mit Art. 14 GG zur Folge hätte.

2. Barabfindung wird nicht wieder angelegt

Verfassungsrechtlich könnte es geboten sein, dass Minderheitsaktionäre, die nach einem Squeeze-out das erhaltene Bargeld nicht zum Erwerb anderer Aktien nutzen wollen, einen zusätzlichen Ausgleich dafür erhalten müssen, dass sie anstatt Aktien lediglich noch Bargeld besitzen. Dies könnte deswegen gelten, da sie nach Durchführung des Squeeze-outs nicht mehr die Unternehmensanteile besitzen, für die sie wiederum (Folge-)Transaktionskosten aufwenden müssen. Auch die Vermögensinteressen dieser Aktionäre könnten darauf gerichtet sein, dass sie so gestellt werden, wie sie stünden, wenn sie Aktionär einer anderen Aktiengesellschaft sein würden. In diesem Fall hätten sie Anspruch auf Ersatz der Folgetransaktionskosten.

Es führt nicht zu einer ungerechtfertigten Bereicherung, falls die Minderheitsaktionäre einen zusätzlichen Betrag als Ausgleich für die Folgetransaktionsgebühren erhalten, da Anteile an einem Unternehmen weitreichendere Möglichkeiten generieren, Gewinne zu erzielen, als Bargeldbesitz. Dies muss auch dann gelten,

---

[426] Teil 2, F. III.

[427] Vosskuhle, AöR 125 (2000), 177 ff., 186; Stern, Staatsrecht, Bd. 1, § 4 III 8 d).

wenn ein Minderheitsaktionär das Geld bei der Bank anlegt und einen periodischen Darlehenszins erhält. In diesem Fall kann er nämlich nicht an unternehmerischen Erfolgen partizipieren.

Es kann darüber hinaus für die Ersatzfähigkeit von Folgetransaktionskosten auch deshalb nicht darauf ankommen, ob ein Minderheitsaktionär sein Geld erneut in Aktien anlegt, weil es zum Zeitpunkt des Ausschlusses aus der Gesellschaft unter Umständen noch nicht feststeht, ob der ausgeschlossene Minderheitsaktionär das erhaltene Geld erneut in Aktien investieren wird. Es sind Fälle denkbar, in denen ein Minderheitsaktionär mit einer erneuten Investition wartet, weil er keine Unternehmen am Markt sieht, in die er erfolgversprechend investieren kann. So muss also einem Minderheitsaktionär dauerhaft das Kapital zur Verfügung gestellt werden, damit er ggf. eine Neuinvestition vornehmen kann. Ein Minderheitsaktionär, der nicht sogleich die Barabfindung zur Neuinvestition nutzt, muss einen zusätzlichen Betrag als Ersatz für künftig entstehende Transaktionskosten erhalten. Auch insoweit muss § 327b Abs.1 AktG verfassungskonform (Art. 14 GG) ausgelegt werden.

V. Zwischenergebnis

Der Hauptaktionär muss einerseits Ersatz für die Transaktionskosten leisten, die dem Minderheitsaktionär im Zuge der Durchführung eines Squeeze-outs entstehen, sowie andererseits Ersatz für diejenigen Kosten erbringen, die diesem bei Durchführung von Folgetransaktionen entstehen bzw. entstehen würden. Die Folgetransaktionskosten sind dabei mit einem Prozent des Anlagevolumens pauschal anzusetzen.

G. Kosten für Hinzuziehung von Beratern

I. Problemstellung

Den Minderheitsaktionären können weitere Kosten entstehen, die bei der Überprüfung des Squeeze-outs anfallen. Es muss untersucht werden, welche Kosten das sein können und ob bzw. inwieweit diese Kosten nach der derzeitigen Rechtslage als Rechnungspositionen im Rahmen einer angemessenen Abfindung einzustellen sind. Die Prüfung zur Einbeziehung der Transaktionskosten bei Ermittlung der angemessenen Abfindung gemäß § 327b AktG hat gezeigt, dass nicht lediglich der objektive Wert der Unternehmensbeteiligung zu ersetzen ist.[428] Bei gesellschaftsrechtlichen Ersatzansprüchen eigener Art[429] muss vielmehr auch die Interessenlage der Minderheitsaktionäre berücksichtigt werden. Es könnte dieser Art von Ansprüchen widersprechen, wenn Minderheitsaktionäre gebotene oder zweckmäßige Prüfungen nur unter Inkaufnahme von Vermögensverlusten durchführen können.

II. Arten weiterer Kosten

Sofern ein Minderheitsaktionär die Rechtmäßigkeit und die persönlichen Folgen eines Squeeze-outs überprüfen lassen möchte, entstehen ihm bei Hinzuziehung entsprechender Berater weitere Kosten. So kann er sich von einem Rechtsanwalt beraten lassen, ob ein Vorgehen gegen den Squeeze-out-Beschluss Erfolgsaussichten hat. Daneben kann die Überprüfung der Abfindungshöhe geboten sein. Insoweit ist die Hinzuziehung eines Wirtschaftsprüfers zu erwägen. Schließlich kann aufgrund der Durchführung des Squeeze-outs ein Bedarf an steuerlicher Beratung entstehen. Der Übergang der Aktien von den Minderheitsaktionären auf den Hauptaktionär gegen Barabfindung kann körperschaftsteuer-, einkommensteuer- sowie gewerbesteuerliche Folgen nach sich ziehen.[430]

III. Subsumierbarkeit unter den Begriff „angemessene Barabfindung"

Zunächst stellt sich die Frage, ob der Hauptaktionär auch die Kosten zu tragen hat, die den Minderheitsaktionären bei Beauftragung von Beratern entstehen. Eine solche Pflicht zur Kostenübernahme könnte dann bestehen, wenn Kosten für die Beauftragung von Beratern unter den Passus „Gewährung einer ange-

[428] Vgl. hierzu Teil 2, F.
[429] Zur dogmatischen Einstufung: Vgl. Teil 2, B.
[430] Gross in Happ, Aktienrecht, 17.02., S. 1702.

messenen Barabfindung“ gemäß § 327a Abs.1 S.1 AktG fallen würden. Dies muss deshalb bezweifelt werden, weil nach dem Wortlaut des § 327b Abs.1 S.1, Hs.2 AktG bei der Bestimmung der Abfindungshöhe die Verhältnisse der Gesellschaft zum Zeitpunkt der Beschlussfassung zu berücksichtigen sind. Wie bereits soeben in Hinblick auf die Transaktionskosten festgestellt, lässt sich auch in Hinblick auf die Kosten, die bei Heranziehung von Beratern anfallen, konstatieren, dass es nach dem Wortlaut, der systematischen Stellung und der Historie des § 327b Abs.1 AktG nicht zu klären ist, ob diese Kosten durch den Hauptaktionär übernommen werden müssen. An dieser Stelle kann auf die Ausführungen zu den Transaktionskosten ergänzend verwiesen werden[431], weil die Frage zur Übernahmepflicht der Transaktionskosten durch den Hauptaktionär mit der Frage nach der Kostenübernahme für die Hinzuziehung von Beratern vergleichbar ist. Nach dem Wortlaut des § 327b Abs.1 S.1, Hs.2 AktG bleibt es offen, ob die Kosten, die den Minderheitsaktionären bei Beauftragung von Beratern entstanden sind, erstattet werden müssen. Inwieweit der Minderheitsaktionär eigene Berater einschaltet oder deren Einschaltung für erforderlich hält, hängt dabei nicht von den Verhältnissen der Gesellschaft ab. Allerdings ist es vom Wortlaut des § 327b Abs.1 S.1, Hs.2 AktG her zulässig, bei Festlegung einer angemessenen Barabfindung weitere Kosten einzustellen. Der Wortlaut des § 327b Abs.1 S.1, Hs.2 AktG ist offen, weil er nicht festlegt, dass nur die Verhältnisse der Gesellschaft berücksichtigt werden dürfen. Mit dem Wort „berücksichtigen“ wird verdeutlicht, dass auch andere Umstände die Höhe der Barabfindung beeinflussen können. Aus der systematischen Stellung des § 327b Abs.1 AktG lässt sich nicht entnehmen, dass ein Minderheitsaktionär keinen Ausgleich für erforderliche Beraterkosten verlangen kann. So zeigt § 327a Abs.1 S.1 AktG auf, dass sich die Übertragung von Anteilen und die Gewährung der angemessenen Barabfindung äquivalent gegenüber stehen. Es entspräche nicht dem Äquivalenzprinzip, wenn der Minderheitsaktionär lediglich den Wert seiner Anteile als solches erstattet bekommt und nicht auch seine darüber hinausgehenden Interessen. Beim Squeeze-out besteht die Besonderheit, dass das zusätzliche Interesse des Minderheitsaktionärs darauf gerichtet sein kann, eine erhöhte Abfindung zu fordern, bei rechtswidriger Durchführung des Squeeze-out-Verfahrens Klage nach den §§ 241 ff. AktG zu erheben oder sich zur steuerlichen Behandlung der Abfindung beraten zu lassen. Wenngleich der Systematik der §§ 327a ff. AktG nicht eindeutig zu entnehmen ist, dass die Kosten für die Beauftragung von Beratern dem Minderheitsaktionär zu erstatten sind, spricht sie zumindest auch nicht gegen ein solches Verständnis. Aus der Historie der §§ 327a ff. AktG lässt sich nicht entnehmen, dass die Übernahme bzw. teilweise Übernahme von Bera-

[431] Hierzu Teil 2, F.

terkosten gewollt war. In der Regierungsbegründung zu § 327b AktG finden sich auch keine Hinweise zur Behandlung von Beraterkosten.[432]

Es fragt sich, ob nach dem Sinn und Zweck des § 327b Abs.1 AktG die Beraterkosten, die den Minderheitsaktionären entstehen, durch den Hauptaktionär zu übernehmen sind. Außerdem muss der Begriff der angemessenen Barabfindung verfassungsrechtlich durchleuchtet werden. Unter Zugrundelegung eigentumsrechtlicher Erwägungen gemäß Art. 14 Abs.1 GG könnte es zulässig sein, dass der Minderheitsaktionär einen Rechtsberater, einen Steuerberater und/oder einen Wirtschaftsprüfer auf Kosten des Hauptaktionärs heranziehen darf. Die Beantwortung dieser Frage hängt maßgeblich davon ab, ob ein voller wirtschaftlicher Ausgleich[433] für die Aktionärsstellung auch umfasst, dass der jeweilige Minderheitsaktionär Kosten für die Beauftragung von Beratern verursachen darf, wenn diese aus Sicht des Minderheitsaktionärs wirtschaftlich geboten sind.

1. Kostenübernahme für Rechtsberatung

Die Erstattungsfähigkeit von Rechtsanwaltsgebühren wird in den §§ 327a ff. AktG nicht angesprochen. Allerdings gibt es in anderen Rechtsgebieten einige gesetzliche Normen sowie eine Vielzahl von Entscheidungen und Aufsätzen[434], in denen der Frage zur Erstattungsfähigkeit von Rechtsanwaltsgebühren nachgegangen worden ist: Zu nennen ist mit § 80 Abs.2 VwVfG zum Beispiel eine Vorschrift aus dem Verwaltungsverfahren, nach der die Gebühren eines Rechtsanwalts oder eines sonstigen Bevollmächtigten im Vorverfahren dann erstattungsfähig sind, wenn die Hinzuziehung eines Bevollmächtigten notwendig war. § 80 Abs.2 VwVfG konkretisiert dabei seinen Absatz 1, in dem er im Vorverfahren entstandene Rechtsanwaltskosten nur dann für erstattungsfähig hält, wenn der Widerspruchsführer dieses Vorverfahren erfolgreich durchgeführt hat. Sofern dieser allgemeine Grundsatz zur Erstattungsfähigkeit von Rechtsanwaltskosten, der sich auch aus § 91 Abs.1 S.1, Abs.2 S.1 ZPO ergibt, uneingeschränkt auf das Squeeze-out-Verfahren übertragbar wäre, könnte sich der Minderheitsaktionär im Falle eines in rechtmäßiger Weise durchgeführten Squeeze-outs keine Rechtsanwaltskosten erstatten lassen.

Nach der Rechtsprechung des BGH[435] ist es für Schadensersatzansprüche anerkannt, dass dem Geschädigten entstehende Rechtsanwaltskosten als adäquate und dem Schädiger zurechenbare Folgeschäden zu ersetzen sind. Nach diesen

---

[432] BT-Drucks. 14/7034, S. 72.

[433] BVerfGE 100, 289 ff., 302 („DAT/Altana“); BVerfG, NJW 2001, 279 ff., 280 („Moto Meter“).

[434] Mallmann, NVwZ 1983, 338 ff., 339; Sonnenschein-Berger, JuS 1996, 1107 ff., 1107.

[435] BGH, ZIP 1986, 984 ff., 986; BGHZ 30, 154 ff., 157; BGHZ 39, 60; BGH, VersR 1970, 41 ff., 42.

Rechtsprechungsgrundsätzen gilt dies auch für Fälle der Haftung des Schädigers aus Verschulden bei Vertragsschluss oder positiver Vertragsverletzung.[436] Die vertragsbrüchige Partei hat nämlich nach gefestigter höchstrichterlicher Rechtsprechung dem geschädigten Vertragspartner alle Aufwendungen zu ersetzen, die zur Schadensabwendung vernünftig und zweckmäßig erschienen.[437] Diese Grundsätze können allerdings nicht ohne weiteres auf Fälle eines Squeeze-outs übertragen werden, da es sich beim Anspruch auf Abfindung gemäß § 327b Abs.1 AktG um keinen schadensersatzrechtlichen Anspruch handelt.[438] Allerdings widerspräche es der gesellschaftsrechtlichen Treupflicht, wenn ein Minderheitsaktionär in keinem Fall verlangen könnte, dass ihm entstandene Rechtsanwaltskosten zu ersetzen seien.

Es muss zwischen Fällen, in denen die angebotene Abfindung angemessen ist, und Fällen, in denen die angebotene Abfindung zu niedrig ist, unterschieden werden.

a) Bei Angemessenheit der Abfindungshöhe

Die Besonderheiten, die bei einem zwangsweise durchgeführten Ausschluss aus der Gesellschaft bestehen, könnten es rechtfertigen, dass ein Minderheitsaktionär auch im Falle eines rechtmäßig durchgeführten Squeeze-out-Verfahrens einen Rechtsanwalt für die Überprüfung dieses Verfahrens hinzuziehen darf und hierfür im Rahmen der angemessenen Barabfindung einen Ausgleich beanspruchen kann. Für eine solche Ausgleichspflicht spricht, dass Minderheitsaktionäre nach dem Eigentumsgrundrecht des Art. 14 Abs.1 GG nicht weniger erhalten dürfen, als wenn sie eine freie Desinvestitionsentscheidung getroffen hätten.[439] Minderheitsaktionäre, die sich rechtsanwaltlich beraten haben lassen und für anfallende Beratungskosten keinen Ausgleich bekommen würden, würden allerdings nicht in diesem Sinne volle Kompensation erhalten.

Es stellt sich die Frage, ob es verfassungsrechtlich bereits ausreichend ist, wenn von unabhängigen Instanzen die Rechtmäßigkeit des Squeeze-outs sowie die Abfindungshöhe geprüft werden. Sollte dies der Fall sein, bestände für einen Minderheitsaktionär nicht das Bedürfnis, zusätzlich einen Rechtsbeistand einzuschalten.

Bereits das Registergericht hat nach herrschender Meinung in materieller und formeller Hinsicht vor Eintragung des Squeeze-out-Beschlusses diesen umfas-

---

436 BGH, ZIP 1986, 984 ff., 986

437 BGH, NJW 1959, 933 ff., 934; BGH, WM 1972, 556 ff., 558.

438 Siehe Teil 2, B.

439 BVerfGE 100, 289 ff., 306 („DAT/Altana“).

send zu überprüfen und ggf. die Eintragung zu verweigern.[440] Die Prüfpflicht wird nur vereinzelt dahingehend eingeschränkt angenommen, dass das Gericht nicht das Vorliegen einer 95%igen Beteiligung zum Zeitpunkt der Eintragung zu prüfen habe.[441] Die Höhe der Barabfindung wird zwar gemäß § 327a Abs.1 S.1, Hs.1 AktG vom Hauptaktionär festgelegt. Dennoch ist zusätzlich in § 327c Abs.2 S.2 AktG vorgesehen, dass ein unabhängiger sachverständiger Prüfer die Angemessenheit zu prüfen habe. So findet also eine von einer unabhängigen Stelle durchgeführte Prüfung auf formelle und materielle Fehler sowie der Angemessenheit der Abfindung statt.

Allerdings findet die Überprüfung der Rechtmäßigkeit des Squeeze-outs durch das Registergericht zumeist zu einem Zeitpunkt statt, zu dem ein Minderheitsaktionär schon rechtliche Schritte hätte einleiten müssen. Sofern der Hauptversammlungsbeschluss rechtswidrig ist, müsste ein Minderheitsaktionär bereits innerhalb eines Monats nach der Beschlussfassung gemäß § 246 Abs.1 AktG Anfechtungsklage erheben. Es bleibt also für einen Minderheitsaktionär in der Regel nicht ausreichend Zeit, eine Entscheidung des Handelsregisters abzuwarten. Außerdem erfolgt eine Überprüfung durch das Handelsregister im Hinblick auf das Vorliegen eines Bankavals oder die erfolgte Auslage von Jahresabschlüssen vor und in der Hauptversammlung grundsätzlich nur dann, wenn entgegenstehende Anhaltspunkte von den Beteiligten vorgetragen werden.[442] Diese Überlegungen legen es nahe, dass für Minderheitsaktionäre zusätzlicher Prüfungsbedarf besteht.

Es stellt sich die Frage, ob ein Minderheitsaktionär bei einem Squeeze-out-Verfahren selbst in der Lage sein muss, dessen Rechtmäßigkeit zu überprüfen. Im verwaltungsrechtlichen Vorverfahren wird von der Rechtsprechung das Tatbestandsmerkmal der Notwendigkeit der Bevollmächtigung (§ 80 Abs.2 VwVfG) dahingehend ausgelegt, dass eine Bevollmächtigung nicht nur in schwierigen und umfangreichen Verfahren zu bejahen ist, sondern auch dann, wenn der Sachverhalt Tat- und Rechtsfragen aufwirft, die sich nicht ohne weiteres beantworten lassen.[443] Eine ähnliche Abwägung ist im Rahmen der Prüfung des § 254 BGB geboten: Die Schadensminimierungspflicht nach § 254 BGB führt dazu, dass nur solche Aufwendungen des Schadensersatzgläubigers ersetzt werden müssen, die aus seiner Sicht zur Wahrnehmung und Durchsetzung seiner

---

440 Hüffer, AktG-Kommentar, § 327e, Rn. 2; Heidel/Lochner in Heidel, Aktienrecht, AktG, § 327e, Rn. 3; Krieger, BB 2002, 53 ff., 58.

441 So Sieger/Hasselbach, ZGR 2002, 120 ff., 138.

442 Vossius, ZIP 2002, 511 ff., 514.

443 BVerwG, NJW 1978, 1988; OVG Bremen, NVwZ 1989, 75; Kopp/Ramsauer, VwVfG-Kommentar, § 80, Rn. 45.

Rechte erforderlich und zweckmäßig waren.[444] Allerdings nimmt die Rechtsprechung teilweise einschränkend an, dass die Hinzuziehung eines Rechtsbeistandes in der Regel nicht erforderlich sei, außer in komplizierten und umfangreichen Fällen.[445] Selbst nach diesen strengeren Maßstäben, nach denen komplizierte und umfangreiche Fallgestaltungen vorliegen müssen, wäre beim Squeeze-out die Hinzuziehung eines Rechtsbeistandes notwendig. Insbesondere die Überprüfung der Höhe der Barabfindung gestaltet sich ausgesprochen schwierig, da sich anerkanntermaßen bei deren Beurteilung schematische Betrachtungen verbieten.[446] Die Schwierigkeit der Rechtsmaterie zeigt sich auch daran, dass weder bei Stellung von Anträgen nach dem Spruchverfahren noch bei Anfechtungs- oder Nichtigkeitsfeststellungsklagen nach den §§ 241 ff. AktG das Amtsgericht zuständig wäre. So ist gemäß §§ 2 Abs.1, Abs.2 SpruchG, 246 Abs.3 S.1 AktG jeweils eine Kammer für Handelssachen des Landgerichtes zuständig, sofern sich beim Landgericht eine solche gebildet hat. Auch wenn diese Zuständigkeitsnormen vor allem der Konzentration bei nur einem Gericht bzw. einer Kammer dienen sollten,[447] wird zumindest damit auch das Ziel verfolgt, diese Fälle Richtern zu übertragen, die mit Spruchverfahren und aktionärsrechtlichen Klagen vertraut sind. Außerdem führt die ausschließliche sachliche Zuständigkeit des Landgerichts bei Klagen im Sinne der §§ 241 ff. AktG dazu, dass sich ein Minderheitsaktionär gemäß § 78 Abs.1 S.1 ZPO durch einen Rechtsanwalt vertreten lassen muss. Ein Minderheitsaktionär ist also zumeist nicht selbst in der Lage, die Rechtmäßigkeit des Squeeze-outs zu überprüfen.

Ein Minderheitsaktionär kann sich auch nicht auf die inter-omnes-Wirkung des § 13 SpruchG verlassen, wonach Entscheidungen der Gerichte auch für und gegen Aktionäre, die nicht am Spruchverfahren beteiligt waren, wirken. Ein Untätigbleiben birgt nämlich das Risiko, dass sich die Antragsteller im Spruchverfahren gemäß § 11 Abs.2 SpruchG mit dem Hauptaktionär vergleichen und dass gemäß § 13 S.2 SpruchG ein Vergleich nicht auch zugunsten aller übrigen Gesellschafter, die keinen Antrag gestellt haben, Geltung entfaltet. Die Niederschrift zum Vergleich gemäß § 11 Abs.3 SpruchG ist nämlich keine Entscheidung im Sinne des § 13 S.2 SpruchG. Mangels Regelungslücke wird in der Literatur[448] deshalb teilweise eine analoge Anwendung des § 13 SpruchG bei Vergleichsabschlüssen abgelehnt.

Auch wenn die Hinzuziehung eines Rechtsbeistandes zur Prüfung des Squeeze-outs als notwendig erscheint, stellt sich dennoch die Frage, ob sich hieraus nach

---

[444] BGHZ 30, 154 ff., 158; BGHZ 66, 182 ff., 192.
[445] OVG Berlin, NVwZ-RR 1990, 517; VGH Mannheim, NVwZ-RR 1993, 111.
[446] Heidel/Lochner in Heidel, Aktienrecht, AktG, § 327b, Rn. 7.
[447] Vgl. Heidel in Heidel, Aktienrecht, AktG, § 246, Rn. 50.
[448] Zimmer/Meese, NZG 2004, 201 ff., 203.

derzeitiger Rechtslage unter Berücksichtigung des Eigentumsgrundrechtes gemäß Art. 14 Abs.1 GG eine Verpflichtung zur Ausgleichszahlung des Hauptaktionärs ergibt. Die Kostenübernahme durch den Hauptaktionär wäre insoweit problematisch, als dass dieser einerseits rechtmäßig ein Squeeze-out-Verfahren durchgeführt hat, er aber andererseits dennoch für die Beauftragung eines Rechtsbeistandes aufkommen muss. Die Übernahme dieser Kosten durch den Hauptaktionär wäre dann gerechtfertigt, wenn er generell dem Minderheitsaktionär eine Überprüfungsmöglichkeit durch einen Parteivertreter gewähren müsste. Sofern auf den allgemeinen, zum Beispiel in den §§ 91 Abs.1 ZPO, 154 Abs.1 VwGO aufgestellten Verfahrensgrundsatz, wonach nur die unterliegende Partei die Kosten für die Rechtsbeistände zu tragen hat, abgestellt wird, wäre es nicht gerechtfertigt, dem Hauptaktionär generell diese Kosten aufzuerlegen. Auf diesen Verfahrensgrundsatz ist allerdings in Hinblick auf § 327b Abs.1 AktG nicht abzustellen, weil die Situation der Abfindungsüberprüfung nicht mit einer Prozesssituation vergleichbar ist. Die Frage nach der Erstattungsfähigkeit der Kosten für einen Rechtsbeistand muss vielmehr auf der Grundlage beantwortet werden, inwieweit ansonsten Verfahrensvorschriften im Rahmen der §§ 327a ff. AktG aufgestellt worden sind, die den Minderheitsaktionär in seinem Eigentumsgrundrecht (Art. 14 GG) bereits hinreichend schützen. Sofern das Squeeze-out-Verfahren den Minderheitsaktionär hinreichend vor der fehlerhaften Bestimmung der Abfindungshöhe schützt, kann es nicht als verfassungsrechtlich geboten angesehen werden, dass sich ein Minderheitsaktionär in jedem Fall auf Kosten des Hauptaktionärs rechtsanwaltlich beraten lassen darf. Die Überprüfung der Höhe der Barabfindung findet im Rahmen eines Squeeze-out-Verfahrens in unterschiedlicher Weise statt. So muss die Barabfindung von mindestens einem unabhängigen Prüfer gemäß § 327c Abs.2 S.2 AktG auf ihre Angemessenheit geprüft werden. Der Prüfer wird vom Gericht bestellt. Außerdem hat der Hauptaktionär einen schriftlichen Bericht zu erstellen, in dem dieser Erläuterungen und Begründungen zur Angemessenheit der Abfindung geben muss (§ 327c Abs.2 S.1 AktG).

Art. 14 Abs.1 GG schützt die vermögensrechtliche Stellung des Minderheitsaktionärs. Dieser Schutzumfang ist deshalb verfassungsrechtlich vorgesehen, weil für Aktionäre mit einer sehr geringen Beteiligung die Vermögenskomponente der Anlage im Vordergrund steht, die in der Auswahlentscheidung des Aktieneigentümers hinsichtlich seiner Kapitalanlage liegt.[449] Hieraus kann gefolgert werden, dass lediglich in Hinsicht auf die Angemessenheit der Barabfindung zugunsten des Minderheitsaktionärs verfassungsrechtlich garantierte Schutzmechanismen bestehen müssen. Die Kosten für die Überprüfung durch einen Rechtsbeistand sind dabei deshalb aus verfassungsrechtlicher Sicht vom Haupt-

[449] BVerfG, NJW 2001, 279 ff., 280 („Moto Meter").

aktionär nicht zu übernehmen, weil eine weitere anwaltliche Prüfung, die zu keinen abweichenden Ergebnissen führt – auch wenn sich dies erst später herausstellt –, nicht mehr als Grundbestand eines umfassenden Schutzsystems anzusehen ist.

b) Bei zunächst zu niedriger Abfindung

Sofern ein Minderheitsaktionär im Zuge eines Spruchverfahrens einen Rechtsbeistand hinzugezogen hat, findet sich mit § 15 Abs.4 SpruchG eine Regelung über die außergerichtliche Kostentragungspflicht.[450] Hiernach hat der Minderheitsaktionär als Antragsteller gegenüber dem Hauptaktionär einen Anspruch auf Übernahme seiner außergerichtlichen Kosten, wenn diese zur zweckentsprechenden Erledigung der Angelegenheit notwendigerweise entstanden waren und die Kostenverlagerung unter Berücksichtigung des Verfahrensausganges der Billigkeit entspricht. Nach der Regierungsbegründung haben die Minderheitsaktionäre ihre Kosten selber zu tragen, wenn keine Erhöhung der Barabfindung erreicht wird.[451] Für den Fall einer erheblichen Erhöhung der Abfindung – hierzu reicht bereits ein 5%iger Aufschlag zur bisherigen Abfindungshöhe[452] – stellt die Bundesregierung klar, dass grundsätzlich der Hauptaktionär auch die außergerichtlichen Kosten des Minderheitsaktionärs für die Hinzuziehung seines Rechtsbeistandes zu erstatten habe.[453] Lediglich im Bereich, in dem nur eine geringfügige Erhöhung der Barabfindung angenommen werden kann, ist es nicht einfach, zweckentsprechende Maßstäbe für die Billigkeitserwägungen zu finden; es soll dann den Gerichten überlassen bleiben, diese zweckentsprechenden Maßstäbe zu finden.[454]

Sofern die Abfindungshöhe zu niedrig bemessen ist und sich der Hauptaktionär nicht bereits vor Durchführung eines Spruchverfahrens dazu bereit erklärt, den Minderheitsaktionären eine höhere als die im Hauptversammlungsbeschluss vorgesehene Barabfindung zu leisten, können sich die Minderheitsaktionäre gemäß §§ 280 Abs.2, 286 Abs.1 BGB ihren Verzugsschaden ersetzen lassen. Insoweit erstreckt sich die Ersatzpflicht auf die durch die Hinzuziehung eines Rechtsanwaltes entstehenden Kosten, da seine Beauftragung dem adäquaten Kausalverlauf entspricht und dies auch nicht gegen die Bestimmung des § 254 BGB verstößt.[455] Ein Ersatzanspruch wegen eines Verzugsschadens setzt allerdings voraus, dass die Voraussetzungen für den Verzug vorliegen. Gemäß § 286 Abs.1 S.1 BGB muss der Anspruch auf Zahlung der Abfindung fällig sein. Bei

---

[450] Vgl. Volhard in Münchener Kommentar zum Aktiengesetz, SpruchG, § 15, Rn.12.
[451] RegEntw., BT-Drucks. 15/371, S. 17.
[452] Fritzsche/Dreier/Verfürth, SpruchG-Kommentar, § 15, Rn. 37.
[453] RegEntw., BT-Drucks. 15/371, S. 17.
[454] RegEntw., BT-Drucks. 15/371, S. 17.
[455] Palandt-Heinrichs, BGB-Kommentar, § 286, Rn. 47; BGHZ 30, 154 ff., 156.

Vorliegen körperlich verbriefter Aktien tritt dann Fälligkeit des Abfindungsanspruches ein, wenn die Minderheitsaktionäre ihre Aktien beim Hauptaktionär oder einer von diesem benannten Abwicklungsstelle einreichen.[456] Bei Vorliegen nicht körperlich verbriefter Aktien tritt Fälligkeit bereits nach Eintragung des Squeeze-out-Beschlusses im Handelsregister ein, ohne dass hierfür eine Mitwirkung der (ehemaligen) Minderheitsaktionäre erforderlich wäre.[457] Um einen Verzugsschaden geltend zu machen, bedarf es gemäß § 286 Abs.1 S.1 BGB grundsätzlich einer Mahnung gegenüber dem Hauptaktionär, nach der er auch einen erhöhten Abfindungsbetrag zu zahlen hat. Eine Mahnung kann allerdings gemäß § 286 Abs.2 Nr.3 BGB entbehrlich sein, wenn der Schuldner ernsthaft und endgültig seine Leistung verweigert hat. Auch wenn allgemein hohe Anforderungen an das Tatbestandsmerkmal der ernsthaften und endgültigen Verweigerung gestellt werden[458], können diese in Bezug auf eine Abfindung nach § 327b Abs.1 AktG erfüllt sein. Dies gilt deshalb, weil der Hauptaktionär erst auf Grundlage eines Sachverständigengutachtens eines gerichtlich bestellten Prüfers gemäß § 327c Abs.2 S.2 AktG die Abfindungshöhe festlegt. Außerdem findet im Rahmen der Hauptversammlung regelmäßig eine ausführliche Erörterung zur Angemessenheit der Abfindung statt, wobei die Aktionäre von ihrem Auskunftsrecht gemäß § 131 AktG Gebrauch nehmen[459], ohne dass der Hauptaktionär den Abfindungsbetrag erhöht. Danach kann – abhängig von dem jeweiligen Einzelfall – vielfach in dem Verhalten des Hauptaktionärs eine ernsthafte und endgültige Verweigerung der Zahlung einer erhöhten Abfindung gesehen werden.

c) Bei erfolgreichen Klagen nach §§ 241 ff. AktG

Die Übernahme der außergerichtlichen Kosten eines Rechtsbeistandes richtet sich bei Anfechtungs- und/oder Nichtigkeitsfeststellungsklagen (§§ 241 ff. AktG) nach der zivilprozessualen Kostentragungspflicht im Sinne der §§ 91, 92 ZPO. Sofern der Minderheitsaktionär im vollen Umfang mit seinen Anträgen Erfolg hat, muss die Gesellschaft als Beklagte auch die außergerichtlichen Kosten für die Hinzuziehung eines Rechtsbeistandes tragen (§ 91 Abs. 1 ZPO).

2. Steuerliche Beratung

Die Übernahme der Kosten wegen steuerlicher Beratung erscheint nur dann gerechtfertigt, wenn einem Minderheitsaktionär im Rahmen eines Squeeze-out-Verfahrens steuerliche Nachteile drohen und es ihm nicht möglich ist, diese steuerlichen Fragen selbst zu lösen.

---

[456] LG Stuttgart, DB 1997, 1661; Hasselbach in Kölner Kommentar zum WpÜG, § 327b, Rn. 11.

[457] Hasselbach in Kölner Kommentar zum WpÜG, § 327b, Rn. 11.

[458] Palandt-Heinrichs, BGB-Kommentar, § 286, Rn. 24.

[459] Pfisterer in Lorz/Pfisterer/Gerber, Beck`sches Formularhandbuch, Aktienrecht, U., VII., 14.

a) Notwendigkeit steuerlicher Beratung
Da bei Durchführung des Squeeze-outs kein steuerlich zweckmäßiges Vorgehen vorgegeben ist, muss auch die Übernahme der Kosten für steuerliche Beratung anders als für rechtliche Beratung beurteilt werden. Die steuerlichen Auswirkungen, die die Höhe der Einkommensteuer, der Körperschaftsteuer und der Gewerbesteuer beeinflussen können, fallen des Weiteren für jeden einzelnen Aktionär unterschiedlich aus. So wird in den gängigen Formularbüchern zum Squeeze-out empfohlen, im Bericht des Hauptaktionärs gemäß § 327c Abs.2 S.1 AktG einen Hinweis aufzunehmen, dass ein steuerlicher Berater zu konsultieren sei.[460]

Die Konsultierung eines steuerlichen Beraters ist vor allem dann sinnvoll, wenn entweder der Tatbestand des § 17 Abs.1 S.1 EStG (Veräußerung von Anteilen an Kapitalgesellschaften) oder wenn der Tatbestand des § 23 Abs.1 S.1 Nr.2 EStG[461] (steuerpflichtiges privates Veräußerungsgeschäft) erfüllt sein könnten. Wenn die Eintragung des Übertragungsbeschlusses (§ 327e Abs.3 S.1 AktG) innerhalb eines Jahres nach dem Erwerb der Aktien durch den Minderheitsaktionär erfolgt ist, ist es umstritten, ob ein steuerpflichtiges privates Veräußerungsgeschäft vorliegt und ob die §§ 17 Abs.1, 23 Abs.1 EStG erfüllt sind.[462] Es ist deshalb nicht absehbar, ob die für die Minderheitsaktionäre zuständigen Finanzämter in Squeeze-out-Fällen steuerlich relevante Geschäfte annehmen werden. In der Literatur wird zwar teilweise ein „Veräußerungsgeschäft" im Sinne des § 17 Abs.1 Nr.2 EStG als nicht gegeben angesehen, weil der Squeeze-out bei wirtschaftlicher Betrachtungsweise als Enteignung zu qualifizieren sei.[463] Allerdings ist eine Qualifizierung des Squeeze-outs als „wirtschaftliche Enteignung" problematisch, weil eine solche Einstufung weder in der Regierungsbegründung[464] noch in der verfassungsrechtlichen Rechtsprechung zu § 15 Umwandlungsgesetz 1956 (Mehrheitsumwandlung)[465] eine Stütze findet. Die Schaffung einer Ausschlussmöglichkeit von Minderheitsaktionären stellt danach gerade keine Ent-

---

460 Gross in Happ, Aktienrecht, 17.02., S. 1702.

461 Hinsichtlich der Vorgängervorschrift zum § 23 Abs.1, S.1, Nr.2 EStG hat zwar das BVerfG nunmehr entschieden, dass § 23 Abs.1 S.1 Nr.1 b) EStG a.F. in der für die Veranlagungszeiträume 1997 und 1998 geltenden Fassung mit Art. 3 Abs.1 GG unvereinbar und nichtig war, soweit er Veräußerungsgeschäfte bei Wertpapieren betrifft – BVerfG, Urteil vom 09.03.2004, FR 2004, 470 ff., 470. Es ist allerdings nicht darüber entschieden worden, inwieweit der derzeitige § 23 Abs.1, S.1 Nr.2 EStG verfassungsgemäß ist, wenngleich Kraft/Bäuml, FR 2004, 443 ff., 444 diese Entscheidung für übertragbar und somit auch die derzeitige Fassung für verfassungswidrig halten.

462 Dies im Ergebnis verneinend: Schumacher, DB 2002, 1626 ff., 1629.

463 Schumacher, DB 2002, 1626 ff., 1629.

464 RegBegr., BT-Drucks. 14/7034, S. 32.

465 BVerfGE 14, 263 ff., 277 („Feldmühle").

eignung im Sinn des Art. 14 Abs.3 GG dar.[466] Es wird dabei keine terminologische Einordnung dergestalt befürwortet, dass eine „Enteignung bei wirtschaftlicher Betrachtungsweise“ vorliegt. Es ist mithin zumindest erheblicher Begründungsaufwand erforderlich, damit das zuständige Finanzamt das Tatbestandsmerkmal „privates Veräußerungsgeschäft“ gemäß § 23 Abs.1 Nr.2 EStG ablehnt.

Steuerliche Fragen treten auch bei § 17 Abs.1 S.1 EStG auf, da hiernach ein Minderheitsaktionär, der in den letzten fünf Jahren am Kapital der Gesellschaft unmittelbar oder mittelbar zu mindestens 1 von Hundert beteiligt war, gleichfalls auf Gewinne Einkommensteuer entrichten muss, sofern er als ein Veräußerer im Sinne dieser Vorschrift eingestuft wird. Für eine steuerrechtlich relevante Einstufung sprechen gewichtige Argumente: Der Veräußerungsbegriff des § 17 Abs.1 S.1 EStG wird nämlich weiter als der zivilrechtliche Veräußerungsbegriff (vgl. §§ 929, 932, 135 - 137 BGB) ausgelegt.[467] Dies gilt in der Hinsicht, dass sich der Begriff der Veräußerung im Sinne des § 17 Abs.1 S.1 EStG nicht nur auf die Übertragung von zivilrechtlichem Eigentum beschränkt, sondern primär auch (entsprechend § 39 Abs.2 Nr.1 AO) auf das wirtschaftliche Eigentum abstellt.[468] Es wird überwiegend angenommen, dass es unerheblich ist, ob der Veräußerer seine Anteile freiwillig aufgrund eines Rechtsgeschäfts abgibt oder ob ihm die Anteile durch hoheitlichen Eingriff oder in ähnlicher Weise entzogen werden.[469] Es besteht also auch im Hinblick auf § 17 Abs.1 EStG für Minderheitsaktionäre Beratungsbedarf.

b) Erstattungsfähigkeit

Der Hauptaktionär muss dann die Kosten, die den Minderheitsaktionären bei Beauftragung von steuerlichen Beratern entstehen, übernehmen, wenn entweder bereits die §§ 327a ff. AktG eine solche Übernahmepflicht vorsehen oder dies verfassungsrechtlich durch Art. 14 Abs.1 GG garantiert wird.

Aus dem Wortlaut der §§ 327a Abs.1 S.1, 327b Abs.1 S.1 AktG lässt sich nicht ableiten, dass die Folgeaufwendungen für steuerliche Berater in die angemessene Abfindung mit einzubeziehen sind. In der Regierungsbegründung zum Squeeze-out finden sich auch keine Ausführungen zur Erstattungsfähigkeit von steuerlichen Nachteilen.[470] Die Formulierung der Bundesregierung, dass die

[466] Vgl. hierzu Teil 2, F. IV. 1. b) aa).
[467] BFH IV R 15/76 vom 17.07.1980; BStBl. II 1981, 11; Ebling in Blümich, EStG-Kommentar, § 17, Rn. 130.
[468] Eilers/R. Schmidt in Herrmann/Heuer/Raupach, EStG-Kommentar, § 17, Rn. 70.
[469] BFH I R 43/67 vom 10.02.1969; BStBl. II 1970, 310; Ebling in Blümich, EStG-Kommentar, § 17, Rn. 140.
[470] BT-Drucks. 14/7034, S. 72.

Vermögensrechte bei der Bemessung der Barabfindung zu berücksichtigen seien, ist dabei auch nicht eindeutig. Es könnte zwar daraus geschlossen werden, dass einem Minderheitsaktionär alle Folgeaufwendungen, die im Zusammenhang mit einem Squeeze-out-Beschluss stehen, vom Hauptaktionär ersetzt werden müssen. Danach hätte ein Minderheitsaktionär auch einen Ersatzanspruch auf alle ihm entstehenden Kosten wegen steuerlicher Beratung. Es müssen allerdings dann Zweifel an einer solchen Auslegung des gesetzgeberischen Willens aufkommen, wenn man berücksichtigt, dass sich der Gesetzgeber ausdrücklich auf die Einhaltung der vom BVerfG aufgestellten Grundsätze zu den §§ 304, 305 AktG[471] stützte und lediglich diesen gerecht werden wollte. Von der DAT/Altana-Entscheidung des Bundesverfassungsgerichtes, nach der Ersatz für das in der Aktie verkörperte Anteilseigentum geleistet werden muss[472], lassen sich dabei jedoch keine eindeutigen Rückschlüsse auf die Erstattungsfähigkeit von Kosten wegen Hinzuziehung steuerlicher Berater ziehen.

Allerdings spricht die telelogische Betrachtungsweise für die Erstattungsfähigkeit von Aufwendungen bei Inanspruchnahme steuerlicher Beratung. So muss berücksichtigt werden, dass ein Minderheitsaktionär gezwungen ist, im Rahmen eines Squeeze-out-Verfahrens seine Anteile zu veräußern. Da ein Minderheitsaktionär in der Regel nicht die erforderlichen steuerlichen Kenntnisse besitzt, muss ihm dann die Möglichkeit der Hinzuziehung eines steuerlichen Beraters zur Vermeidung steuerlicher Nachteile eingeräumt werden. Anderenfalls würde sich ein Minderheitsaktionär dem Risiko aussetzen, dass ihm durch die Wahl einer fehlerhaften steuerlichen Gestaltungsvariante eigentumsrechtliche Nachteile entstehen. Sofern ein Minderheitsaktionär, der zur Vermeidung steuerlicher Nachteile einen Steuerberater beauftragt, keinen Ersatz für die dadurch entstehenden Kosten erhalten würde, würde diesem im Ergebnis nicht voller Ersatz für den Verlust seiner Anteile geleistet werden.

Danach muss ein Minderheitsaktionär dem Grunde nach ein Recht haben, sich die Kosten, die ihm bei Beauftragung eines steuerlichen Beraters entstehen, vom Hauptaktionär erstatten zu lassen.

c) Umfang der Kostenübernahme

Es fragt sich, in welchem Umfang ein Minderheitsaktionär professionelle steuerliche Beratung in Anspruch nehmen darf, die der Hauptaktionär zu ersetzen hat. Die Kosten sollten dabei nicht zu umfänglich sein und über eine Erstberatung nicht hinausgehen, da grundsätzlich steuerliche Nachteile nicht eine spezifische Problematik des Squeeze-outs darstellen.

---

[471] BVerfGE 100, 289 ff., 304 f. („DAT/Altana").
[472] BVerfGE 100, 289 ff., 301 („DAT/Altana").

Der Minderheitsaktionär wird vielfach ohnehin steuerlich beraten, so dass im Rahmen dieser Beratung die steuerlichen Auswirkungen nach einem Squeeze-out-Beschluss überprüft werden können. Grundsätzlich sollten also lediglich die für eine Erstberatung entstehenden Kosten in Ansatz gebracht werden. Nur in begründeten Ausnahmefällen kann es Art. 14 Abs.1 GG gebieten, einem Minderheitsaktionär einen zusätzlichen Betrag für die steuerliche Beratung in Squeeze-out-Fällen zuzugestehen. Die Geltendmachung eines solchen zusätzlichen Betrages ist dabei nur dann gerechtfertigt, wenn der Squeeze-out für einen Minderheitsaktionär von steuerlicher Relevanz ist.

3. Beratung durch einen Wirtschaftsprüfer

Die Ermittlung des Unternehmenswertes durch Wirtschaftsprüfer ist gerade beim Squeeze-out von herausragender Relevanz, weil der Börsenkurs wegen der besonderen Situation im Ausschlussverfahren nur in eingeschränkter Weise herangezogen werden kann.[473] Dies wird deshalb angenommen, weil wegen des geringen Streubesitzes eine Marktenge entsteht, die Zweifel an einem marktgerechten, weil nicht repräsentativen Börsenkurs aufkommen lassen.[474] Da es gerade bei der Unternehmensbewertung im Zuge eines Squeeze-outs sehr stark auf das jeweilige Bewertungsverfahren ankommt, hat der Minderheitsaktionär ein Interesse, dass ein Wirtschaftsprüfer die Richtigkeit der Unternehmensbewertung überprüft.

Die Heranziehung eines von den Minderheitsaktionären beauftragten Wirtschaftsprüfers ist jedoch nicht zwingend erforderlich, weil gemäß § 327b Abs.2 S.2 AktG bereits durch einen oder mehrere sachverständige Prüfer der Unternehmenswert ermittelt wird. Gemäß § 327 Abs.2 S.3 AktG werden diese Prüfer vom Gericht, also einem unabhängigen Organ der Rechtspflege, ausgewählt. Es ist deshalb nicht gerechtfertigt, wenn zusätzlich jeder einzelne Minderheitsaktionär oder auch eine Gruppe von Minderheitsaktionären auf Kosten des Hauptaktionärs einen Wirtschaftsprüfer beauftragen dürfen. Dies würde auch zu einer unverhältnismäßig hohen finanziellen Belastung des Hauptaktionärs führen.

---

[473] KK-Hasselbach, WpÜG-Kommentar, AktG, § 327b, Rn. 18; Mattes/Graf von Maldeghem, BKR 2003, 531 ff., 537.

[474] Krieger, BB 2002, 53 ff., 56; Gesmann-Nuissl, WM 2002, 1205 ff., 1207; Vetter, AG 2002, 176 ff., 188; Steinmeyer/Häger, WpÜG-Kommentar, AktG, § 327b, Rn. 5; Wilts/ Schaldt/ Nottmeier, FB 2002, 621 ff., 622.

IV. Zwischenergebnis

Ein Minderheitsaktionär ist bei Durchführung eines Squeeze-outs auf steuerliche Beratung angewiesen. Da sich allerdings in vielen Fällen die für einen Minderheitsaktionär relevanten steuerlichen Auswirkungen eines Squeeze-outs klären lassen, kann dieser nur die Erstattung von Erstberatungskosten verlangen.

Aus den §§ 327a ff. AktG ergibt sich hingegen nicht, dass der Hauptaktionär die Kosten für eine rechtliche Beratung zu tragen hat, wenn sich der Squeeze-out als rechtmäßig und die angebotene Abfindungshöhe als angemessen erweisen. In diesem Fall trägt der Minderheitsaktionär das Kostenrisiko für die Beauftragung, obgleich er grundsätzlich selbst nicht in der Lage ist, die Rechtmäßigkeit des Squeeze-out-Verfahrens zu überprüfen. Allerdings stellen die §§ 327a ff. AktG in ausreichendem Maße Schutzinstrumente zur Verfügung, so dass ein zusätzlicher Ausgleich für die Kosten, die bei Beauftragung von Rechtsbeiständen bestehen, verfassungsrechtlich nicht geboten ist. Ein Minderheitsaktionär kann nur dann die Erstattung von Rechtsberatungskosten verlangen, wenn die Abfindungshöhe zu niedrig bemessen oder das Squeeze-out-Verfahren in rechtswidriger Weise durchgeführt worden ist.

Einen Anspruch auf Hinzuziehung eines Wirtschaftsprüfers hat ein Minderheitsaktionär nicht.

H. Trennungs- bzw. Synergieeffekte

Bei gesellschaftsrechtlichen Ersatzansprüchen eigener Art, wie gemäß § 327b Abs.1 AktG, darf der Hauptaktionär seine Stellung nicht einseitig dazu ausnutzen, Vorteile aus einer gesellschaftsrechtlichen Maßnahme zu ziehen. Dies gilt deshalb, weil zwischen Gesellschaftern ein besonderes Treueverhältnis besteht.

Das dem Hauptaktionär auferlegte und sich aus der Treupflicht ergebende Verbot, einseitig aus der Gesellschaft Nutzen zu ziehen, lässt sich anhand einer argumentum a maiore ad minus-Argumentation verdeutlichen. So dürfte selbst ein Hauptaktionär, der nicht auf seine Mitgesellschafter Rücksicht nehmen muss, nicht einseitig Vorteile aus der Gesellschaft ziehen und seine Mitgesellschafter zum Verkauf ihrer Anteile zwingen. Der Hauptaktionär als Käufer könnte in einer freien Preisverhandlung grundsätzlich nicht einseitig für ihn günstige Vertragsbedingungen aushandeln. Der veräußernde Minderheitsaktionär würde nämlich in einer Kaufverhandlungssituation versuchen, sich die noch im Einzelnen zu beschreibenden Synergieeffekte, die der erwerbende Hauptaktionär realisieren kann, entgelten zu lassen.[475] Der veräußernde Kleinaktionär würde einen erhöhten Kaufpreis unabhängig davon verlangen, ob er selbst Synergiegewinne erzielen kann. Inwieweit ein Minderheitsaktionär als Verkäufer seine Preisvorstellungen tatsächlich durchsetzen könnte, ist dann eine Frage der jeweiligen Verhandlungsstärke der Kontrahenten.[476] Da bereits ein Käufer, der den Verkäufern nicht zur Treue verpflichtet ist, einen erhöhten Kaufpreis in Anbetracht erzielbarer Synergievorteile zu zahlen hat, müsste erst recht der Hauptaktionär den ausgeschlossenen Minderheitsaktionären im Rahmen eines Squeeze-out-Verfahrens zumindest anteilig Synergievorteile ausgleichen.

Die Besonderheit beim Squeeze-out liegt aber darin, dass das Gesetz mit §§ 327a ff. AktG keine freie Preisermittlung vorsieht. Der Hauptaktionär veranlasst vielmehr die Gesellschaft, ein Squeeze-out-Verfahren durchzuführen, und bewirkt durch seine maßgebliche Beteiligung in der Hauptversammlung, dass dieses Verfahren erfolgreich durchgeführt wird.

I. Inhalt der sog. Trennungseffekte

Trennungseffekte, die einen Unterfall der Synergieeffekte bilden, führen zu Einsparungen an Kosten, die durch das Ausscheiden des letzten Minderheitsaktio-

---

[475] Angermayer/ Oser in Peemöller, Praxishandbuch der Unternehmensbewertung, Rn. 1834.
[476] Vgl. auch Busse von Colbe, ZGR 1994, 595 ff., 603 .

närs aus der Gesellschaft entstehen.[477] Kosteneinsparungen sind möglich, weil nach Durchführung eines Squeeze-outs die Gesellschaft in geringerem Maße Aufwendungen, insbesondere bei der Durchführung von Hauptversammlungen und bei Umwandlungen, tragen muss und weil von Minderheitsaktionären angestrengte und für die Gesellschaft kostenträchtige Anfechtungs- und Nichtigkeitsklagen gemäß §§ 241 ff. AktG nicht mehr drohen können.[478]

1. Vergleich mit den Verbundseffekten

Um den Begriff der Trennungseffekte zu präzisieren, ist es hilfreich, die bei Unternehmenszusammenschlüssen entstehenden Verbundseffekte anzusprechen. Dies gilt deshalb, weil die Wirkung der Verbundseffekte ähnlich wie die der Trennungseffekte ist und weil in Bezug auf diese Verbundseffekte auf eine umfangreiche Auseinandersetzung in der Literatur[479] und in der Rechtsprechung[480] zurückgegriffen werden kann. Unter Verbundseffekten, die ebenfalls einen Fall der Synergieeffekte darstellen, versteht man die Veränderung der finanziellen Überschüsse, die durch den wirtschaftlichen Verbund (Kooperation) zweier oder mehrerer Unternehmen entstehen und die von der Summe der isoliert entstehenden Überschüsse abweichen.[481] Im Übernahmerecht gelten diese Verbundseffekte als treibender „Motor von Unternehmenszusammenschlüssen".[482] Typischerweise treten solche Verbundseffekte auch bei Gewinnabführungs- und/oder Beherrschungsverträgen (vgl. §§ 304, 305 AktG) sowie bei Eingliederungen (§ 320b AktG) auf.

Die Verbundseffekte werden in zwei Gruppen eingeteilt, nämlich die echten und die unechten Verbunds- bzw. Synergieeffekte.[483] Echte Synergieeffekte werden angenommen, wenn ausschließlich durch Kooperation bestimmter Unternehmen aufgrund spezifischer Eigenschaften (z.B. Know how-Transfer, Ergänzung der jeweiligen Produktportfolios) Gewinne realisierbar sind.[484] Als echte Synergieeffekte müssen – übertragen auf den Squeeze-out – auch Einsparungen eingestuft werden, die aufgrund einer 100%igen Beteiligung an einer anderen Gesellschaft entstehen (vereinfachte Durchführung von Hauptversammlungen und Umwandlungen), da diese nur der Hauptaktionär realisieren kann. Die echten

---

477 Gampenrieder, WPg 2003, 481 ff., 483.

478 Wenger/Kaserer/Hecker, ZBB 2001, 317 ff., 322; Moser/Prüher, FB 2002, 361 ff., 361.

479 Vgl. Agermayer/ Oser in Peemöller, Praxishandbuch der Unternehmensbewertung, Rn. 1801 ff.; von Colbe, ZGR 1994, 602 ff.

480 OLG Düsseldorf, WM 1984, 732 ff., 734/735.

481 WP-Handbuch, Band II, Teil A, Rn. 112.

482 Agermayer/ Oser in Peemöller, Praxishandbuch der Unternehmensbewertung, Rn. 1801.

483 IDW-Grundsätze zur Durchführung von Unternehmensbewertungen, WPg 2000, Ziffer 4.4.3.2. (825 ff., 831).

484 WP-Handbuch, Band II, Teil A, Rn. 112.

Synergieeffekte beruhen auf subjektiven Interessen des speziellen Kaufinteressenten und setzen nicht voraus, dass das bisherige Konzept des Unternehmens fortgeführt wird.[485] Überwiegend wird in Bezug auf echte Synergievorteile in der Literatur[486] und in der Rechtsprechung[487] vertreten, dass diese Vorteile nicht bei der Bemessung der Barabfindung bzw. der Ausgleichszahlungen zu berücksichtigen seien. In Hinblick auf Unternehmensverträge wird die Ablehnung der Einbeziehung von Synergieeffekten vor allem damit begründet, dass dem Anspruch auf volle Entschädigung lediglich inhärent ist, dass der Minderheitsaktionär so gestellt ist, wie er stünde, wenn er vorzeitig aus der Gesellschaft ausgeschieden wäre. Er habe hingegen keinen Anspruch auf Vorteile, die ohne Unternehmensvertrag nicht entstanden wären („stand-alone-Prinzip").[488]

Darüber hinaus wird bei der Ablehnung der Einbeziehung von Verbundseffekten häufig vorgetragen, dass Synergieeffekte nicht bzw. nur unzureichend berechenbar sind;[489] diese praktischen Schwierigkeiten werden in diesem Zusammenhang dann auch als unüberwindbar bezeichnet.[490] Falls Minderheitsaktionäre mit Aktien abgefunden werden, wird darauf verwiesen, dass sie durch ihre neuerliche Beteiligung an einem Unternehmen ohnehin mittelbar von Synergieeffekten profitieren.[491] Teilweise wird dieser Rechtsgedanke auch herangezogen, wenn Minderheitsaktionäre in bar abgefunden werden; es wird argumentiert, dass der in bar abgefundene Minderheitsaktionär die Möglichkeit habe, die Barabfindung zum Erwerb von Aktien des herrschenden Unternehmens zu verwenden.[492]

Von echten Synergieeffekten sind die unechten Synergieeffekte zu unterscheiden. Unechte Synergieeffekte zeichnen sich dadurch aus, dass sie entweder bereits realisiert sind oder dass sie ohne Berücksichtigung der Auswirkungen des Bewertungsanlasses durch Kooperation des zu bewertenden Unternehmens mit einer nahezu beliebigen Vielzahl von Partnern realisiert werden können (z.B.

---

485 WP-Handbuch, Band II, Teil A, Rn. 112; Wilts/Schaldt/Nottmeier, FB 2002, 621 ff., 627.

486 Strittig; so Hüffer, AktG-Kommentar, § 305, Rn. 22; Seetzen, WM 1994, 45 ff., 49; Angermayer/ Oser in Peemöller, Praxishandbuch der Unternehmensbewertung, Rn. 1818; allerdings von folgenden Verfassern bestritten: Krieger in Münchener Handbuch des Gesellschaftsrechts, AG, § 70, Rn. 107; Großfeld, Unternehmens- und Anteilsbewertung, S. 123 ff.; Drukarczyk, AG 1973, 357 ff., 360 f.; Gansweid, AG 1977, 334 ff., 338 f.

487 BGH, NJW 1998, 1866 ff., 1867; OLG Stuttgart, AG 2000 („Schwaben Zell/Hannover Papier"), 428 ff, 429; BayObLG, AG 1996, 127 ff, 128 („Paulaner"), OLG Hamburg, AG 1980, 163 ff, 165; OLG Celle, DB 1979, 1031; OLG Düsseldorf, AG 1964, 246; OLG Düsseldorf, WM 1988, 1052 ff., 1056.

488 BayObLG, AG 1996, 127 ff., 128; Mertens, AG 1992, 321 ff.

489 OLG Stuttgart, AG 2000, 428 ff., 429.

490 LG Dortmund, AG 1981, 236 ff., 239.

491 Dirrigl, DB 1990, 185 ff, 189 f.

492 WP-Handbuch, Band II, Teil A, Rn. 113.

durch Ausnutzung von Größeneffekten, verbessertes Cash-Management, Kostenreduktion durch wechselseitige Nutzung bzw. Zusammenlegung des Rechnungswesens, steuerliche Verlustvorträge, o.ä.).[493] Bei unechten Synergieeffekten kommt es auf den Einzelfall an, ob diese bei einer Unternehmensbewertung werterhöhend zu berücksichtigen sind. Als ein Kriterium wird dabei herangezogen, ob die zur Optimierung des Unternehmenserfolgs erforderlichen synergiestiftenden Maßnahmen bereits vor dem Stichtag eingeleitet worden sind oder nicht.[494] Die so vorgenommene Abgrenzung hinsichtlich der Einstellbarkeit von unechten Synergieeffekten in die Bewertung beruht auf dem allgemeinen betriebswirtschaftlichen Grundsatz, dass für die Wertermittlung relevante Umstände in die Bewertung mit einbezogen werden müssen, wenn deren Wurzeln in der Zeit vor dem Bewertungsstichtag gelegt worden sind (sog. Wurzeltheorie).[495]

Auch wenn der BGH in einem Beschluss vom 12. März 2001[496] in uneingeschränkter Weise die Auffassung vertreten hat, dass „unechte Verbundsvorteile ohnehin nach allgemeiner Meinung in den Ertragswert der abhängigen AG" einfließen, bezieht sich diese Ansicht nur auf bereits eingeleitete synergiestiftende Maßnahmen. Diese Auffassung konnte deshalb nicht überraschen, weil sich der BGH dabei an die in den IDW Standards[497] aufgestellten Grundsätze anlehnt. Mit Ziffer 4.4.2.2. (42) S. 2 dieses IDW Standards S1 findet sich zwar die generelle Aussage, dass im Rahmen der Ermittlung des objektiven Unternehmenswertes die Überschüsse aus unechten Synergieeffekten zu berücksichtigen seien. In einem zweiten Halbsatz des Satzes 2 wird die Einschränkung vorgenommen, dass dies nur insoweit gelte, als die synergiestiftenden Maßnahmen bereits eingeleitet worden sind.

2. Eigenständigkeit von Trennungseffekten

Im Gegensatz zu Fällen der §§ 304, 305 AktG oder von Unternehmensübernahmen geht es in Konstellationen des Squeeze-outs nicht darum, dass durch ein engeres Zusammenwirken zweier Unternehmen Vorteile entstehen, sondern darum, dass nach dessen Durchführung nur noch eine Person Anteile an der Gesellschaft hält. Dennoch liegt die Problematik beim Squeeze-out wie auch bei Abschlüssen von Gewinnabführungs- und/oder Beherrschungsverträgen sowie bei Unternehmensübernahmen insoweit ähnlich, als bei diesen Rechtsinstituten den Mehrheitsaktionären bzw. Bietern durch die Entrechtung bzw. den vollständigen

[493] WP-Handbuch, Band II, Teil A, Rn. 112.
[494] OLG Düsseldorf, WM 1988, 1052 ff., 1055; vgl. auch IDW-Grundsätze zur Durchführung von Unternehmensbewertungen, WPg 2000, 825 ff., 830 (Ziff. 4.4.2.2.).
[495] WP-Handbuch, Band II, Teil A, Rn. 83.
[496] BGH, WM 2001, 857 ff., 860.
[497] Vgl. IDW-Standard: Grundsätze zur Durchführung von Unternehmensbewertungen (IDW S1) mit Stand vom 28.06.2000, WPg 2000, 825 ff.

Ausschluss der Minderheitsaktionäre Vorteile entstehen. Deshalb ist es auch nicht verwunderlich, dass teilweise der beim Squeeze-out entstehende Trennungseffekt systematisch als eine spezielle Form eines Verbundseffektes eingestuft wird.[498]

II. Ausgleich für Trennungseffekte

1. Auslegung des § 327b Abs.1 AktG

Unter Einbeziehung des Wortlauts, der Historie, der systematischen Stellung und des Sinn und Zwecks des § 327b Abs.1 AktG muss untersucht werden, ob diese Norm bereits zugunsten der Minderheitsaktionäre einen Ausgleichsanspruch für die nach deren Ausschluss in der Gesellschaft zu erzielenden Vorteile wegen Trennungseffekten enthält. Hierbei dürfen auch die durch den IDW-Standard S1 aufgestellten Grundsätze nicht unberücksichtigt bleiben. Soweit hiernach in ständiger Übung bereits vor Einführung der Squeeze-out-Vorschriften ein Ausgleich für Trennungseffekte stattgefunden hätte, spricht zumindest die geübte Praxis für eine Einbeziehung des Ausgleichs. Auch wenn der IDW-Standard nur Standesrecht für Wirtschaftsprüfer darstellt, ist es anerkannt, dass der IDW-Standard von grundlegender Bedeutung für die Arbeit der Wirtschaftsprüfer ist.[499] Außerdem hat eine Prüfung im Lichte des Eigentumsgrundrechts (Art. 14 Abs.1 GG) zu erfolgen.

a) Wortlaut des § 327b Abs.1 AktG

Der Wortlaut des § 327b Abs.1 S.1 Hs.2 AktG lässt nicht erkennen, dass der Hauptaktionär bei Festlegung der Barabfindungshöhe die für die Zeit nach Ausschluss erzielbaren Synergiegewinne werterhöhend in Ansatz bringen muss. Der Hauptaktionär hat bei Festlegung der Barabfindung die Verhältnisse der Gesellschaft zum Zeitpunkt der Beschlussfassung ihrer Hauptversammlung zu berücksichtigen. Zu diesem Zeitpunkt gibt es allerdings noch Minderheitsaktionäre; diese scheiden erst mit Eintragung des Übertragungsbeschlusses im Handelsregister nach § 327e Abs.2 S.1 AktG aus.

Aus dem Wortlaut des § 327b Abs.1 S.1 Hs.2 AktG ergibt sich eher nicht, dass zum Zeitpunkt der Fassung des Übertragungsbeschlusses „die Verhältnisse der Gesellschaft" bereits in der Weise liegen, dass ein Minderheitenausschluss bereits durchgeführt worden ist und mithin keine Minderheitsaktionäre mehr vorhanden sind. Eine solche Wortlautauslegung liegt nicht nahe, da es dem Gesetzgeber ohne weiteres möglich gewesen wäre, eine Klarstellung im Rahmen der

---

[498] Gampenrieder, WPg 2003, 481 ff., 483.
[499] WP-Handbuch, Band 2, A., Rn. 1.

§§ 327a ff. AktG einzufügen. Dies hat er allerdings nicht getan, so dass der Wortlaut „Zeitpunkt der Beschlussfassung“ in § 327b Abs.1 S.1 Hs.2 AktG dafür spricht, dass bei der Bewertung der Gesellschaft von einer Gesellschafterstruktur mit einem Mehrheits- und einigen Minderheitsaktionären auszugehen ist. Zum Bewertungszeitpunkt können bei dieser Gesellschafterstruktur noch keine Trennungs- bzw. Synergievorteile entstanden sein.

b) Historische Auslegung des § 327b Abs.1 AktG

Auch die historische Auslegung spricht eher dagegen, dass bei der Bemessung der Barabfindung Vorteile aus Synergieeffekten zugunsten der Minderheitsaktionäre in die Unternehmensbewertung einzustellen sind. In der Regierungsbegründung wurde zwar ausdrücklich der Hinweis gegeben, dass bei Festlegung der Barabfindung sowohl die mitgliedschaftlichen Herrschaftsrechte als auch die Vermögensrechte des Minderheitsaktionärs zu berücksichtigen seien; dennoch fehlt es in der Regierungsbegründung an einem zusätzlichen Hinweis, dass hierunter auch Einsparungen der Gesellschaft, die diese auf Grund von Trennungseffekten erzielt, fallen.[500] Die Bundesregierung sah zwar bei Einführung der Squeeze-out-Vorschriften davon ab, aufzuzeigen, ob Gewinne der Gesellschaft, die aufgrund von Trennungseffekten entstehen, auch als Vermögensrechte des ausgeschlossenen Gesellschafters anzusehen sind. Dennoch ist zu konstatieren, dass die Bundesregierung den § 327b Abs.1 AktG zu einem Zeitpunkt eingeführt hat, zu dem es bereits eine Vielzahl von höchstrichterlichen Entscheidungen zu der Frage gab, ob die aufgrund von Verbundseffekten erzielten Vorteile ausgleichsfähig sind.[501] Diese Entscheidungen bezogen sich vornehmlich auf den Abschluss von Beherrschungs- und Gewinnabführungsverträgen und deren Ausgleichs- und Abfindungsbestimmungen nach §§ 304, 305 AktG. Diese Entscheidungen zeigten auf, dass nur solche der Gesellschaft zugute kommenden Vorteile bei der Bestimmung der Ausgleichs- und der Abfindungshöhe berücksichtigt werden müssen, die sich auch ohne Abschluss eines Beherrschungs- oder Gewinnabführungsvertrages ergeben würden.[502] Wie oben bereits dargestellt, hielt ein Großteil der Autoren in der Literatur diese Auslegung der Rechtsprechung zu §§ 304, 305 AktG für zutreffend.[503] Sofern also der Gesetzgeber der Squeeze-out-Vorschriften die Vorteile, die aufgrund von Trennungseffekten

---

[500] BT-Drucks. 14/7034, S. 72.

[501] BGH, NJW 1998, 1866 ff., 1867; OLG Stuttgart, AG 2000, 428 ff., 429 („Schwaben Zell/Hannover Papier“); BayObLG, AG 1996, 127 ff., 128 („Paulaner“); OLG Hamburg, AG 1980, 163 ff., 165; OLG Celle, DB 1979, 1031; OLG Düsseldorf, AG 1964, 246; OLG Düsseldorf, WM 1988, 1052 ff., 1056.

[502] OLG Stuttgart, AG 2000, 428 ff., 429.

[503] Hüffer, AktG-Kommentar, § 305, Rn. 22; Seetzen, WM 1994, 45 ff., 49; Angermayer/ Oser in Peemöller, Praxishandbuch der Unternehmensbewertung, Rn. 1818; Bellinger/Vahl, Unternehmensbewertung in der Theorie und Praxis, S. 402/403 (Ziff. 3.4).

entstehen, den Minderheitsaktionären zumindest teilweise hätte zukommen lassen wollen, so hätte er dies in der Gesetzesbegründung klarstellen können.

aa) Einbeziehung des Eigentumsgrundrechtsschutzes
Es ist zu erwägen, ob der Gesetzgeber bewusst von einer Regelung zugunsten der Minderheitsaktionäre über den Ausgleich für Gewinne wegen Trennungseffekten absah und dennoch diese Vorteile für ausgleichspflichtig hielt. Dies ist dann denkbar, wenn es der Gesetzgeber wegen der qualitativen Unterschiede zwischen Trennungs- und Verbundseffekten für entbehrlich ansah, ausdrücklich die Ausgleichspflichtigkeit dieser vermögensrechtlichen Position zu regeln. Zu diesem Ergebnis könnte man dann gelangen, wenn stärker auf das Eigentumsrecht gemäß Art. 14 Abs.1 GG abgestellt werden würde. Die Bundesregierung hat bei Erörterung des Art. 14 Abs.1 GG in Hinblick auf den Squeeze-out die verfassungsrechtliche Rechtsprechung[504] zitiert und unter Bezugnahme auf diese darauf abgestellt, dass dem Minderheitsaktionär lediglich eine volle wirtschaftliche Entschädigung für den Verlust seiner Rechtsposition gewährt werden muss.[505] Dabei gestand die Bundesregierung dem Eigentumsgrundrecht im Zusammenhang mit den §§ 327a ff. AktG keine über diese Vorgaben des BVerfG hinausgehende Schutzfunktion zu, so dass es aus historischer Sicht nicht gewollt war, den Minderheitsaktionären auch die Vorteile wegen echter Synergieeffekte zuzugestehen.

bb) Berücksichtigung des IDW-Standards S1
Auch bei Berücksichtigung des IDW-Standards ist es abzulehnen, dass der Gesetzgeber bei Abfassung des § 327b Abs.1 AktG den Minderheitsaktionären die künftigen Einsparungen wegen der Trennungseffekte zugute kommen lassen wollte und entsprechend eine Erhöhung der Abfindung für erforderlich hielt. Für die Berücksichtigungsfähigkeit sprechen weder die Ziffer 4.4.2.2. noch die Ziffer 4.4.3.2. des IDW-Standards S1.

Die Ziffer 4.4.3.2. (57) des IDW-Standards S1 sieht für die Ermittlung der subjektiven Entscheidungswerte des Verkäufers eine Einbeziehung von Vorteilen wegen unechter Trennungseffekte vor.

In Fällen des Squeeze-outs entstehen allerdings grundsätzlich keine unechten Trennungseffekte, da die Vorteile anders als nach der Definition gemäß Ziffer 4.4.2.2. (43) IDW-Standard S1 nicht ohne Durchführung eines Squeeze-out-Verfahrens eintreten würden und auch nicht mit einer nahezu beliebigen Anzahl

[504] BVerfGE 100, 289 ff., 305/306; BVerfG, ZIP 2000, 1670 ff., 1672; BVerfGE 14, 263 ff., 281/282.
[505] BT-Drucks. 14/7034, S. 32.

von Partnern erzielbar wären. Dieses zweite Tatbestandsmerkmal „beliebige Vielzahl von Partnern erzielbar" passt nicht für Fälle, in denen es um einen Ausgleich für Gewinne wegen der Trennungseffekte geht. Es geht nämlich beim Squeeze-out nicht um einen Zusammenschluss von verschiedenen Partnern, sondern darum, dass einige bestimmte „Partner", die Minderheitsaktionäre nämlich, aus der Gesellschaft gedrängt werden.

Die Ziffer 4.4.3.2. (57) IDW-Standard S1 ist ebenfalls nicht anwendbar. Die Anwendbarkeit dieser Ziffer ist nur für Fälle vorgesehen, in denen ein subjektiver Entscheidungswert des Verkäufers oder der bisherigen Unternehmenseigner ermittelt werden soll. Der Beschluss des II. Zivilsenates des BGH vom 12.03.2001, der vor Einführung der Regelungen nach §§ 327a ff. AktG ergangen ist, zeigt, dass der BGH zumindest in Hinblick auf die Abfindungs- und Ausgleichsbestimmungen nach §§ 304, 305 AktG von einem objektiven Entscheidungswert ausgegangen ist. Auch wenn der BGH dies in dieser Entscheidung nicht betont, zeigt dies der Verweis auf Ziffer 4.4.2.2. IDW-Standard S1, der zur Ermittlung des objektivierten Unternehmenswertes dient. Auch wenn in der nach Verabschiedung zu § 327b AktG erstellten Literatur eine Bewertung nach subjektivem Maßstab zugunsten der Minderheitsaktionäre als nicht offensichtlich unzulässig angesehen worden ist[506], muss zumindest vorliegend nach historischer Auslegung auf den Kenntnisstand des Jahres 2001 zurückgegriffen werden. Dies hat zur Folge, dass der Gesetzgeber von der Ermittlung eines objektivierten Unternehmenswertes ausgehen musste. Aus diesem Grund kann sich ein Minderheitsaktionär nicht auf die Ziffer 4.4.3.2. (57) IDW-Standard S1 stützen.

Der historische Gesetzgeber konnte somit auch nicht bei Einbeziehung des unter Wirtschaftsprüfern allgemein anerkannten IDW-Standards S1 davon ausgehen, dass in die Unternehmensbewertungen beim Squeeze-out zugunsten der Minderheitsaktionäre Trennungseffekte berücksichtigt werden würden.

c) Systematische Auslegung des § 327b Abs.1 AktG

Bereits in der Vorschrift des § 327a Abs.1 S.1 AktG findet sich eine weit gefasste Regelung über die dem Minderheitsaktionär zu zahlende Abfindung; hiernach muss der Beschlussinhalt auch einen Passus über die Gewährung einer angemessenen Barabfindung enthalten. Diese angemessene Barabfindung wird im Zusammenhang mit § 327a Abs.1 AktG als Gegenleistung dafür angesehen, dass die Aktien der Minderheitsaktionäre an den Hauptaktionär übertragen werden. Nach dieser Sichtweise würde der Minderheitsaktionär nur einen Ausgleich für den Verlust seiner Minderheitsaktionärsstellung erhalten. § 327a Abs.1 AktG

[506] KK-Hasselbach, WpÜG-Kommentar, AktG, § 327b, Rn. 22.

lässt nämlich nicht erkennen, dass der Minderheitsaktionär von den Einsparungen der Gesellschaft, die durch sein Ausscheiden entstehen, profitieren sollte.

Bei Berücksichtigung der zu §§ 305 Abs.1, 320b Abs.1 AktG ergangenen Rechtsprechung liegt auch nach systematischer Auslegung der Schluss nahe, den Minderheitsaktionären keine werterhöhenden Positionen aufgrund von Synergieeffekten zu gewähren. Dies muss deshalb gelten, weil sich in diesen Vorschriften jeweils eine gleich lautende Formulierung für die Gegenleistung findet; sowohl in § 327a Abs.1 S.1 AktG als auch in den Vorschriften der § 305 Abs.1 AktG und § 320b Abs.1 S.1 AktG ist jeweils eine „angemessene Abfindung" vorgesehen. Danach scheint es, dass der Gesetzgeber bei den §§ 305 Abs.1, 320b Abs.1 AktG und den §§ 327a Abs.1 S.1, 327b Abs.1 AktG in Bezug auf die Abfindungshöhe die gleichen Wertungen zugrunde legte.

Es findet sich auch nicht allein in § 327b Abs.1 S.1, Hs.2 AktG eine Definition zur Bestimmung der Abfindungshöhe dahingehend, dass die Verhältnisse der Gesellschaft zum Zeitpunkt der Beschlussfassung ihrer Hauptversammlung bei der Ermittlung der Barabfindung zu berücksichtigen seien. In §§ 305 Abs.3, 320b Abs.1 S.5 AktG sind – entsprechend der jeweiligen Interessenlage – Regelungen vorgesehen, nach denen die Verhältnisse der Gesellschaft bei der Ermittlung der Angemessenheit Berücksichtigung finden müssen. Aus einer systematischen Gegenüberstellung der Vorschriften des § 327b Abs.1 AktG und der §§ 305 Abs.3 und 320b Abs.1 AktG kann mithin nicht entnommen werden, dass einem Minderheitsaktionär ein Ausgleich für Trennungseffekte gewährt werden muss.

d) Teleologische Auslegung

Nach teleologischer Auslegungsmethode ist nicht eindeutig ermittelbar, dass dem Minderheitsaktionär beim Squeeze-out die auf Trennungseffekte beruhenden Vorteile zugute kommen müssen. § 327b Abs.1 AktG bezweckt nämlich zunächst nur, dem Minderheitsaktionär als Abfindung eine volle Entschädigung zukommen zu lassen. Mit dieser Zielrichtung soll der höchstrichterlichen Rechtsprechung, vor allem der des Bundesverfassungsgerichtes[507], entsprochen werden. Hiernach könnte es über den Gesetzeszweck hinausgehen, wenn ein Minderheitsaktionär so gestellt werden müsste, wie er bei einem freihändigen Verkauf seiner Anteile stünde. § 327b Abs.1 AktG bezweckt allerdings auch nicht, dass der Hauptaktionär im Zuge der Durchführung des Squeeze-outs einseitig begünstigt wird.

---

[507] BVerfGE 100, 289 ff. („DAT/Altana").

Auch wenn ein Minderheitsaktionär nicht konkret benachteiligt wird, wenn er nicht an Synergiegewinnen partizipiert, die erst nach seinem Ausschluss entstehen, ist es dennoch in diesem Zusammenhang nicht einleuchtend, weshalb der Hauptaktionär alle und der Minderheitsaktionär, der ja in der Gesellschaft verbleiben möchte, keine Vorteile aus dem Squeeze-out ziehen sollte. Hieraus kann allerdings nicht unmittelbar gefolgert werden, dass § 327b Abs.1 AktG den Minderheitsaktionären zumindest teilweise die Vorteile, die auf Trennungseffekten beruhen, zusprechen wollte. Dafür hätten die Vorschriften der §§ 327a ff. AktG aufzeigen müssen, dass das stand-alone-Prinzip nicht gilt und Trennungseffekte zugunsten der Minderheitsaktionäre bei Festlegung der Abfindung Berücksichtigung finden müssen.

2. Verfassungsrechtliche Erwägungen

Gegen das nach den allgemeinen Auslegungsgrundsätzen gewonnene Ergebnis kommen allerdings dann Bedenken auf, wenn das Ergebnis auf Grundlage des verfassungsrechtlich garantierten Eigentumsgrundrechts gemäß Art. 14 GG überprüft wird. In Hinblick auf die besondere Ausgestaltung des Squeeze-outs ist nämlich zu erwägen, ob bei einer vollen wirtschaftlichen Entschädigung nicht auch Gewinne, die Vorteile aus Trennungseffekten darstellen, abfindungserhöhend berücksichtigt werden müssen. Eine verfassungsrechtliche Überprüfung ist notwendig, weil Fälle, in denen ein Beherrschungs- oder Gewinnabführungsvertrag oder eine Eingliederung zugrunde liegen, nicht mit Squeeze-out-Konstellationen vergleichbar sind. Anders als bei Beherrschungs- und Gewinnabführungsverträgen hat der Minderheitsaktionär nach §§ 327a ff. AktG nicht die Wahlmöglichkeit, ob er sich abfinden lässt oder in der Gesellschaft verbleibt. In Fällen der Eingliederung erhält der Minderheitsaktionär wenigstens Anteile an der eingliedernden Gesellschaft, die wiederum selbst von den Synergieeffekten einer Eingliederung profitiert. Es ist auch noch nicht verfassungsrechtlich geklärt, ob in Fällen einer sog. übertragenden Auflösung die Minderheitsaktionäre im Zuge des Liquidationsverfahrens einen Ausgleich dafür bekommen, dass bei der Gesellschaft, auf die das gesamte Vermögen der AG/KGaA übertragen worden ist, Synergievorteile entstehen. Ob eine solche Position in die Abfindungsbilanz einzustellen bzw. zumindest in dem verfassungsrechtlich gebotenen Überprüfungsverfahren zu berücksichtigen ist, wurde insbesondere auch nicht im Moto-Meter-Beschluss des Bundesverfassungsgerichtes geklärt.[508]

Das Eigentumsgrundrecht soll den Bestand an Vermögenswerten schützen. Sofern dieser Schutzzweck des Art. 14 Abs.1 GG vorangestellt wird, erscheint es zweifelhaft, ob die einseitige Verteilung von Synergiegewinnen zugunsten des

---

[508] BVerfG, NJW 2001, 279 ff., 281.

Hauptaktionärs abgemildert werden muss, indem auf das Eigentumsgrundrecht des Minderheitsaktionärs abgestellt wird. Ein Minderheitsaktionär erhält allerdings lediglich die Synergievorteile nicht, die erst nach Durchführung des Squeeze-outs entstehen. In diesen echten Synergievorteilen können zwar keine Hoffnungen und Chancen gesehen werden, die verfassungsrechtlich nicht geschützt sind[509]; ein verfassungsrechtlicher Schutz – und sei es auch gemäß Art. 12 GG (Berufsfreiheit) oder Art. 2 Abs.1 GG (Allgemeine Handlungsfreiheit)[510] – kann aber diesen Rechten nur zukommen, wenn ohne die Eingriffsmaßnahme auch dieser Gewinn entstanden wäre. Dies ist allerdings bei Synergieeffekten gerade nicht der Fall. Es entspricht somit einer vollen wirtschaftlichen Entschädigung[511], wenn der Ausscheidende nicht die Vorteile, die aufgrund echter Synergieeffekte entstehen, vergütet bekommt.

III. Eigene Auffassung

Auch wenn es verfassungsrechtlich nicht geboten ist, dass ein Minderheitsaktionär Vorteile aus echten Trennungseffekten zieht, ist es mit Gerechtigkeitserwägungen kaum in Einklang zu bringen, dass einerseits durch den Squeeze-out in schwerwiegender Weise in die Rechte eines Minderheitsaktionärs eingegriffen wird und andererseits der Hauptaktionär die aus dieser Transaktion hervorgehenden Vorteile allein ziehen darf. Insoweit darf die Rechtsprechung zu §§ 304, 305 AktG, die sich für die Nichtberücksichtigung von echten Synergieeffekten entscheidet, nicht herangezogen werden. Bei Abschluss von Beherrschungs- und Gewinnabführungsverträgen hat – anders als beim Squeeze-out – ein Minderheitsaktionär ein Wahlrecht, ob er gegen Abfindung aus der Gesellschaft ausscheidet oder in der Gesellschaft verbleibt.

Es besteht auch ein Bedürfnis (auch zur Verbesserung des Wirtschaftsstandortes[512]), dass ein Minderheitsaktionär von unechten und echten Trennungseffekten profitiert, wenn er schon zwangsweise ausgeschlossen wird. Insbesondere kann sich der Hauptaktionär nicht seinerseits auf das Grundrecht des Art. 14 GG stützen, da er nur im Maße seiner bisherigen Kapitalbeteiligung geschützt ist. Ein Anrecht auf den Erwerb weiterer Anteile sieht hingegen das Eigentumsgrundrecht nicht vor.

---

[509] Bryde in von Münch/Kunig, GG-Kommentar, Art. 14, Rn. 21.

[510] Vgl. hierzu Teil 2, E., II., 5.

[511] Begrifflichkeit des BVerfG: BVerfGE 100, 289 ff., 302/303 („DAT/ Altana").

[512] RegBegr., BT-Drucks. 14/7034, S. 32.

Die Auslegung des § 327b Abs.1 AktG hat allerdings ergeben, dass nur unechte Synergieeffekte bei der Bestimmung der Abfindungshöhe zu berücksichtigen sind. Allgemeine Gerechtigkeitserwägungen können nach derzeitiger Rechtslage nicht dazu führen, dass auch echte Synergievorteile dem Minderheitsaktionär zugute kommen müssen. Es ist somit nur de lege ferenda zu fordern, dass sich insoweit die Rechtslage beim Squeeze-out ändert.

IV. Zwischenergebnis

Gemäß § 327b Abs.1 AktG hat ein Minderheitsaktionär lediglich Anspruch auf Ausgleich wegen unechter Trennungsvorteile. Nach derzeitiger Fassung der §§ 327a ff. AktG steht einem Minderheitsaktionär hingegen kein Ausgleich wegen echter Trennungseffekte zu. Da Kosteneinsparungen, die nach Durchführung eines Squeeze-outs wegen eines geringeren Kostenanfalls bei Hauptversammlungen und bei Umwandlungen entstehen, als echte Trennungseffekte einzustufen sind, können diese Kosteneinsparungen nicht abfindungswerterhöhend in Ansatz gebracht werden. De lege ferenda ist es allerdings zu befürworten, dass Minderheitsaktionäre, die zwangsweise aus der Gesellschaft ausgeschlossen werden, auch an Vorteilen wegen echter Trennungseffekte teilhaben.

I. Berücksichtigung von Vorerwerbspreisen

I. Einleitung

Der Gesetzgeber der Squeeze-out-Vorschriften hat nicht ausdrücklich bestimmt, dass Vorerwerbspreise für die spätere Bestimmung einer angemessenen Abfindung von Relevanz sind. Das Fehlen einer solchen Bestimmung ist deshalb bemerkenswert, weil der Gesetzgeber bei Übernahme- und Pflichtangeboten nicht von derartigen Regelungen absah. Bei Übernahme- und Pflichtangeboten müssen nämlich gemäß §§ 31 Abs.1 WpÜG, 4 WpÜG-AV (ggf. in Verbindung mit § 39 WpÜG) bei Bemessung der angemessenen Gegenleistung sog. Vorerwerbspreise für Aktien der Zielgesellschaft berücksichtigt werden, die der Bieter, mit ihm gemeinsam handelnde Personen oder deren Tochterunternehmen angeboten haben.

In der Literatur wird es überwiegend für sachgerecht gehalten, dass es in Fällen eines Squeeze-outs keine gesetzliche Vorgabe gibt, wonach Vorerwerbspreise berücksichtigt werden müssen.[513] Es wird argumentiert, dass die gesetzlichen Regelungen zum Ausschlussverfahren nicht darauf gerichtet sind, allen verbliebenen Aktionären ein Ausscheiden aus der Gesellschaft zu im wesentlichen gleichen Konditionen zu ermöglichen.[514] Im Spruchverfahren könnten die Minderheitsaktionäre für den Verlust ihrer Beteiligung an der Gesellschaft einen ihren tatsächlichem Wert entsprechenden Ausgleich verlangen.[515]

Die Folgerichtigkeit der Differenzierung zwischen aktienrechtlichen Abfindungen und Gegenleistungen nach WpÜG muss allerdings bezweifelt werden. Es ist nicht ohne weiteres einleuchtend, weswegen nach dem Verfahren gemäß WpÜG der Gleichheitssatz Anwendung finden muss; dieser aber in Fällen eines Squeeze-outs, in denen die Durchführung eines Spruchverfahrens vorgesehen ist (§ 1 Nr.3 SpruchG), nicht gelten soll. Es ist nicht ersichtlich, dass die Möglichkeit einer Überprüfung im Spruchverfahren dazu führen sollte, den Minderheitsaktionären beim Squeeze-out eine niedrigere Abfindung als bei Übernahmen zuzugestehen. So wird teilweise in der Literatur ein erst-recht-Schluss gezogen, nach dem aus der Berücksichtigung von Vorerwerbsangeboten bei öffentlichen Übernahme- und Pflichtangeboten die Berücksichtigungsfähigkeit beim zwangsweisen Ausschluss aus einer Aktiengesellschaft „erst recht" folge.[516] Sofern diese Argumentation des erst-recht-Schlusses konsequent umgesetzt werden würde,

---

[513] KK-Hasselbach, WpÜG-Kommentar, AktG, § 327b, Rn. 24; Vetter, AG 2002, 176 ff., 188; Wilm, NZG 2000, 234 ff., 240; Angerer, BKR 2002, 260 ff., 263

[514] KK-Hasselbach, WpÜG-Kommentar, AktG, § 327b, Rn. 24.

[515] Fritzsche/Dreier/Verfürth, SpruchG-Kommentar, § 1, Rn. 190.

[516] Krieger, BB 2002, 53 ff., 57.

läge es für Fälle des Squeeze-outs nahe, § 4 WpÜG-AV bei der Auslegung des § 327b Abs.1 AktG einzubeziehen bzw. § 4 WpÜG-AV analog anzuwenden. Es könnte schließlich auch verfassungsrechtlich (Art. 14 Abs.1 GG) geboten sein, bei der Bestimmung der angemessenen Abfindung nach § 327b Abs.1 AktG Vorerwerbspreise zu berücksichtigen.

Die in der Literatur vertretene Ansicht[517], dass der Preis eines Aktienpakets, das dem Bieter im Zuge der Übernahme die Kontrolle über die Zielgesellschaft ermöglicht, im Einzelfall höher sein muss als der Wert einzelner Aktien aus dem Streubesitz, muss auch beim Squeeze-out beachtet werden. Beim Squeeze-out erwirbt der Hauptaktionär nicht nur einzelne, sondern sämtliche sich im Streubesitz befindende Aktien der Gesellschaft. Der Hauptaktionär erlangt im Ausschlussverfahren die entscheidenden Aktienanteile. Da er sämtliche Aktien erwirbt, die ihm zu seiner 100%igen Beteiligung an der Aktiengesellschaft fehlen, bilden diese Anteile zusammengefasst aus seiner Sicht faktisch ein Aktienpaket. Für den Hauptaktionär macht es keinen Unterschied, dass er nicht nur mit einem Minderheitsaktionär, der ein Aktienpaket hält, sondern mit unterschiedlichen Minderheitsaktionären „kontrahiert", die zusammen die für eine 100%ige Beteiligung fehlenden Aktien halten. Die Argumentation, dass ein Aktienpaket mehr wert sein kann als die identische Anzahl von im Streubesitz gehaltenen Aktien, führt dazu, dass sich der Hauptaktionär beim Squeeze-out wie ein Erwerber eines Aktienpaketes behandeln lassen muss.

Ohne Berücksichtigung von Vorerwerbspreisen bei Bemessung der Abfindung hat der Hauptaktionär überdies die Möglichkeit, eine Mischkalkulation vorzunehmen, wobei er höhere Preise bis zur Erreichung einer 95%igen Beteiligung bezahlt. Sofern hingegen der Hauptaktionär beim Squeeze-out Abfindungen in Höhe der Vorerwerbspreise zahlen müsste, wäre eine solche Mischkalkulation nicht möglich.

Es kann auch nicht argumentiert werden, dass im Vorfeld zu einem Squeeze-out jeder Minderheitsaktionär die Möglichkeit hat, seine Anteile an den Hauptaktionär zu ggf. höher liegenden Vorerwerbspreisen – als die im Rahmen des Squeeze-outs gewährten Abfindungen – an den Hauptaktionär zu verkaufen. Der Hauptaktionär benötigt zum Erreichen seiner 95%igen Beteiligung nämlich vielfach nur noch eine geringe Anzahl von Aktien und er wird deshalb auch nur so viele Aktien erwerben, die ihm zum Erreichen einer 95%igen Beteiligung fehlen. Hieraus folgt, dass vielfach nur wenige vom Hauptaktionär ausgewählte Minderheitsaktionäre in den Genuss kommen werden, im Vorfeld zu einem Squeeze-out ihre Aktien zu erhöhten Preisen zu verkaufen. Insbesondere bei

---

[517] K.- H. Baumann, WM 1999, 1968.

nicht börsennotierten Aktiengesellschaften haben die Minderheitsaktionäre vielfach auch nicht die Möglichkeit, im Vorfeld zu einem Squeeze-out ihre Anteile an Dritte zu veräußern.

II. Rechtliche Untersuchung

Da eine Analogiebildung nur dann zulässig und erforderlich ist, wenn sich nicht bereits aus § 327b AktG die Berücksichtigungsfähig- und -pflichtigkeit von Vorerwerbspreisen ergibt,[518] muss zunächst § 327b AktG ausgelegt werden.

1. Auslegung des § 327b Abs.1 AktG
Bei der Frage, ob Vorerwerbspreise für die Bestimmung der Abfindungshöhe gemäß §§ 327a ff. AktG maßgeblich sein können, lässt sich aus dem Wortlaut des § 327b Abs.1 AktG kein eindeutiges Ergebnis ziehen. Unter den Terminus „Verhältnisse der Gesellschaft" sind zwar erzielte Vorerwerbspreise nicht subsumierbar. Allerdings müssen die Verhältnisse der Gesellschaft bei Bestimmung der Abfindungshöhe nur berücksichtigt werden. Unter Heranziehung der DAT/Altana-Entscheidung des BVerfG[519], nach der die Nichtberücksichtigung von Vorerwerbspreise in Fällen der §§ 304, 305, 320b AktG verfassungsrechtlich unbedenklich ist, ist es zweifelhaft, ob beim Squeeze-out Vorerwerbspreise die Mindesthöhe der Abfindung bilden müssen. In der Regierungsbegründung, in der auch auf die DAT/Altana-Rechtsprechung Bezug genommen wird[520], wird nicht aufgezeigt, dass die zu Vorerwerbspreisen aufgestellten Rechtsprechungsgrundsätze beim Squeeze-out nicht gelten. Insoweit ist es aus historischer Sicht nicht erkennbar, dass bei der Bemessung der Abfindungshöhe Vorerwerbspreise mit einbezogen werden müssen.

Allerdings können teleologische Erwägungen angeführt werden, nach denen einem Minderheitsaktionär Vorerwerbspreise bei Bemessung der Abfindungshöhe in Fällen eines Squeeze-outs zugute kommen müssen. Das gesetzgeberische Ziel der Squeeze-out-Regelungen besteht nämlich gerade nicht darin, den Hauptaktionär einseitig zu begünstigen. Eine solche Begünstigung bei gleichzeitiger Benachteiligung der auszuschließenden Minderheitsaktionäre liegt aber im Ergebnis vor, wenn der Hauptaktionär im Vorfeld vor einem Squeeze-out die übrigen Aktionäre nur unter Gewährung sehr hoher Preise zu einem Verkauf bewegen konnte; dann aber im Rahmen eines Squeeze-out-Verfahrens, in dem der Hauptaktionär erst sein Endziel, nämlich den Ausschluss aller übrigen Aktionäre, er-

---

[518] Vgl. Palandt-Heinrichs, BGB-Kommentar, Einl. vor §§ 1 ff. BGB, Rn. 40.
[519] BVerfGE 100, 289 ff., 306 („DAT/Altana").
[520] RegBegr., BT-Drucks. 14/7034, S. 32.

reichen kann, geringere Preise bezahlt. Wie das BVerfG deutlich herausstellt[521], sind mitunter Vorerwerbspreise den von dem Hauptaktionär zu zahlenden Grenzpreisen angenähert. Es ist dann auch richtig, wenn das BVerfG für Fälle von Beherrschungs- und Gewinnabführungsverträgen Vorerwerbspreise zur Bestimmung der Abfindung nach § 305 Abs.1 AktG nicht für maßgeblich hält. Dies ist deshalb zutreffend, weil in diesen Fällen dem Minderheitsaktionär ein Wahlrecht bleibt, ob er in der beherrschten oder in der den Gewinn abführenden Gesellschaft verbleibt oder ob er gegen Abfindung aus der Gesellschaft ausscheidet. Anders liegt es jedoch in Fällen des Squeeze-outs. Sofern ein Minderheitsaktionär aus der Gesellschaft ausscheiden muss, muss ein qualifizierter gesetzlicher Schutz zugunsten der Minderheitsaktionäre vorgesehen sein. Anderenfalls würde es den Hauptaktionär einseitig begünstigen, wenn er niedrigere Zahlungen beim Squeeze-out zu leisten hat. Es ist zweifelhaft, ob der Hauptaktionär im Vorfeld zu einem Squeeze-out-Verfahren seine Grenzpreisvorstellungen im vollen Umfang ausreizen darf, hingegen beim Squeeze-out keiner Selbstbindung unterliegt.

Die durch das BVerfG aufgestellten Grundsätze zu Vorerwerbspreisen werden allerdings überwiegend in der Literatur[522] auf das Rechtsinstitut des Squeeze-outs übertragen. Es wird dabei auch plakativ als zusätzliches Argument angeführt, dass Vorerwerbspreise für die Minderheitsaktionäre, die „die Gunst der Stunde" nicht genutzt haben, keine realisierbaren Verkehrswerte mehr darstellen. Darüber hinaus sei es nicht Ziel der Vorschriften des Squeeze-outs, allen verbleibenden Aktionären ein Ausscheiden aus der Gesellschaft zu gleichen Konditionen zu ermöglichen. Das Ziel dieser Vorschriften liege darin, über das vorgesehene Spruchstellenverfahren sicherzustellen, dass den Minderheitsaktionären für den Verlust ihrer Beteiligung an der Gesellschaft eine dem tatsächlichen Wert entsprechende Entschädigung gewährt wird.[523] Andererseits wird in der Literatur auch die Ansicht vertreten, dass Paketzuschläge Marktpreise seien und diese deshalb grundsätzlich bei der Abfindung der Minderheitsaktionäre zu berücksichtigen seien, es sei denn, dass der Paketzuschlag explizit für die Erreichung einer bestimmten Anteilsquote bezahlt wurde.[524]

Vor allem die Systematik und die Historie zu § 327b Abs.1 AktG sprechen gegen die Einbeziehung von Vorerwerbspreisen bei Ermittlung der Abfindungshöhe. Nach dem Wortlaut ist es offen, ob Vorerwerbspreise beim Squeeze-out be-

---

[521] BVerfGE 100, 289 ff., 306 („DAT/Altana").
[522] KK-Hasselbach, WpÜG-Kommentar, AktG, § 327b, Rn. 24; Vetter, AG 2002, 176 ff., 188; Wilm, NZG 2000, 234 ff., 240; Angerer, BKR 2002, 260 ff., 263; bezweifelnd: Krieger, BB 2002, 53 ff., 57.
[523] KK-Hasselbach, WpÜG-Kommentar, AktG, § 327b, Rn. 24.
[524] Ullrich, Abfindung und Börsenkurs, S. 139.

rücksichtigt werden müssen. Teleologische Erwägungen sprechen hingegen eher für die Heranziehung von Vorerwerbspreisen.

2. Zur entsprechenden Anwendung des § 4 WpÜG-AV

Teilweise wird in der Literatur die Auffassung vertreten, dass es widersprüchlich sei, wenn die Minderheitsaktionäre im Rahmen eines Übernahmeverfahrens gemäß § 4 WpÜG-AV von Vorerwerbspreisen profitieren und beim Squeeze-out Vorerwerbspreise nicht analog § 4 WpÜG-AV den Mindestpreis der Abfindung bilden.[525] Eine entsprechende Anwendung des § 4 WpÜG-AV ergebe sich bereits aus einem erst-recht-Schluss, wonach die Berücksichtigungsfähigkeit von Vorerwerbspreisen bei Übernahme- und Erwerbsangeboten erst recht in Fällen eines zwangsweise durchgeführten Ausschlusses dazu führe, dass auch in diesem Verfahren Vorerwerbspreise berücksichtigt werden müssen. Es finden sich zudem sowohl in der Stellungnahme des Deutschen Anwaltsvereins e.V. zum Squeeze-out, als auch in der Regierungsbegründung unterschiedliche Vorschläge, nach denen Vorerwerbspreise für die Preisbemessung maßgeblich sein sollten. In § 327b Abs.1 S.3 Hs.1 Entwurf AktG des Deutschen Anwaltsvereins e.V. hieß es ursprünglich: „Hat der Hauptaktionär in den letzten 12 Monaten vor der Einberufung der Hauptversammlung Aktien der Gesellschaft gekauft, so hat er mindestens den Betrag pro Aktie festzusetzen, den er als höchsten Betrag während dieser 12 Monate für eine Aktie bezahlt oder vereinbart hat; ...“[526]. Nach der Regierungsbegründung sollten hingegen ursprünglich gemäß § 327b Abs.1 S.3 AktG Vorerwerbspreise dann maßgeblich sein, wenn in einem dem Squeeze-out-Verfahren vorausgehenden WpÜG-Angebotsverfahren von 90% der außenstehenden Aktionäre ein an sie gerichtetes Angebot angenommen worden ist.[527] Der Gesetzgeber sah allerdings von der Einführung des § 327b Abs.1 S.3 AktG-Entw. ab, nachdem teilweise[528] verfassungsrechtliche Bedenken gegen eine Vorschrift erhoben worden sind, nach der Vorerwerbspreise den Abfindungspreis bestimmen.

Es ist zu prüfen, ob neben § 327b Abs.1 AktG, der keine ausdrückliche Regelung zur Einbeziehung von Vorerwerbspreisen enthält, eine analoge Anwendung der §§ 31 Abs.1 WpÜG, 4 WpÜG-AV in Betracht kommt. Sofern ein Gesetz für einen bestimmten Fall keine Regelung enthält („sog. offene Lücke“), wohl aber

---

[525] Krieger, BB 2002, 53 ff., 57.

[526] Stellungnahme des Handelsrechtsausschusses des Deutschen Anwaltsvereins e.V zur Ergänzung des AktG durch einen Titel „Aktienerwerb durch den Hauptaktionär“, NZG 1999, 850 ff., 852.

[527] BT-Drucks. 14/7034, S. 24.

[528] Grzimek in Geibel/Süßmann, WpÜG-Kommentar, AktG, § 327b, Rn. 33; Rühland, NZG 2001, 448 ff., 453; Habersack, ZIP 2001, 1230 ff., 1238; Ehricke/Roth, DStR 2001, 1120 ff., 1123; Heidel/Lochner, DB 2001, 2031 ff., 2032 f.

für einen ähnlichen Fall, entspricht es dem Gebot der Gleichbehandlung, die Regelung auch auf jenen Fall zu erstrecken.[529] Dies würde voraussetzen, dass der Gesetzgeber im Rahmen der §§ 327a ff. AktG keine Regelung darüber getroffen hat, dass Vorerwerbspreise berücksichtigt werden müssen. Gegen das Vorliegen einer Lücke spricht, dass der Gesetzgeber mit § 31 Abs.1 WpÜG im Rahmen der Einführung der §§ 327a ff. AktG eine Regelung zur Maßgeblichkeit von Vorerwerbspreisen traf. In einem Umkehrschluss hinsichtlich der Vorschriften der §§ 31 Abs.1 WpÜG, 4 WpÜG-AV könnte deshalb ein Rechtsanwender zum Ergebnis kommen („argumentum e contrario"), dass beim Squeeze-out Vorerwerbspreise nicht von Relevanz sind.

Der Gesetzgeber der §§ 327a ff. AktG könnte andererseits – wie bei den Vorschriften der §§ 305, 320b AktG – den Gerichten die Entscheidung über die Frage der Einbeziehung von Vorerwerbspreisen überlassen haben. Es läge insoweit fern, von einer durch den Gesetzgeber unbeabsichtigt gelassenen Lücke auszugehen. Eine solche unbeabsichtigte Lücke wird angenommen, wenn der Gesetzgeber den regelungsbedürftigen Sachverhalt übersehen oder nicht gekannt hat.[530] Es liegt ein nicht nachvollziehbarer Widerspruch vor, wenn der Gesetzgeber in Hinblick auf eine angemessene Abfindung beim Squeeze-out eine mögliche Berücksichtigung von Vorerwerbspreisen übersehen haben sollte und zugleich zur Höhe der Gegenleistung bei Übernahmen mit § 31 Abs.1 WpÜG eine ausdrückliche Regelung zur Relevanz von Vorerwerben traf. Gegen eine unbeabsichtigte Regelungslücke spricht, dass sich im Regierungsentwurf mit § 327b Abs.1 S.3 AktG-Entw. eine Regelung befand, nach der Vorerwerbspreise Berücksichtigung finden sollten.[531]

Für das Vorliegen einer offenen Regelungslücke spricht, dass es dem Gesetzgeber auf die Feststellung, dass die Abfindung angemessen sein müsse, ankam und nicht darauf, dass eine bestimmte Methode anzuwenden sei.[532] Für eine offene Gesetzeslücke spricht weiterhin, dass der Gesetzgeber auch keinen Hinweis auf die Relevanz des Börsenkurses gab. Er beschränkte sich vielmehr bei der Abfassung des § 327b Abs.1 S.1, Hs.2 AktG auf den Hinweis, dass die „Verhältnisse der Gesellschaft im Zeitpunkt der Beschlussfassung" berücksichtigt werden müssen.

Es fragt sich, ob die den Konstellationen des § 31 Abs.1 S.2 WpÜG zugrunde liegenden Sachverhalte mit denen beim Squeeze-out vergleichbar sind. Gegen

---

529 Köhler, BGB, AT, § 4, Rn. 23.

530 Hübner, BGB-AT, Rn. 106.

531 BT-Drucks. 14/7034, S. 24.

532 RegBegr., BT-Drucks. 14/7034, S. 72; Steinmeyer/Häger, WpÜG-Kommentar, AktG, § 327b, Rn. 4.

eine solche Vergleichbarkeit kann angeführt werden, dass es sich bei § 31 WpÜG um eine kapitalmarktrechtliche Vorschrift handelt. Daraus folgt, dass der Börsenkurs und die Vorerwerbspreise nicht nur die Preisuntergrenze bilden, sondern auch im Regelfall – ungeachtet etwaiger höherer Bewertungen durch Sachverständige – allein maßgeblich sind.[533] Dem Gesetzgeber kam es darauf an, dass durch die Berücksichtigung der Vorerwerbspreise der allgemeine, in § 3 Abs.1 WpÜG aufgestellte Gleichheitsgrundsatz Anwendung findet.[534] Es ist allerdings nicht ersichtlich, aus welchen Gründen die Minderheitsaktionäre beim Squeeze-out nicht ebenfalls gleich zu behandeln sind und jeweils eine gleich hohe Abfindung erhalten müssen. Zumindest nach den Grundsätzen über die mitgliedschaftliche Treupflicht[535] liegt es nahe, dass der Hauptaktionär die Minderheitsaktionäre gleich behandeln muss, solange keine sachlichen Gründe eine Ungleichbehandlung rechtfertigen.

Wenn ein Bieter ein Pflichtangebot abgeben muss (§§ 35 Abs.1, S.1, 29 Abs.2 WpÜG), hat dieser zwar eine wichtige Anteilsgrenze überschritten und wird ggf. auch erhöhte Zahlungen leisten; dennoch ist diese Konstellation anders gelagert als in Fällen eines Squeeze-outs, weil es dem Bieter bekannt ist, dass er bei Abgabe des Pflichtangebotes Vorerwerbspreise zu berücksichtigen hat. Von einer Berücksichtigungsfähigkeit der Vorerwerbspreise muss der Hauptaktionär bei Bemessung der Abfindung nach § 327b AktG hingegen nicht ausgehen.

Eine entsprechende Anwendung des § 31 Abs.1 WpÜG in Fällen eines Squeeze-outs ist also deshalb abzulehnen, weil dem Gesetzgeber der §§ 327a ff. AktG die Regelungstechnik zur möglichen Berücksichtigungsfähigkeit von Vorerwerbspreisen bekannt war und er keine Regelung insoweit traf. Auch bei Annahme einer offenen Regelungslücke kann sich ein Minderheitsaktionär nicht auf eine analoge Anwendung des § 31 Abs.1 WpÜG berufen, weil diese – wie ausgeführt – eine kapitalmarktrechtliche Regelung darstellt, die wegen der anders liegenden Interessenlage auf Abfindungsvorschriften nach dem Aktiengesetz nicht entsprechend angewendet werden kann.

III. Zum Eigentumsgrundrecht gemäß Art. 14 Abs.1 GG

In der DAT/Altana-Entscheidung hat das Bundesverfassungsgericht bereits entschieden, dass Vorerwerbspreise bei der Bemessung der angemessenen Abfin-

---

[533] Noack in Schwark, Kapitalmarktrechts-Kommentar, WpÜG, § 31, Rn. 15.
[534] RegBegr., BT-Drucks. 14/7034, S. 79 f.
[535] BGHZ 103, 184 ff., 194 f. („Linotype"); Janssen in Heidel, Aktienrecht, § 53a, Rn. 21.

dung in Fällen der §§ 305, 320b AktG keine Berücksichtigung finden müssen.[536] Es fragt sich allerdings, ob es auch dann verfassungsmäßig gerechtfertigt ist, Vorerwerbspreise bei der Bestimmung der Abfindungshöhe nicht zu berücksichtigen, wenn die Minderheitsaktionäre im Zuge eines Squeeze-outs aus der Gesellschaft ausgeschlossen werden sollen. Wie oben bereits ausgeführt[537], wird im Falle eines Abschlusses eines Beherrschungs- oder Gewinnabführungsvertrages oder auch im Falle einer Eingliederung weit weniger einschneidend als beim Squeeze-out in Rechte der Minderheitsaktionäre eingegriffen. Insoweit liegt es nahe, die verfassungsrechtliche Einschätzung zur Relevanz der Vorerwerbspreise in Fällen der Eingliederung und bei Beherrschungs- und Gewinnabführungsverträgen zumindest nicht ohne weiteres auf Fälle des Squeeze-outs zu übertragen. Allerdings müsste dem Eigentumsgrundrecht gemäß Art.14 Abs.1 GG in Fällen eines Squeeze-outs, in denen die Minderheitsaktionäre stärker belastet werden als bei Durchführung einer Eingliederung oder nach Abschluss eines Beherrschungs- und Gewinnabführungsvertrages, ein erweiterter verfassungsrechtlich begründbarer Schutzumfang beizumessen sein. Die Annahme eines erweiterten Schutzumfanges hinsichtlich der Maßgeblichkeit von Vorerwerbspreisen ist deswegen zweifelhaft, weil angebotene oder gezahlte Vorerwerbspreise weit über dem Anteilswert der Aktien liegen können. Wenn ein Hauptaktionär nur noch wenige Anteile zum Erreichen einer 95%igen Beteiligung benötigt, wird er ggf. zur Zahlung sehr hoher Preise bereit sein.[538] Trotz der gesteigerten Schutzbedürftigkeit der Minderheitsaktionäre beim Squeeze-out sind deshalb in den Schutzumfang des § 327b Abs.1 AktG aus verfassungsrechtlichen Gründen – gemäß Art. 14 Abs.1 GG – angebotene oder gezahlte Vorerwerbspreise nicht einzubeziehen.

IV. EU-Richtlinie 2004/25/EG vom 21.04.2004

Nach der EU-Richtlinie 2004/25/EG muss die Abfindung nicht nur angemessen sein, sondern sich zumindest teilweise an gezahlte Vorerwerbspreise anlehnen (Art. 15 Abs.5).[539] Dabei müssen zwei Fälle unterschieden werden, nämlich einerseits der Fall, dass der Squeeze-out einem freiwilligen Angebotsverfahren nachfolgt, andererseits der, dass der Bieter zunächst ein Pflichtangebot abgegeben hat. Ohne vor- ausgehendes Übernahmeverfahren muss nämlich der nationale Gesetzgeber nicht für die Möglichkeit der Durchführung eines Squeeze-outs sorgen (Art. 15 Abs.1 EU-Richtlinie). Nach Art. 15 Abs.5 Unterabs.2 EU-

---

[536] BVerfGE 100, 289 ff., 306 („DAT/Altana").
[537] Hierzu Teil 2, H. II. 1. c).
[538] BVerfGE 100, 289 ff., 306 („DAT/Altana").
[539] EU-Richtlinie 2004/25/EG des Europäischen Parlaments und des Rates vom 21.04.2004, abgedruckt in NZG 2004, S. 651 – 661.

Richtlinie gilt bei einem freiwilligen Angebot die Abfindung als angemessen, wenn sie der Gegenleistung des früheren Angebotes entspricht und der Bieter durch die Annahme des Angebots Wertpapiere erworben hat, die mindestens 90% des Gesellschaftskapitals entsprechen, das Gegenstand des Angebots war. Nach Art. 15 Abs.5, Unterabs.3 EU-Richtlinie gilt bei vorangegangenen Pflichtangeboten die Gegenleistung auch für das Squeeze-out-Verfahren als angemessen. Gemäß Art. 5 Abs.5 EU-Richtlinie ist bei Pflichtangeboten ein in den letzten sechs bis zwölf Monaten gezahlter Preis bindend, den der Bieter oder eine mit ihm gemeinsam handelnde Person angeboten hat. Nach der EU-Richtlinie haben mithin Vorerwerbspreise für die Preisermittlung beim Squeeze-out eine überragende Bedeutung.

Nach den Vorgaben des Art. 15 Abs.5 EU-Richtlinie muss der deutsche Gesetzgeber bei Umsetzung der Richtlinie die Vorerwerbspreise auch beim Squeeze-out berücksichtigen. Allein die Annahme des Angebotes durch einen ganz überwiegenden Teil der das Aktienkapital haltenden Aktionäre führt dazu, dass der von diesen akzeptierte Preis auch für die übrigen Aktionäre verbindlich ist. Nach dem Wortlaut des Art. 15 Abs.5 EU-Richtlinie sind die dort aufgestellten Regelungen auch nicht widerlegbar, so dass der Richtliniengeber der im Winter-Bericht festgelegten Empfehlung, die Vermutungen widerleglich auszugestalten, nicht nachgekommen ist.[540] Die Vermutungsregelung ist im Richtlinienentwurf ausdrücklich nur gemäß Art. 15 Abs.4 EU-Richtlinie eingeschränkt worden; nämlich für den Fall, dass der Hauptaktionär sein Ausschlussrecht nicht innerhalb von drei Monaten nach Ablauf der Frist für die Annahme des Angebots ausübt.

V. Zwischenergebnis

Beim Squeeze-out müssen derzeit Vorerwerbspreise nicht den Mindestpreis für die Bemessung der Abfindungshöhe bilden. Die vom Bundesverfassungsgericht in der DAT/ Altana-Entscheidung aufgestellten Grundsätze, wonach Vorerwerbspreise in Fällen von Eingliederungen und beim Abschluss von Beherrschungs- und Gewinnabführungsverträgen nicht für die Bestimmung der Abfindung maßgeblich sind, sind auf Squeeze-out-Sachverhalte zu übertragen.

[540] Vgl. Seibt/Heiser, ZIP 2002, 2193 ff., 2201; Krause, BB 2002, 2341 ff., 2345.

J. Zinsansprüche

I. Zur Höhe und zum Beginn der Verzinsungspflicht

Die Vorschrift des § 327b Abs.2, Hs.1 AktG regelt den Umfang der Zinsansprüche eines Minderheitsaktionärs sowie den Zeitpunkt des Beginns der Verzinsungspflicht. Die Höhe der Verzinsung liegt gemäß § 327b Abs.2, Hs.1 AktG bei jährlich zwei Prozentpunkten über dem jeweiligen Basiszinssatz nach § 247 BGB. Zinsbeginn ist nach dem Wortlaut des § 327b Abs.2 AktG der Zeitpunkt der Bekanntmachung der Eintragung.

1. Höhe der Verzinsung

Mit dem Zinssatz von zwei Prozentpunkten über dem Basiszinssatz wird ein Minderheitsaktionär beim Squeeze-out schlechter gestellt als ein Gläubiger, dem Verzugszinsen gemäß § 288 Abs.1 und 2 BGB zustehen. Nach § 288 Abs.1 S.2 BGB stehen einem Gläubiger jährlich fünf Prozentpunkte über dem Basiszinssatz an Zinszahlungen zu. Zweck der Regelung des § 288 Abs.1 S.2 BGB ist es gerade, dass der Schuldner angehalten wird, seine Schulden schnell zu tilgen, und dass die aus seiner Pflichtverletzung typischerweise entstehenden Vorteile abgeschöpft werden.[541] Der Zinssatz nach § 288 Abs.2 BGB liegt sogar bei acht Prozentpunkten über dem Basiszinssatz, wenn kein Verbraucher an dem Rechtsgeschäft beteiligt ist. Die Regelungen des § 288 Abs. 1 und 2 BGB gelten unabhängig davon, ob dem Gläubiger tatsächlich ein Verzugsschaden entstanden ist oder nicht.

In diesem Zusammenhang stellt sich die Frage, aus welchen Gründen einem Minderheitsaktionär im Zuge des Squeeze-outs nur ein Zinsanspruch in Höhe von jährlich zwei Prozentpunkten über dem Basiszinssatz gemäß § 327b Abs.2 AktG zugesprochen wird. Diese Frage muss vor dem Hintergrund beantwortet werden, dass sich ein Hauptaktionär mit Eintragung des Übertragungsbeschlusses einer fälligen Forderung der Minderheitsaktionäre gegenübersieht.[542] Der Minderheitsaktionär müsste zumindest den Hauptaktionär ab Eintragung des Hauptversammlungsbeschlusses in Verzug setzen können, damit er eine Verzinsungshöhe von fünf Prozentpunkten über dem Basiszinssatz beanspruchen könnte (vgl. §§ 286 Abs.1-3, 288 BGB).

a) Verhältnis des § 327b Abs.2 AktG zu anderen Vorschriften

In der Literatur wird zutreffend die Auffassung vertreten, dass § 327b Abs.2, Hs.2 AktG der Klarstellung dient und darin verdeutlicht wird, dass ein Minder-

---

[541] BT-Drucks. 14/1246, S. 10 f.

[542] Vgl. KK-WpÜG/Hasselbach, AktG, § 327b, Rn. 12.

heitsaktionär, dem ein Verzinsungsanspruch nach § 327b Abs.2, Hs.1 AktG zusteht, nicht mit der Geltendmachung von Schadensersatzansprüchen nach § 280 Abs.1 BGB i.V.m. § 286 BGB ausgeschlossen ist.[543] Die Verzinsungspflicht nach § 327b Abs.2 AktG ist nicht als lex specialis zu den Verzugsregelungen der §§ 286 ff. BGB ausgestaltet worden. Sofern die in § 286 BGB genannten Verzugsvoraussetzungen erfüllt sind, darf also ein Minderheitsaktionär höhere Zinsen nach § 288 Abs.1 und 2 BGB verlangen.

b) Zulässigkeit der Höhe der Verzinsung

Die Verzinsungshöhe von zwei Prozentpunkten über dem Basiszinssatz, wobei nach § 248 BGB das Verbot der Erhebung von Zinseszinsen beachtet werden muss, ist problematisch, weil eine so niedrige Verzinsung gegen das verfassungsrechtliche Gebot der vollen Entschädigung verstoßen könnte.[544] Dies muss vor allem dann gelten, wenn man berücksichtigt, dass sich ein Minderheitsaktionär unter Umständen auf dem Kapitalmarkt Geld beschaffen wird, um Anteile eines anderen Unternehmens zu erwerben. Dabei wird es einem Minderheitsaktionär vielfach nicht gelingen, zu einem Zinssatz von zwei Prozentpunkten über dem Basiszinssatz eine Finanzierung zu erhalten. Er muss also zusätzliche Geldmittel aufwenden. Der Gesetzgeber des § 327b Abs.2 AktG hat mit dem zweiten Halbsatz dieses Problem in der Weise zu lösen versucht, dass ein Minderheitsaktionär mit der Geltendmachung eines weiteren Schadens nicht ausgeschlossen ist.

So sind Fälle problematischer, in denen ein Minderheitsaktionär keine alternative Kapitalanlage auf Kredit getätigt hat. Einem Minderheitsaktionär wird es dann grundsätzlich nicht gelingen, einen weiteren Schaden im Sinne des § 327b Abs.2, Hs.2 AktG darzulegen und zu beweisen. Von daher sollte ein Gericht keine zu hohen Anforderungen an den Vortrag eines Minderheitsaktionärs stellen, der darlegt, dass er bei sofortigem Erhalt der vollen Abfindungshöhe andere Unternehmensanteile gekauft hätte und dies nur wegen der bestehenden rechtlichen Ungewissheit unterlassen habe.

2. Beginn der Verzinsungspflicht

Mit § 327b Abs.2 AktG liegt eine Regelung vor, die von ihrem Wortlaut her eindeutig bestimmt, ab welchem Zeitpunkt ein Minderheitsaktionär eine Verzinsung seines Barabfindungsanspruches verlangen kann. In § 327b Abs.2 AktG wird bestimmt, dass die Barabfindung von der „Bekanntmachung der Eintragung des Übertragungsbeschlusses ins Handelsregister“ an mit jährlich zwei

---

[543] Grzimek in Geibel/Süßmann, WpÜG-Kommentar, AktG, Art. 7, § 327b, Rn. 36; KK-WpÜG/Hasselbach, AktG, § 327b, Rn. 14.

[544] So Meilicke/Heidel, DB 2003, 2267 ff., 2268.

Prozentpunkten über dem jeweiligen Basiszinssatz zu verzinsen ist. Es stellt sich allerdings trotz dieses eindeutigen Wortlauts die Frage, ob § 327b Abs.2 AktG nicht dahingehend erweiternd ausgelegt werden muss, dass ein Anspruch auf Verzinsung bereits vor der Bekanntmachung der Eintragung ins Handelsregister besteht. Hierfür spricht, dass nach der höchstrichterlichen Rechtsprechung der Minderheitsaktionär wirtschaftlich „voll" zu entschädigen ist.[545]

a) Gesetzgebung

Im Regierungsentwurf[546] findet sich lediglich eine sehr kurze Kommentierung zu der Verzinsungspflicht des Hauptaktionärs nach § 327b Abs.2 AktG. Es wird aufgezeigt, dass man sich bei § 327b Abs.2 AktG an ähnlichen Vorschriften orientiert habe (vgl. § 305 Abs.3 S.3, § 320b Abs.1 S.6 AktG, § 15 Abs.2, § 30 Abs.1 S.2 UmwG).

b) Literatur

In der Literatur wird die Frage nach dem Beginn der Verzinsungspflicht überwiegend nicht problematisiert. Es wird auf den klaren Wortlaut des § 327b Abs.2 AktG verwiesen, wonach für den Beginn der Verzinsungspflicht die Bekanntmachung der Eintragung maßgeblich sei.[547] Nur vereinzelt gibt es Stimmen in der Literatur, die eine Vorverlegung des Beginns der Verzinsungspflicht befürworten.[548] Danach sollten den Minderheitsaktionären bereits zum Zeitpunkt der Eintragung und nicht erst mit Bekanntmachung Zinsansprüche zustehen.[549]

c) Rechtsprechung

Das OLG Hamburg ging in seiner Entscheidung vom 08.08.2003 nur sehr knapp auf den Zeitpunkt des Beginns der Zinspflicht ein.[550] Es sei danach rechtlich nicht problematisch, dass erst mit der Bekanntmachung der Eintragung des Übertragungsbeschlusses die Zinspflicht nach § 327b Abs.2 AktG beginne. Dies begründet das OLG Hamburg damit, dass Minderheitsaktionäre keineswegs ein zinsloses Darlehen gewähren, weil sie zumindest bis zum Zeitpunkt der Eintragung des Übertragungsbeschlusses durch die Beibehaltung ihrer Aktionärsstellung Dividenden- und Ausgleichsansprüche besitzen.[551] Auch das Kammergericht Berlin hielt in seiner Entscheidung vom 25.11.2004 die Zinsregelung (§

---

[545] BVerfG, NJW 2001, 279 ff, 280 („Moto Meter").

[546] RegBegr., BT-Drucks. 14/7034, S. 72.

[547] Steinmeyer/Häger, WpÜG-Kommentar, AktG, § 327c, Rn 58; Grzimek in Geibel/Süßmann, WpÜG-Kommentar, AktG, Art. 7, Rn 34; KK-WpÜG/ Hasselbach, AktG, § 327b, 13.

[548] Heidel/Lochner in Heidel, Aktienrecht, AktG, § 327b, Rn. 9.

[549] Heidel/Lochner in Heidel, Aktienrecht, ebenda.

[550] NZG 2003, 978 ff., 979 („Volksfürsorge Holding AG").

[551] OLG Hamburg, NZG 2003, 978 ff., 979 („Volksfürsorge Holding AG").

327b Abs.2 AktG) für verfassungskonform, weil ein Minderheitsaktionär zumindest in Fällen der Verzögerungen von Handelsregisteranmeldungen durch Vorstände einen Verzugsschaden geltend machen könne.[552]

d) Eigene Auffassung

Es ist problematisch, wenn ein Minderheitsaktionär teilweise erst Jahre nach der Hauptversammlung, in der über seinen Ausschluss Beschluss gefasst wurde, eine Abfindung erhält. Eine solche zeitliche Verzögerung ist immer dann denkbar, wenn aufgrund laufender Anfechtungsklagen keine Eintragung erfolgen darf oder wenn der Vorstand keinen entsprechenden Handelsregisterantrag stellt. Sofern in diesen Fällen ein Minderheitsaktionär auf zwischenzeitlich stattfindende Gewinnausschüttungen verwiesen wird, ist dies deshalb problematisch, weil ein Minderheitsaktionär auf die Fassung entsprechender Gewinnverwendungsbeschlüsse angewiesen wäre. Von daher muss gewährleistet sein, dass ein Minderheitsaktionär auch im Zeitraum zwischen Hauptversammlungsbeschluss und Eintragung des Beschlusses über den Ausschluss nicht förmlich „ausgehungert" wird. Die Gefahr einer Aushungerung besteht nämlich deshalb, weil es der Hauptversammlung gemäß § 174 AktG freisteht, den Bilanzgewinn an die Aktionäre auszuschütten, in Gewinnrücklagen einzustellen oder als Gewinn vorzutragen[553]. In der Literatur[554] wird deshalb richtigerweise vereinzelt angenommen, dass § 327b Abs.2 AktG, der keine Verzinsungspflicht zwischen Bewertungsstichtag und Aktienübergang vorsieht, nur unter der Prämisse gerechtfertigt ist, dass ein Minderheitsaktionär während dieses „zinsfreien" Zeitraumes anderweitig Ertrag aus der Beteiligung ziehen kann. Von daher muss ein Minderheitsaktionär in Fällen, in denen der Hauptaktionär durch seine Stimmenmehrheit in der Hauptversammlung die Fassung entsprechender Ausschüttungsbeschlüsse verhindert, einen weiteren Anspruch auf Zahlung der Zinsen für den Zeitraum ab Beschlussfassung des Squeeze-outs haben.

Dieser Anspruch der Minderheitsaktionäre lässt sich zwar nicht unmittelbar aus § 327b Abs.2, Hs.1 AktG herleiten. Nach dem eindeutigen Wortlaut dieser Vorschrift besteht erst ab Bekanntmachung der Eintragung des Übertragungsbeschlusses ein Zinsanspruch zugunsten der Minderheitsaktionäre. Mangels Fälligkeit vor Eintragung des Squeeze-out-Beschlusses im Handelsregister,[555] steht einem Minderheitsaktionär auch nicht gemäß §§ 280 Abs.1 und 2, 286 BGB als Verzugsschaden ein zusätzlicher Zinsanspruch für den Zeitraum zwischen Beschlussfassung und Eintragung im Handelsregister zu. Allerdings können die

---

[552] KG Berlin, BB 2004, 2274 ff., 2276.

[553] Hoffmann-Becking in Münchener Handbuch des Gesellschaftsrecht, Bd. 4, Aktiengesellschaft, § 46, Rn. 14.

[554] Tebben, AG 2003, 600 ff., 609.

[555] KK-Hasselbach, WpÜG-Kommentar, AktG, § 327b, Rn. 11 und 12.

Minderheitsaktionäre einen zusätzlichen Anspruch, der neben dem Anspruch gemäß § 327b AktG besteht, auf Leistung von Zinszahlungen ab der Fassung des Hauptversammlungsbeschlusses zum Squeeze-out aus den Grundsätzen zur Treupflicht[556] geltend machen. Dies gilt deshalb, weil § 327b Abs.2, Hs.2 AktG es ausdrücklich zulässt, dass Minderheitsaktionäre neben der in § 327b Abs.2, Hs.1 AktG festgelegten Zinsregelung einen zusätzlichen Schaden geltend machen dürfen. Sofern also der Hauptaktionär nach Fassung des Squeeze-out-Beschlusses nicht dafür Sorge trägt, dass der ab diesem Zeitpunkt erwirtschaftete Gewinn an die Aktionäre – soweit rechtlich zulässig – ausgeschüttet wird, entspricht das nicht den Interessen der Minderheitsaktionäre. Aus der Treupflicht zwischen den Aktionären, nach denen der Hauptaktionär angemessen auf die Interessen der Minderheitsaktionäre Rücksicht zu nehmen hat,[557] lässt sich bei Vornahme solcher gegen die Interessen der Minderheitsaktionäre gefasster Gewinnverwendungsbeschlüsse herleiten, dass die Minderheitsaktionäre einen entsprechenden Ausgleich in Höhe der ausschüttungsfähigen Gewinne erhalten müssen.

Diesem Ergebnis steht auch nicht die Auffassung des Kammergerichts Berlin entgegen. Dieses legt in seiner Entscheidung vom 25.11.2004 dar[558], dass ein Minderheitsaktionär in Fällen, in denen der Vorstand die Eintragung verzögert, mit der Geltendmachung eines dadurch entstandenen Schadens nicht ausgeschlossen ist. Nach Auffassung des Kammergerichts muss in Fällen, in denen die Eintragung wegen gerichtlicher Anfechtung des Übertragungsbeschlusses verzögert wird, unterschieden werden: Erweist sich die Klage als begründet, stelle sich nämlich das Problem der Verzinsung ohnehin nicht. Erweist sich hingegen die Klage letztlich als unbegründet, gehe die Verzögerung der Eintragung auf die Veranlassung des Minderheitsaktionärs zurück. Dies führt nach Auffassung des KG dazu, dass es nicht unbillig sei, wenn dem Minderheitsaktionär für die Verzögerung keine zinsmäßige Kompensation zufließe. Diesem Ergebnis des KG ist allerdings nur dann zuzustimmen, wenn die Aktiengesellschaft lediglich aus zwei Gesellschaftern bestand. Sofern an der Aktiengesellschaft hingegen mehrere Kleinaktionäre beteiligt waren, ist es nicht erklärbar, aus welchen Gründen die Kleinaktionäre, die keine Klage gegen den Squeeze-out-Beschluss erhoben haben, keine Zinsen für den Zeitraum zwischen Beschluss und Eintragung erhalten sollen. Aus diesem Grund muss der Hauptaktionär, der im Zeitraum zwischen Hauptversammlungsbeschluss und Eintragung von der Nichtaus-

[556] Hüffer, AktG-Kommentar, § 53a, Rn. 17; BGHZ 65, 15 ff., 18 f. („ITT"); BGHZ 103, 184 ff., 194 f. (Linotype"); BGHZ 129, 136 ff., 142 f. („Girmes").
[557] BGHZ 103, 184 ff., 195 („Linotype"); BGHZ 129, 136 ff., 142 f. („Girmes"); Lutter, ZHR 153 (1989), 446 ff., 452.
[558] KG Berlin, BB 2004, 2274 ff., 2276.

schüttung von Gewinnen profitiert, den ausgeschlossenen Aktionären anteilig Kompensation leisten.

II. Zwischenergebnis

Die gesetzlich vorgegebene Zinshöhe von zwei Prozentpunkten über dem Basiszinssatz ist deshalb verfassungsrechtlich zulässig, weil ein Minderheitsaktionär gemäß § 327 Abs.2, Hs.2 AktG mit der Geltendmachung eines weiteren Schadens nicht ausgeschlossen ist. In Fällen, in denen seit dem Squeeze-out-Beschluss Gewinne nicht im vollen Umfang ausgeschüttet werden, hat darüber hinaus ein Minderheitsaktionär einen zusätzlichen aus der Treupflicht zwischen den Aktionären herleitbaren Ausgleichsanspruch gegenüber dem Hauptaktionär auf anteilige Zahlung dieser nicht ausgeschütteten Gewinne.

K. Verhältnis der abfindungsrechtlichen Positionen zueinander

I. Problemaufriss

Die rechtliche Überprüfung hat dem Grunde nach ergeben, dass einem Minderheitsaktionär neben einem Ausgleich für den Verlust seiner Verhandlungsposition auch Ansprüche auf Ausgleich von Transaktionskosten, auf unechte Synergiegewinne sowie auf bestimmte Zinsbeträge zustehen.

Es muss untersucht werden, ob diese Anspruchspositionen bei der Berechnung der Abfindungshöhe gemäß § 327b Abs.1 AktG kumuliert in Ansatz gebracht werden dürfen. Gegen eine kumulative Geltendmachung könnte sprechen, wenn dadurch vermögensrechtliche Interessen der Minderheitsaktionäre teilweise mehrfach in Ansatz gebracht werden würden. Gesellschaftsrechtliche Ersatzansprüche eigener Art sollen jedoch nur einen Ausgleich zwischen den Aktionären schaffen und nicht die vermögensrechtliche Besserstellung einzelner Minderheitsaktionäre bewirken.

II. Zu den Einzelfragen

1. Transaktionskosten und Verlust der Verhandlungsposition

Solange ein Minderheitsaktionär in einer AG/KGaA verbleibt, hat er auch keine Transaktionskosten zu tragen. Erst nach Aufgabe seiner Aktionärsstellung und dem damit verbundenen Verlust seiner Verhandlungsposition gerät ein Minderheitsaktionär in eine Situation, in der er für neuerliche Investitionen Transaktionskosten zu zahlen hat. Es ist fraglich, ob im Zuge der Durchführung eines Squeeze-out-Verfahrens, in dem einem Minderheitsaktionär bereits ein Ausgleich für seine Verhandlungsposition gezahlt wird, auch noch ein Ausgleich für Transaktionskosten zu leisten ist. Dagegen könnte der Umstand sprechen, dass gesellschaftsrechtliche Ersatzansprüche eigener Art zu einem interessengerechten Ausgleich zwischen den Aktionären und nicht zu einer Begünstigung einzelner Aktionäre führen sollen. Insoweit wäre es treuwidrig, wenn ein veräußernder Gesellschafter von dem erwerbenden Mitgesellschafter auch bei freiwilliger Aufgabe der Verhandlungsposition nicht zusätzlich bei Bestimmung des Kaufpreises Transaktionskosten in Ansatz bringen könnte. Unter Berücksichtigung des Rechtsgedankens des rechtmäßigen Alternativverhaltens[559] ist darauf abzustellen, wie ein Minderheitsaktionär stünde, wenn der Mitgesellschafter mit ihm tatsächlich verhandelt hätte.

---

[559] Larenz, Lehrbuch des Schuldrechts, AT, Bd. I, I § 30, S. 527, BGHZ 91, 210; Palandt-Heinrichs, BGB-Kommentar, Vorbemerkung vor § 249, Rn. 105.

Die Frage, ob sich die Positionen „Verhandlungsposition" und „Transaktionskosten" gegenseitig ausschließen, hängt davon ab, auf welche Weise der Wert der Verhandlungsposition berechnet wird. Nach der in dieser Arbeit vorgeschlagenen Methode[560] für die Berechnung des Verlustes der Verhandlungsposition wird nicht darauf abgestellt, dass Anteile verkauft werden bzw. dass wiederum neue Anteile mit dem Transaktionserlös erworben werden. Danach wäre es grundsätzlich denkbar, dass sowohl ein Ausgleich für den Verlust der Verhandlungsposition als auch Ersatz für Transaktionskosten geleistet werden müssen.

Allerdings erscheint es nicht interessengerecht, wenn der Minderheitsaktionär diese beiden Positionen kumuliert geltend machen könnte. So liegt der Ausgleichsfähigkeit des Verlustes der Verhandlungsposition gerade der Gedanke zugrunde, dass ein Minderheitsaktionär seine Anteile behält und jederzeit die Möglichkeit hat, seine Anteile freihändig zu verkaufen. Bei einem späteren freihändigen Verkauf würde er ebenfalls nicht seine Transaktionskosten erstattet bekommen. Aus dieser Erwägung heraus kann ein Minderheitsaktionär, dem Ersatz für den Verlust seiner Verhandlungsposition geleistet wird, nicht zusätzlich Ausgleich für Transaktionskosten verlangen.

2. Synergiegewinne und Verhandlungsposition

Grundsätzlich haben die Positionen „Synergiegewinne" sowie „Ausgleich für den Verlust der Verhandlungsposition" einen unterschiedlichen rechtlichen Ansatz. Zumindest echte Synergiegewinne beruhen darauf, dass der Hauptaktionär alle Anteile auf seine Person vereinigen kann. In der Position „Ausgleich für den Verlust der Verhandlungsposition" wird hingegen darauf abgestellt, dass einem Minderheitsaktionär die Möglichkeit genommen wird, frei über seine Anteile zu verfügen und selbst den Zeitpunkt zu bestimmen, seine Anteil zu veräußern.

Gegen eine kumulierte Geltendmachung könnte der Umstand sprechen, dass ein Minderheitsaktionär bei einem freihändigen Verkauf, bei dem er seine Verhandlungsposition in Ansatz bringt, unter Umständen nicht durchsetzen könnte, dass er zusätzlich einen Teil der vom Hauptaktionär zu ziehenden Synergiegewinne erhält. Dabei ist nämlich zu beachten, dass die Verhandlungsposition eines Minderheitsaktionärs gerade deshalb so stark ist, weil der Hauptaktionär auf die Übertragung aller Anteile der Gesellschaft angewiesen ist, um die erstrebten (echten) Synergiegewinne zu erzielen. Die Bewertung der Verhandlungsposition hängt dabei maßgeblich von der Möglichkeit der Erzielung von Synergiegewinnen ab.

---

[560] Hierzu Teil 2, E. III.

Allerdings ist in Teil 2, H. dieser Arbeit festgestellt worden, dass nach derzeitiger Gesetzeslage ein Minderheitsaktionär nur Ausgleich für unechte und nicht für echte Synergieeffekte verlangen kann. Unechte Synergieeffekte können vielfach auch ohne Durchführung eines Squeeze-outs realisiert werden und sind nicht mit der Verhandlungsposition gleichzusetzen. Ausgleich für unechte Synergievorteile und Ersatz für den Verlust der Verhandlungsposition können die Minderheitsaktionäre mithin nebeneinander verlangen.

3. Transaktionskosten und Synergiegewinne

Anders als bei echten Synergieeffekten ist es für das Entstehen der Position „Transaktionskosten" nicht unmittelbar von Relevanz, dass der Hauptaktionär sämtliche Anteile übernimmt. Transaktionskosten entstehen vielmehr jedem Aktionär, der aus der Gesellschaft ausgeschlossen wird und eine anderweitige Investition vornimmt. Die Ansprüche der Minderheitsaktionäre auf anteilige Zahlung von Synergiegewinnen sowie Ansprüche auf Ersatz der Transaktionskosten beruhen dabei auf unterschiedlichen Lebenssachverhalten. Insoweit ist es gerechtfertigt, dass diese beiden Ansprüche nebeneinander geltend gemacht werden können.

4. Zinsansprüche und sonstige Vermögenspositionen

Zinsansprüche können entstehen, wenn die Barabfindung nicht rechtzeitig vom Hauptaktionär bezahlt wird. Zinsansprüche setzen also voraus, dass ein Minderheitsaktionär einerseits aus seinen Anteilen an der Gesellschaft keine Vorteile mehr ziehen kann und es ihm andererseits nicht ermöglicht wird, Ausgleichsbeträge gewinnbringend einzusetzen. Die Positionen „Verhandlungsgebühr", „Transaktionskosten" sowie „Synergieeffekte" sind hingegen Teil des Abfindungsbetrages selbst und beruhen nicht auf einer verzögerten Auszahlung.

Somit stehen einer kumulativen Geltendmachung von Zinsansprüchen sowie den weiteren Vermögensansprüchen, die auf die „Verhandlungsgebühr", „Transaktionsgebühren" und den Ersatz für „Synergieeffekte" gerichtet sind, keine rechtlichen Erwägungen entgegen.

5. Börsenkurs und Verhandlungsposition

In Fällen, in denen die AG/KGaA, bei der das Squeeze-out-Verfahren durchgeführt wird, börsennotiert ist, stellt sich die Frage, ob sich nicht bereits im Börsenkurs die Verhandlungsposition der Minderheitsaktionäre widerspiegelt.

Im Börsenkurs werden nämlich bereits die zukünftigen Erwartungen des Marktes berücksichtigt.[561] Nach der Rechtsprechung des BGH sind dabei die durch-

---

[561] Gude, Strukturänderung und Unternehmensbewertung zum Börsenkurs, S. 28.

schnittlichen, gewichteten Börsenkurse der letzten drei Monate zugrunde zu legen.[562] Insoweit ließe sich zumindest argumentieren, dass im Rahmen einer Börsenbewertung die Interessen der Minderheitsaktionäre hinreichend geschützt seien.

Gegen den Ansatz, nach dem in den durchschnittlichen, gewichteten Börsenkursen der letzten drei Monate bereits die Verhandlungsposition wertmäßig voll berücksichtigt ist, spricht allerdings, dass in dieser maßgeblichen Referenzperiode typischerweise nur einige Aktionäre bereit waren, zu dem jeweiligen Börsenkurs ihre Anteile zu veräußern und mithin ihre Verhandlungsposition freiwillig aufzugeben. Die im Rahmen des Squeeze-outs auszuschließenden Minderheitsaktionäre waren hingegen nicht zu einem Verkauf ihrer Anteile und zur Aufgabe ihrer Verhandlungsposition bereit. Deshalb ist es gerechtfertigt, wenn einem Minderheitsaktionär auch bei börsennotierten Gesellschaften ein Ausgleich für den Verlust der Verhandlungsposition geleistet wird.

[562] Steinmeyer/Häger, WpÜG-Kommentar, AktG, § 327b, Rn. 29; BGH, DB 2001, 969.

L. Differenzierung zwischen Alt- und Neuaktionären

Es ist eine unterschiedliche Behandlung von Alt- und Neuaktionären beim Squeeze-out in Betracht zu ziehen. Es ist zu untersuchen, ob ein vor dem Kauf seiner Anteile über die grundsätzliche Möglichkeit eines Minderheitenausschlusses informierter Neuaktionär mit einem schutzwürdigeren Altaktionär gleichzusetzen ist.

Als Altaktionäre sind Aktionäre anzusehen, die beim Kauf ihrer Aktien nicht wissen konnten, dass ein Squeeze-out-Verfahren durchgeführt werden kann. Sie genießen Vertrauensschutz. Vertrauensschutz genießt eine Person, die sich in ihrem Verhalten auf eine bestimmte Regelung eingestellt und ein berechtigtes Interesse daran hat, dass ihre Dispositionen nicht durch nachträgliche Rechtsänderungen durchkreuzt werden.[563] Nach der Rechtsprechung des Bundesverfassungsgerichtes ist der Bürger gegenüber rückwirkenden Belastungen in seinem Vertrauen in die bestehende Gesetzeslage solange geschützt, bis der Bundestag ein neues Gesetz beschließt.[564] Der Gesetzesbeschluss zum Squeeze-out wurde vom Deutschen Bundestag am 15.11.2001 gefasst.[565] Für die Abgrenzung von Alt- und Neuaktionären ist nicht erst auf den 01.01.2002, den Zeitpunkt des Inkrafttretens der §§ 327a ff. AktG[566], abzustellen. Der Stichtag ist vielmehr bereits der 15.11.2001.

I. Zulässigkeit der Differenzierung

Gegen die rechtliche Zulässigkeit einer unterschiedlichen Behandlung zwischen Alt- und Neuaktionären könnten einerseits das im Aktiengesetz normierte Gebot der Gleichbehandlung (§ 53a AktG) sowie andererseits Erwägungen sprechen, nach denen die im Aktienrecht anerkannten Treupflichten zwischen den Aktionären eingehalten werden müssen.

1. Gebot der Gleichbehandlung, § 53a AktG
Zweck des § 53a AktG ist unter anderem der individuelle Schutz des einzelnen Aktionärs vor Maßnahmen der Gesellschaftsorgane, also vor Beschlüssen der Hauptversammlung und vor Verwaltungshandeln.[567] Wenn die Minderheitsaktionäre bei Bemessung des Abfindungsanspruches in zwei Gruppen aufgeteilt

---

[563] Degenhart, Staatsrecht I, Rn. 362; Stern, Staatsrecht, Bd. I, § 20 IV. 4 β).
[564] BVerfGE 13, 206 ff., 213; 95, 64 ff., 87; 97, 67 ff., 79.
[565] Pötzsch, Das neue Übernahmerecht, S. 15.
[566] Artikel 12 Gesetz zur Regelung von öffentlichen Angeboten zum Erwerb von Wertpapieren und von Unternehmensübernahmen.
[567] Janssen in Heidel, Aktienrecht, AktG, § 53a, Rn. 3.

werden und danach den Altaktionären im Gegensatz zu den Neuaktionären ein zusätzlicher Anspruch auf eine erhöhte Barabfindung zustehen soll, ist es zweifelhaft, ob nicht hierin ein Verstoß gegen den Gleichbehandlungsgrundsatz zu sehen wäre.

Nach § 53a AktG wäre eine Differenzierung zwischen Alt- und Neuaktionären zulässig, wenn diese nicht „unter gleichen Voraussetzungen" ungleich behandelt werden würden.

a) Zur Anwendbarkeit des § 53a AktG
Es stellt sich zunächst die Frage, ob in Fällen eines Squeeze-outs § 53a AktG anwendbar ist. Überwiegend wird nämlich vertreten, dass sich das Gleichbehandlungsgebot gemäß dieser Vorschrift allein an die Aktiengesellschaft und nicht an bestimmte Aktionäre dieser Gesellschaft richtet.[568] Der Gleichbehandlungsgrundsatz im Sinne des § 53a AktG ist ein Instrument der Einwirkungskontrolle auf die Gesellschaft; aus Sicht des Aktionärs geht es um eine mitgliedschaftliche Abwehrbefugnis und nicht um ein Sonderrecht im Sinne des § 35 BGB.[569] Deshalb findet zwischen den einzelnen Aktionären nicht § 53a AktG Anwendung, sondern es gelten die Grundsätze über die Treupflichten.[570]

Das Squeeze-out-Verfahren ist allerdings im Ergebnis so ausgestaltet, dass der Hauptaktionär keinen Vertrag mit den einzelnen Minderheitsaktionären schließt, sondern dass es eines Hauptversammlungsbeschlusses bedarf, der von allen Aktionären angefochten werden kann. Sofern bei Hauptversammlungsbeschlüssen eine unterschiedliche Abfindungshöhe für bestimmte Aktionärsgruppen bestimmt wird, könnten Minderheitsaktionäre hiergegen gemäß der §§ 241 ff. AktG klagen.[571] Eine Ungleichbehandlung ginge wiederum von der Gesellschaft aus, so dass § 53a AktG Anwendung finden müsste.[572]

Die besondere Verfahrensweise beim Squeeze-out führt so dazu, dass nicht nur der Hauptaktionär, der die Höhe der Barabfindung gemäß § 327b Abs.1, S.1, Hs.1 AktG festlegt, die Minderheitsaktionäre unterschiedlich behandelt, sondern auch mit der Hauptversammlung ein Organ der Gesellschaft.

---

568 Janssen in Heidel, Aktienrecht, AktG, § 53a, Rn. 20; Bungeroth in Münchener Kommentar, AktG, § 53a, Rn. 3; Hüffer, AktG-Kommentar, § 53a, Rn. 4; OLG Düsseldorf, BB 1973,, 910 ff., 912; OLG Celle, WM 1974, 1013 ff., 1014.
569 Hefermehl/Bungeroth in Geßler/Hefermehl, § 53a, Rn. 4; Lutter/Zöllner in Kölner Komm., § 53a, Rn. 7; Hüffer, AktG-Kommentar, § 53a, Rn. 4.
570 BGHZ 103, 184 ff., 196 f. („Linotype"); BGH, NJW 1999, 3197 f., 3197.
571 Janssen in Heidel, Aktienrecht, AktG, § 53a, Rn. 26.
572 So auch: Hamann, Minderheitenschutz, § 22.

Die Anwendbarkeit des § 53a AktG ist mithin zu bejahen, so dass es auf die Frage ankommt, ob die weitere Voraussetzung dieser Vorschrift vorliegt, wonach Aktionäre „unter gleichen Voraussetzungen" gleich behandelt werden müssen.

b) Zur Ungleichbehandlung „unter gleichen Voraussetzungen"

Das Gebot der Gleichbehandlung beinhaltet das Verbot, Aktionäre ohne einen sachlich rechtfertigenden Grund willkürlich ungleich zu behandeln.[573] Ein rechtfertigender Grund für die unterschiedliche Behandlung von Alt- und Neuaktionären könnte darin gesehen werden, dass Neuaktionäre kein berechtigtes Vertrauen dahingehend haben, dass sie nicht aus der Gesellschaft gegen eine angemessene Barabfindung ausgeschlossen werden können. Bei den Altaktionären bestand ein solches Vertrauen jedenfalls zum Zeitpunkt des Kaufes ihrer Anteile. Der Zeitpunkt des Erwerbes ist auch heranzuziehen, weil zu diesem Zeitpunkt die schuldrechtliche Verpflichtung unwiderruflich erfolgt und somit der Schutz des Eigentumsgrundrechtes mit Art. 14 Abs.1 GG betroffen wird.

In der unterschiedlichen Vertrauenslage der Alt- und der Neuaktionäre könnten also geeignete Sachgründe[574] gesehen werden, die eine Ungleichbehandlung dieser beiden Gruppen rechtfertigt. Eine Ungleichbehandlung ist nur dann sachlich gerechtfertigt, wenn dadurch einem bestimmten Interesse der Gesellschaft nachgekommen wird, die mildeste von verschiedenen Handlungsalternativen gewählt wird und das Gesellschaftsinteresse das Mitgliedschaftsinteresse des betroffenen Minderheitsaktionärs überwiegt.[575] Das spezifische Interesse der Altaktionäre, im Zuge des Squeeze-out-Verfahrens einen erhöhten Abfindungsanspruch geltend machen zu können, liegt darin, dass sie in besonderer Weise in ihrem Eigentumsgrundrecht betroffen sind. Dies gilt auch dann, wenn in der Regierungsbegründung[576] und in den für das Squeeze-out-Verfahren für maßgeblich gehaltenen Entscheidungen des BVerfG[577] nicht auf dieses spezifische Interesse der Altaktionäre abgestellt und allgemein der Grundsatz aufgestellt wird, dass Minderheitsaktionäre eine volle wirtschaftliche Entschädigung nur für den Verlust ihrer Rechtsposition erhalten müssen. Insoweit wird nämlich nicht berücksichtigt, dass Neuaktionäre mit ihrem Ausschluss rechnen müssen und mithin unter anderen Voraussetzungen der Aktiengesellschaft beigetreten sind.

---

[573] Hüffer, AktG-Kommentar, § 53a, Rn. 10; Bokelmann in Balser/ Bokelmann/ Ott/ Piorreck, Die Aktiengesellschaft, Rn. 148; so bereits anerkannt vor Einführung des § 53a AktG – vgl. BGHZ 33, 175 ff., 186; 44, 245 ff., 256; 120, 141 ff., 150.

[574] Vgl. BGHZ 33, 175 ff., 186.

[575] BGHZ 71, 40 ff., 45 („Kali & Salz"); Lutter, ZGR 1979, 401 ff., 403.

[576] RegBegr., BT-Drucks. 14/7034, S. 32.

[577] BVerfGE 100, 289 ff., 305 f. („DAT/Altana"); BVerfGE 14, 263 ff., 281 f. („Feldmühle").

Ein Begründungsansatz, eine unterschiedliche Behandlung der Alt- und der Neuaktionäre zu rechtfertigen, könnte darin liegen, wenn mit den §§ 327a ff. AktG eine abfindungsrechtliche Besserstellung der Altaktionäre vorgesehen wäre. Aus dem Wortlaut des § 327b Abs.1 S.1 AktG lassen sich allerdings keine eindeutigen Anhaltspunkte dahingehend entnehmen. Nach diesem richtet sich die Bestimmung der Abfindungshöhe schwerpunktmäßig nach den „Verhältnissen der Gesellschaft". In den §§ 327a ff. AktG findet sich auch weder ein Hinweis darauf, dass die Minderheitsaktionäre nach dem Umfang ihres berechtigterweise bestehenden Vertrauens abzufinden seien noch dass überhaupt persönliche Umstände der einzelnen Minderheitsaktionäre berücksichtigt werden müssten. Die §§ 327a ff. AktG lassen auch nicht erkennen, dass jeder einzelne Aktionär unter Berücksichtigung seiner persönlichen Interessen- und Vertrauenslage eine entsprechend unterschiedliche Abfindungsleistung erhält. Eine solche Interpretation wird auch nicht in der Literatur befürwortet, wenn dort nur der volle Wert des Unternehmens für abfindungsfähig gehalten wird.[578] Allerdings ist es nach der Zielrichtung des § 327b Abs.1 AktG gerechtfertigt, Alt- und Neuaktionäre unterschiedlich zu behandeln. So rechtfertigt das stärkere Vertrauen der Altaktionäre, nicht ausgeschlossen werden zu können, eine unterschiedliche Behandlung.

Alt- und Neuaktionäre haben nicht unter gleichen Voraussetzungen Aktien erworben. Eine unterschiedliche Behandlung ist bei Beachtung des § 53a AktG grundsätzlich möglich.

2. Verstoß gegen Treupflichten

Es ist zu prüfen, ob neben dem Gebot der Gleichbehandlung (§ 53a AktG) bei unterschiedlicher Festlegung der Abfindungshöhe für Alt- und Neuaktionäre der Hauptaktionär auch gegen Treupflichten verstoßen kann.

Mittlerweile ist es allgemein anerkannt, dass sowohl zwischen der Gesellschaft und den Aktionären als auch zwischen den einzelnen Aktionären Treupflichten bestehen.[579] Die Treupflicht gebietet es dem einzelnen Aktionär unter anderem auch, in angemessener Weise auf die berechtigten Interessen der Gesellschaft

---

[578] Lochner in Heidel, Aktienrecht, AktG, § 327b, Rn. 7; Hueck/ Windbichler, Gesellschaftsrecht, § 32, Rn. 20..

[579] Janssen in Heidel, Aktienrecht, AktG, § 53a, Rn. 21; Lutter, JZ 1976, 225; BGHZ 65, 15 ff., 18 f. („ITT"); 103, 184 ff., 194 f. („Linotype"); 129, 136 ff., 148 („Girmes"); anders noch das RG, Urt. vom 08.04.1908, RGZ 68, 235 ff., 245 f. („Hibernia"), welches die Änderung der Machtverhältnisse in einer Aktiengesellschaft allein vom Vorliegen der erforderlichen Stimmzahl abhängig machte, auch wenn diese Beschlüsse „als verkehrt, wirtschaftlich nachteilig und die Bestrebungen der Minderheitsaktionäre schädigend" erscheinen.

und der anderen Aktionäre Rücksicht zu nehmen.[580] Die Treupflicht ist eine Ausgestaltung des Gleichheitsgebotes.[581] Der Treupflichtanspruch stellt somit auch ein Abwehrrecht eines einzelnen Aktionärs gegen eine willkürliche und unverhältnismäßige Rechtsausübung anderer Aktionäre dar.[582] Wenn sich neben einer Treupflichtverletzung auch eine Ungleichbehandlung im Sinne des § 53a AktG herausstellt, ist es anerkannt, dass zwei selbständige Anfechtungsgründe gemäß § 243 Abs. 1 AktG bestehen; ein solches Zusammentreffen von Anfechtungsgründen wird mithin für möglich gehalten.[583]

Ein Verstoß gegen die Treupflicht könnte zwar darin gesehen werden, dass der Hauptaktionär für die Alt- und die Neuaktionäre eine unterschiedliche Barabfindung festlegt. Allerdings erfolgt diese Ungleichbehandlung nicht willkürlich oder ist als unverhältnismäßig anzusehen. Altaktionäre genießen nämlich einen erhöhten Vertrauensschutz. Beim Kauf ihrer Anteile mussten sie insbesondere nicht davon ausgehen, dass sie zwangsweise aus der Gesellschaft ausgeschlossen werden können. Mithin ist es abzulehnen, die Ungleichbehandlung von Alt- und Neuaktionären als Verstoß gegen die Treupflicht einzustufen.

3. Indirekte Nachteile für Altaktionäre

Sofern die Neuaktionäre eine niedrigere Abfindung als die Altaktionäre erhalten sollten, wirkt sich dies mittelbar auch ungünstig für die Altaktionäre aus. Es liegt nämlich nahe, dass potentielle Neuaktionäre beim Ankauf von Aktien ihre Schlechterstellung bei einem eventuell durchzuführenden Squeeze-out berücksichtigen werden und nur bereit sein werden, einen ermäßigten Kaufpreis für Aktien zu zahlen. Dies gilt zumindest dann, wenn potentielle Neuaktionäre mit der Durchführung eines Squeeze-outs rechnen müssen. Das zu erwartende Kaufverhalten der Neuaktionäre führt mittelbar dazu, dass im Falle der unterschiedlichen Behandlung von Alt- und Neuaktionären die Altaktionäre wegen der eingeschränkten Veräußerbarkeit der Anteile indirekte Vermögenseinbußen hinnehmen müssen, wenn sie ihre Anteile veräußern.

Diese indirekten Nachteile sind auch deshalb von erheblicher Relevanz, weil gerade im Aktienrecht der allgemeine Grundsatz gilt, dass Mitgliedschaftsrechte übertragbar sind und abgesehen von dem Fall, bei dem die Übertragung von der Zustimmung der Gesellschaft abhängig gemacht wird (§ 68 Abs.2 AktG - vinkulierte Namensaktien), eine solche freie Übertragbarkeit auch nicht statutarisch

---

580 BGHZ 103, 184 ff., 195 („Linotype"); BGHZ 129, 136 ff., 142 f. („Girmes"); Lutter, ZHR 153 (1989), 446 ff., 452.

581 Hüffer, AktG-Kommentar, § 53a, Rn. 15.

582 Janssen in Heidel, Aktienrecht, AktG, § 53a, Rn. 22.

583 Hüffer in Münchener Kommentar, AktG, § 243, Rn. 67; K. Schmidt in Großkommentar, AktG, § 243, Rn. 44.

ausgeschlossen werden kann.[584] Es entspricht nämlich gerade der gesetzlichen Funktion von Aktienanteilsrechten, dass diese der Kapitalbeschaffung von Gesellschaften dienen und dass die Mitgliedschaft dahin „abwandern" können muss, wo anlagebereites Vermögen vorhanden ist.[585]

Es ist deshalb abzulehnen, Alt- und Neuaktionäre in unterschiedlicher Weise zu behandeln.

II. Zwischenergebnis

Grundsätzlich ist eine unterschiedliche Behandlung zwischen Alt- und Neuaktionären rechtlich möglich. Allerdings bewirkt eine rechtliche Schlechterstellung der Neuaktionäre, dass die Altaktionäre ihre Anteile nur noch zu einem ungünstigeren Preis an Neuaktionäre veräußern können. Um diese indirekten Nachteile bei einem Verkauf zu verhindern, müssen Alt- und Neuaktionäre im Rahmen eines Squeeze-outs die gleiche Abfindung erhalten.

---

584 Wiedemann, Die Übertragung von Mitgliedschaftsrechten bei Handelsgesellschaften, S. 77.

585 Würdinger, Aktienrecht und das Recht der verbundenen Unternehmen, § 11, I., 3 a).

Teil 3: Vermögensrechte bei der Übernahme

A. Einleitung

Seit dem 01.01.2002 ist ein Bieter in bestimmten Übernahmekonstellationen verpflichtet, den übrigen Aktionären eine angemessene Gegenleistung für deren Aktien anzubieten.[586] Anders als die Vorschriften zum Squeeze-out (§§ 327a ff. AktG) sind die Regelungen im WpÜG kapitalmarktrechtlich ausgestaltet.[587] Nach § 31 Abs.1 WpÜG hat ein Bieter bei Übernahme- und bei Pflichtangeboten (vgl. § 39 WpÜG) den übrigen Aktionären eine angemessene Gegenleistung anzubieten. In den §§ 3 – 7 WpÜG-AV finden sich Vorschriften, nach denen die Anforderungen zur Höhe der Gegenleistung näher festgelegt werden. Unter Berücksichtigung der §§ 31 WpÜG, 3 – 7 WpÜG-AV ist im Folgenden zu ermitteln, inwieweit einerseits zur Bestimmung der Gegenleistung eine Unternehmensbewertung vorgenommen werden muss und ob andererseits den übrigen Aktionären Ersatz für Transaktionskosten, den Verlust der Verhandlungsposition und für beim Bieter entstehende Synergiegewinne zu leisten ist.

Die im Teil 2 zum Squeeze-out angestellten Erwägungen können bereits vom Grundsatz her nicht auf die im WpÜG geregelten übernahmerechtlichen Fälle übertragen werden. Minderheitsaktionäre, die im Rahmen eines Squeeze-outs zwangsweise ausgeschlossen werden, sind schutzwürdiger als Aktionäre in übernahmerechtllichen Konstellationen, die ein Wahlrecht erhalten, ob sie ihre Anteile veräußern oder in der Gesellschaft verbleiben wollen, in der sich die Aktionärsstruktur grundlegend verändert hat.

In Fällen von Übernahmen werden einerseits die Minderheitsaktionäre belastet. So droht diesen bei erfolgreichen Übernahmen, dass der Bieter ganz maßgeblich auf die Geschäftsführung der Zielgesellschaft Einfluss nimmt und dadurch seine Vorstellungen in Bezug auf die Führung der Gesellschaft durchsetzt.[588] Andererseits wird aber auch der Bieter belastet, vor allem insoweit, als ihm beim Erwerb der Kontrollmehrheit eine Pflicht zur Abgabe eines Angebots auferlegt wird (§ 35 Abs.2 WpÜG).[589] Der Grad der jeweiligen Belastung hängt dabei von der je-

---

[586] Anders als Pflicht- und Übernahmeangebote stehen die einfachen Erwerbsangebote nur mittelbar in Zusammenhang mit Übernahmen. Da einfache Erwerbsangebote zu einer Verstärkung der Konzernierung führen, findet dennoch im Folgenden eine Auseinandersetzung mit ihnen statt.

[587] KK-Versteegen, WpÜG-Kommentar, § 1, Rn. 4.

[588] Zehetmeier in Geibel/Süßmann, WpÜG-Kommentar, Einleitung, Rn. 41; Mielke in Beckmann/Kersting/Mielke, Das neue Übernahmerecht, B 38.

[589] Meyer in Geibel/Süßmann, WpÜG-Kommentar, § 35, Rn. 13; Loritz/Wagner, WM 1991, 709 ff., 718; Thoma, ZIP 1996, 1725 ff., 1732.

weiligen Sachverhaltskonstellation ab und davon, ob der Bieter ein Pflicht-, Erwerbs- oder Übernahmeangebot abzugeben hat.

I. Abgrenzung zwischen den Angebotsarten

Mit den zueinander in einem Stufenverhältnis stehenden Anforderungen, die an den Bieter bei Erwerbs-, Übernahme- und Pflichtangeboten gestellt werden, kommt das gesetzgeberische Anliegen zum Ausdruck, Minderheitsaktionären je nach Schwere der Belastung unterschiedlich weitgehende Schutzrechte einzuräumen.

1. Einfache Erwerbsangebote

Auf der untersten Eingriffsstufe, also der Stufe, auf der die Minderheitsaktionäre am wenigsten belastet werden, stehen Fälle, in denen der Bieter zur Abgabe eines einfachen Erwerbsangebots verpflichtet ist (§§ 10 ff. WpÜG). Einfache Erwerbsangebote sind dabei entweder auf einen Wertpapiererwerb gerichtet, der zu einem unmittelbaren oder mittelbaren Stimmrechtsanteil an der Zielgesellschaft von weniger als 30 Prozent führt (Einstiegsangebote), oder – falls der Bieter bereits die Kontrolle gemäß § 29 Abs.2 WpÜG innehat – auf Aufstockung der Beteiligung (Aufstockungsangebot).[590] Sofern in dieser Weise das Angebot abgefasst wird, kann sich eine Änderung in der Kontrollstellung des Bieters nicht ergeben. Wenn der Bieter bereits vor dem Angebot die Kontrolle innegehabt hat, bleibt diese auch nach dem einfachen Erwerbsangebot – in ausgebauter Form – erhalten. Sofern hingegen vor dem einfachen Erwerbsangebot der Bieter nicht die Kontrolle über die Zielgesellschaft innehatte, erlangt er sie auch nicht im Rahmen eines einfachen Erwerbsangebotsverfahrens. Das vom Bieter abgegebene Einstiegsangebot bezieht sich nämlich nur auf den Erwerb einer bestimmten begrenzten Zahl von Aktien, deren Stimmrechte auch nicht zusammen mit den vom Bieter bereits zuvor erworbenen Stimmrechten über 30 Prozent der gesamten Stimmrechtszahl der Zielgesellschaft liegt.[591]

2. Übernahmeangebote

Übernahmeangebote können hingegen für die Minderheitsaktionäre weitreichende Folgen haben (vgl. §§ 29 ff. WpÜG). Es droht diesen – sofern die Übernahme Erfolg hat – anders als bei einfachen Erwerbsangeboten, dass der Bieter allein mit seinen Stimmanteilen die Entscheidungen in der Hauptversammlung

---

[590] RegBegr., BT-Drucks. 14/7034, S. 28/29; Liebscher, ZIP 2001, 853 ff., 857; Steinmeyer/Häger, WpÜG-Kommentar, Vor §§ 10 ff., Rn. 5.

[591] Zehetmeier-Müller in Geibel/Süßmann, WpÜG-Kommentar, Einleitung, Rn. 53.

trifft.[592] Deshalb muss der Bieter bei Abgabe von Übernahmeangeboten besondere Bestimmungen im WpÜG beachten (vgl. §§ 29 ff. WpÜG). So kann der Bieter bei seinem Übernahmeangebot den angestrebten Wertpapiererwerb der Höhe nach nicht auf ein Maximum begrenzen, so dass er nach Annahme des Angebots durch sämtliche Wertpapierinhaber 100% der Anteile halten würde.[593] Des Weiteren muss der Bieter - anders als in Fällen von einfachen Erwerbsangeboten[594] - den Minderheitsaktionären eine angemessene Gegenleistung anbieten (§§ 31 Abs.1 WpÜG, 3 ff. WpÜG-AV). Damit sind dem Bieter nicht nur hinsichtlich der Anzahl der zu erwerbenden Aktien eindeutige und in erheblicher Weise seine Dispositionsfreiheit einschränkende Anforderungen gesetzt worden, sondern auch in Hinblick auf den anzubietenden Mindestpreis. Diese sich auf die Anzahl und den Mindestpreis beziehenden Vorgaben müssen eingehalten werden, wenn der Bieter eine Kontrollstellung in einer bestimmten Gesellschaft, auf die die Vorschriften des WpÜG Anwendung finden, erlangen möchte.

3. Pflichtangebote

Mit Überschreiten der Kontrollschwelle von mindestens 30 Prozent der Stimmrechte an der Zielgesellschaft (§ 29 Abs.2 WpÜG) hat der Bieter gemäß § 35 Abs.2 WpÜG ein Pflichtangebot abzugeben. Dieses Angebot muss dabei eine angemessene Gegenleistung gemäß §§ 39, 31 Abs.1 WpÜG enthalten. In Fällen, in denen die übrigen Aktionäre einem neuen die Zielgesellschaft kontrollierenden Gesellschafter gegenüberstehen, sind sie besonders schutzbedürftig. Die Gesellschaft steht nämlich nach einem solchen Kontrollwechsel unter einem anderen Einfluss, da in der Hauptversammlung der Zielgesellschaft der neue Großaktionär regelmäßig die Entscheidungen treffen kann. Die Kontrollschwelle wird dabei bereits mit 30% der Stimmrechte angesetzt (vgl. § 29 Abs.2 WpÜG), weil die Präsenz in der Hauptversammlung oft bei kaum mehr als 40% des Grundkapitals liegt.[595] Der Hauptaktionär mit einem gehaltenen Stimmanteil von über 30% ist somit regelmäßig mit der Mehrheit an Stimmen in der Hauptversammlung vertreten.

---

[592] Zehetmeier-Müller in Geibel/Süßmann, WpÜG-Kommentar, Einleitung, Rn. 41.

[593] Steinmeyer/Häger, WpÜG-Kommentar, § 31, Rn. 8.

[594] Steinmeyer/Häger, WpÜG-Kommentar, § 31, Rn. 1; Marsch-Barner in Baums/Thoma, WpÜG-Kommentar, § 31, Rn. 1.

[595] Obermüller/Werner/Winden, Die Hauptversammlung der Aktiengesellschaft, A., Rn. 24; Benner-Heinacher, DB 1997, 2521 ff., 2522, die für DAX-Unternehmen aufzeigt, dass in den Jahren 1995 bis 1997 die durchschnittliche Hauptversammlungspräsenz dieser Unternehmen bei knapp über 60% lag. Vgl. auch Pluta in Heidel, Aktienrecht, AktG, Vor §§ 118 ff., Rn. 7, der auf Erhebungen des Deutschen Aktieninstituts verweist und einen Rückgang der Hauptversammlungspräsenz innerhalb der letzten fünf Jahre von 70% auf 40% feststellt.

II. Interessenlage des Bieters und der Minderheitsaktionäre

Die Systematik des Übernahmerechts mit der Unterscheidung zwischen Erwerbs-, Übernahme- und Pflichtangeboten zeigt, dass der Gesetzgeber nur in bestimmten Fällen, nämlich immer dann, wenn ein Herrschaftswechsel in der Gesellschaft stattfindet oder stattzufinden droht, die Abgabe eines eine angemessene Gegenleistung enthaltenen Angebots für erforderlich hält. Eine solche Pflicht besteht danach gemäß §§ 31, 39 WpÜG nur bei Übernahme- und bei Pflichtangeboten, aber nicht in Konstellationen, in denen der Bieter ein einfaches Erwerbsangebot abgibt.[596] Auch wenn der Bieter grundsätzlich ein Interesse daran hat, den Minderheitsaktionären eine möglichst niedrige Gegenleistung anzubieten, wird er dennoch vielfach eine Gegenleistung festlegen, die weit über einem nach den Angemessenheitsvorschriften der §§ 31 Abs.1 WpÜG, 3 ff. WpÜG-AV bestimmten Mindestbetrag liegt. Dies ist deshalb anzunehmen, weil ein Bieter, der die Kontrolle an der Zielgesellschaft durch ein Übernahmeangebot zu erlangen sucht, sein Angebot aus freien Stücken zugunsten der Aktionäre der Zielgesellschaft attraktiv ausgestalten wird, um den Erfolg des Angebots zu sichern.[597] Deshalb werden in Fällen von Übernahmeangeboten die Vorschriften über eine angemessene Abfindung eher geringe Bedeutung erlangen.[598]

Die Minderheitsaktionäre hingegen haben grundsätzlich ein Interesse daran, dass ihnen eine hohe Gegenleistung angeboten wird. Dies gilt zumindest für diejenigen, die in Erwägung ziehen, das Angebot anzunehmen. Nur wenn ein Minderheitsaktionär nicht zum Verkauf seiner Anteile bereit ist, könnte er ein Interesse daran haben, dass die Gegenleistung vom Bieter niedrig bemessen wird. Bei einem unattraktiven Gegenleistungsangebot kann der Bieter seinen Aktienanteil nämlich nur in eingeschränktem Maße oder in keiner Weise ausbauen.

III. Dogmatische Einordnung des Anspruches auf Gegenleistung

Anders als bei Abfindungsansprüchen nach den §§ 327a Abs.1, 327b Abs.1 AktG[599] steht die dogmatische Einordnung des Anspruches auf Gegenleistung (§ 31 WpÜG) nicht in Streit. Bereits nach der Begriffsbestimmung nach § 2 Abs.1 WpÜG handelt es sich bei den Angeboten nach WpÜG um öffentliche Kauf- oder Tauschangebote. Soweit also der Bieter eine Gegenleistung in bar anbietet, gibt er ein Kaufangebot ab, welches die übrigen Aktionäre annehmen können

[596] Steinmeyer/Häger, WpÜG-Kommentar, § 31, Rn. 1; Marsch-Barner in Baums/Thoma, WpÜG-Kommentar, § 31, Rn. 1.
[597] Krause, BB 2004, 113 ff., 117; Steinmeyer/Häger, WpÜG-Kommentar, § 31, Rn. 2.
[598] Steinmeyer/Häger, WpÜG-Kommentar, § 31, Rn. 2.
[599] Hierzu Teil 2, B.

(vgl. § 16 WpÜG). Sofern im WpÜG keine spezielleren Vorschriften vorgesehen sind, finden mithin auf Erwerbs-, Übernahme- und Pflichtangebote die §§ 145 ff. BGB Anwendung.[600]

Aus der Einstufung des Anspruches auf Gegenleistung als vergütungsrechtlichen Anspruch lässt sich herleiten, dass die Grundsätze zur Privatautonomie[601] berücksichtigt werden müssen. Sofern also aus den §§ 31 WpÜG, 3 - 7 WpÜG-AV bzw. Art. 14 Abs.1 GG keine Einschränkungen der Privatautonomie herzuleiten sind, hängt die Höhe der Gegenleistung von dem Willen der Vertragsparteien und von der Verkehrsauffassung ab (§§ 133, 157 BGB).

600 Wackerbarth in Münchener Kommentar, Aktiengesetz, Bd. 9/1, WpÜG, § 1, Rn. 4; Steinmeyer/Häger, WpÜG-Kommentar, § 1, Rn. 5.
601 Vgl. Larenz, Lehrbuch des Schuldrechts, Bd. I, AT, § 6 I.

B. Eigentumsrechtliche Aspekte der Übernahme

I. Zur Problematik

Im Übernahmerecht kommt der Frage, ob Übernahmeangebote bereits aufgrund des Eigentumsgrundrechts des Art. 14 Abs.1 GG eine angemessene Gegenleistung zum Inhalt haben müssen, entscheidende Bedeutung zu. Es kommt nämlich in Betracht, dass den Minderheitsaktionären bei verfassungskonformer Auslegung der §§ 31 WpÜG, 3 – 7 WpÜG-AV unter Heranziehung des Art. 14 Abs.1 GG eine erhöhte Gegenleistung – im Gegensatz zur konventionellen Auffassung – zusteht. Im Rahmen einer erhöhten Gegenleistung könnte den Minderheitsaktionären insbesondere Ersatz für Transaktionskosten und für die Hinzuziehung von Beratern geleistet werden müssen.

1. Auffassung von Schneider und Burgard

Nach Auffassung von Schneider und Burgard besitzen freie Aktionäre zumindest praktisch keine Wahlmöglichkeit, ob sie ein Übernahmeangebot annehmen oder nicht.[602] Tatsächlich führen nämlich nach Ansicht dieser Autoren[603] erfolgreiche Übernahmen nach Abgabe eines Übernahmeangebots zu „faktischen Squeeze-outs", da rein faktisch die freien Aktionäre nach einer Übernahme nur die Möglichkeit haben, ihre Aktien zu verkaufen oder das Übernahmeangebot anzunehmen.[604] Ein Verbleiben in der Gesellschaft sei hingegen mit so vielen und weitreichenden Nachteilen verbunden, dass hierin ein Minderheitsaktionär keine Alternative sehen könne. Ziel des Bieters sei es nämlich in der Regel, die Zielgesellschaft zu konzernieren oder sie zu zerschlagen.[605]

2. Auffassung der Rechtsprechung

Unter Bezugnahme auf die DAT/Altana-Entscheidung des Bundesverfassungsgerichts[606] wird für Übernahmefälle nach WpÜG vertreten, dass Minderheitsaktionäre sich auch in Fällen eines Wechsels des Kontrollinhabers auf das Eigentumsgrundrecht gemäß Art. 14 Abs.1 GG stützen können.[607] Unter Einbeziehung der in der DAT/Altana- sowie der Moto Meter-Entscheidung des Bundesverfassungsgerichtes angestellten Erwägungen wird vom OLG Frankfurt am Main vertreten, dass die Minderheitsaktionäre in Fällen einer Übernahme möglicherweise in ihren wirtschaftlichen Interessen beeinträchtigt werden; Art. 14 Abs.1 GG

602 Schneider, AG 2002, 125 ff., 126.
603 Schneider/Burgard, DB 2001, 963 ff., 965.
604 Vgl. auch Otto, DB-Beilage 12/1988, 1 ff., 4.
605 Schneider, AG 2002, 125 ff., 126.
606 BVerfGE 100, 289 ff. („DAT/Altana").
607 Nietsch, BB 2003, 2581 ff., 2587.

werde jedoch nicht verletzt.[608] Das OLG Frankfurt am Main legt einerseits dar, dass das Anteilseigentum von Art. 14 Abs.1 GG auch bei Übernahmen betroffen sein könnte, da die Verwertbarkeit der Aktien nach einer Übernahme eingeschränkt sein könnte.[609] Der Schutzbereich des Eigentumsgrundrechtes sei mithin eröffnet. Allerdings stellt das Gericht andererseits fest, dass nur neue gesetzliche Inhalts- und Schrankenbestimmungen Eingriffe in das Anteilseigentum darstellen können, da nur in diesen Fällen die bisherigen Befugnisse der Anteilseigentümer abstrakt und generell beschnitten werden oder diesen neue Pflichten auferlegt werden.[610] Den Anteilseigentümern werde durch das WpÜG hingegen eine zusätzliche Wahlmöglichkeit eingeräumt, die nach Verfassungsgrundsätzen nicht geboten gewesen sei, so dass kein Eingriff in das Eigentumsgrundrecht anzunehmen sei.

Ob das Bundesverfassungsgericht dieser Auffassung folgen wird, wonach in Übernahmefällen nicht in die Eigentumsrechte der Minderheitsaktionäre eingegriffen wird, kann nur prognostiziert werden. In der DAT/Altana-Entscheidung prüfte es, ob die Zivilgerichte in einem aktienrechtlichen Spruchverfahren bei der Bestimmung eines angemessenen Ausgleichs und einer angemessenen Abfindung den Börsenkurs oder den tatsächlich bezahlten Preis für Aktien eines beteiligten Unternehmens berücksichtigen müssen. In dem zugrunde liegenden Sachverhalt machte eine Aktionärin der DAT AG im Zuge einer Verfassungsbeschwerde geltend, dass ihr ein höherer Ausgleichsbetrag gemäß § 304 AktG und eine höhere Abfindung gemäß § 305 AktG zustünden, nachdem die DAT AG mit ihrer Hauptaktionärin, der Altana AG, die 91,3% der Anteile hielt, einen Beherrschungs- und Gewinnabführungsvertrag abgeschlossen hatte. Nachdem die Altana AG in der Folgezeit ihren Anteil an der DAT AG auf über 95% erhöht hatte, fasste die Hauptversammlung der DAT AG auf Veranlassung der Altana AG einen Eingliederungsbeschluss. Da in diesem Eingliederungsbeschluss die Altana AG lediglich eine Abfindung mit ihren Aktien oder in bar vorsah, die bei Berücksichtigung der Börsenkurse der beiden Gesellschaften weitaus höher hätte ausfallen müssen, war die klagende Aktionärin mit der Abfindungshöhe nicht einverstanden. Des Weiteren lagen auch die Erwerbspreise, die die Altana AG für Anteile an der DAT AG gezahlt hatte, über denen der späteren Abfindung. In dieser Konstellation vertrat das Bundesverfassungsgericht die Auffassung, dass Vorerwerbspreise zum „wahren“ Wert des Anteilseigentums in keiner Beziehung stehen. Im Vorerwerbspreis komme lediglich der Grenznutzen zum Ausdruck, den der Mehrheitsaktionär aus den erworbenen Aktien ziehen kann. Dieser Grenznutzen zeichne sich vielfach dadurch aus, dass der Mehrheitsaktio-

[608] OLG Frankfurt/Main, NZG 2003, 1120 ff., 1122.
[609] OLG Frankfurt/Main, NZG 2003, 1120 ff., 1122.
[610] OLG Frankfurt/Main, NZG 2003, 1120 ff., 1122.

när mit Hilfe der erworbenen Aktien ein Stimmquorum erreiche, das aktien- und umwandlungsrechtlich für bestimmte gesellschaftsrechtliche Maßnahmen erforderlich sei.[611]

II. Eigentumsgrundrecht des Minderheitsaktionärs

Ein Minderheitsaktionär könnte vor allem dann ein Recht auf eine erhöhte Gegenleistung haben, wenn ihm gegenüber dem Bieter nicht nur gemäß § 31 Abs.1 WpÜG ein Anspruch auf angemessene Gegenleistung zusteht, sondern dieser auch auf Grund des Eigentumsgrundrechts (Art. 14 GG) herzuleiten wäre.

Für eine verfassungsrechtlich determinierte Pflicht, eine angemessene Gegenleistung anbieten zu müssen, spricht der Gedanke des prisoners` dilemma[612], wonach einem Minderheitsaktionär nach erfolgreicher Durchführung einer Übernahme schwere Nachteile drohen. Unter schweren Nachteilen versteht man, dass Aktien eines beherrschten Unternehmens erfahrungsgemäß deutlich schlechter bewertet werden als Aktien von Gesellschaften mit breit gestreutem Aktionärskreis.[613] Vermögensverwalter vertreten die Auffassung, dass Anleger Unternehmen meiden sollten, die stark durch Akquisitionen gewachsen sind, da in diesen Fällen des Öfteren schwere Unternehmenszusammenbrüche drohen.[614] Zusammenfassend werden deshalb in der Literatur Übernahmen auch als „faktisches Squeeze-out", als „Loss-loss-Situation"[615] oder als „Gefangenendilemma" („prisoners` dilemma")[616] bezeichnet, da ein Aktionär in seiner Anlageentscheidung nachhaltig enttäuscht werde, indem er sich für ein Investment in ein konzernfreies Unternehmen entschieden habe und langfristig in einem solchen konzernfreien Unternehmen seine Aktionärsstellung einnehmen wollte.[617] Des Weiteren wird auch deshalb die Entscheidungsmöglichkeit des Kleinaktionärs bei Übernahmeversuchen als stark eingeschränkt angesehen, weil dieser Aktionärstyp aufgrund des vorherrschenden Informationsdefizits, aber auch strukturbedingt, der schwächere Teil bei Übernahmeversuchen sei.[618] Wegen dieses In-

[611] BVerfGE 100, 289 ff., 306 („DAT/Altana").
[612] Nietsch, BB 2003, 2581 ff., 2587; Schneider/Burgard, DB 2001, 963 ff., 965; Witt, NZG 2000, 809 ff., 812.
[613] Nietsch, BB 2003, 2581 ff., 2587; Bozenhardt, Freiwillige Übernahmeangebote, S. 19; a.A. Pietzke, FS für Fikentscher, S. 601 ff., 613.
[614] Küting/Weber/Keßler, FB 2003, 625 ff., 630.
[615] Schneider/Burgard, DB 2001, 963 ff., 964.
[616] Mülbert/Birke, WM 2001, 705 ff., 713; Zehetmeier-Müller in Geibel/Süßmann, WpÜG-Kommentar, Einleitung, Rn. 41.
[617] Schneider/Burgard, DB 2001, 963 ff., 965.
[618] Daum, Die unkoordinierte Übernahme, S. 23; Berger, ZIP 1991, 1644 ff., 1647; vgl. auch: Henssler, ZHR 153 (1989), 611 ff., 611.

formationsdefizits auf deutschen Aktienmärkten laufe deshalb ein Minderheitsaktionär Gefahr, dem Bieter seine Anteile zu „billig" zu verkaufen.[619] Außerdem bestehe die Gefahr, dass der Bieter durch das Erreichen der kontrollfähigen Position die Möglichkeit erlangt habe, die gesetzlichen Organe der betroffenen Gesellschaft zu bestimmen und damit die Geschäfts- und Unternehmenspolitik zu gestalten.[620]

1. Verfassungsrechtliche Überprüfung

Die Vorschriften des WpÜG und insbesondere § 31 WpÜG vermitteln Schutzrechte zugunsten der Minderheitsaktionäre, die im Lichte des Art. 14 GG auszulegen sein könnten, ggf. sogar müssten. Bei Überprüfung des eigentumsmäßigen Schutzumfanges ist zu berücksichtigen, dass es vor der Einführung des WpÜG keine Verpflichtung des Bieters gab, übernahmerechtliche Angebote abzugeben. Dieser Rechtszustand wurde überwiegend auch für mit den Grundrechten (Art. 14 GG) vereinbar gehalten.[621] Danach war der Bieter allenfalls durch gesellschafts- und kapitalmarktrechtliche Standards gebunden, die etwa im Verbot der Abgabe unzutreffender und irreführender Angaben liegen.[622]

2. Schutzbereich des Art. 14 Abs.1 GG

Art. 14 Abs.1 S.1 GG schützt die Herrschafts- und Nutzungsbefugnis, das Recht des „Habens" und „Gebrauchmachens" eines konkreten Gegenstands.[623] Die Veränderung der Aktionärsstruktur kann Einfluss auf die Attraktivität der Aktien der übrigen Aktionäre haben, da insbesondere Aktienverkäufe wegen geringerer Liquidität erschwert werden.

Es ist allerdings zweifelhaft, ob der Schutzbereich des Art. 14 Abs.1 GG zu Lasten der Minderheitsaktionäre bei Änderung der Kontrollstellung betroffen ist. Vor der Einführung des WpÜG lagen keine gesetzlichen Vorschriften in Bezug auf die Durchführung von Unternehmensübernahmen vor. Insbesondere die Verpflichtung des Bieters, in Fällen des § 35 Abs.2 WpÜG ein Pflichtangebot abgeben zu müssen, und die eingeführten Regelungen der §§ 31, 39 WpÜG, wonach bei Übernahme- und Pflichtangeboten der Bieter eine angemessene Gegenleistung anzubieten hat, führen nach teilweise vertretener Ansicht sogar zu

---

619 Assmann/ Bozenhardt in Assmann/Basaldua/Bozenhardt/ Peltzer, Übernahmeangebote, ZGR-Sonderheft 1990, S. 15.

620 Bozenhardt, Freiwillige Übernahmeangebote, S. 14.

621 Vgl. OLG Frankfurt/Main, NZG 2003, 1120 ff., 1122; Cahn, ZHR 167 (2003), 262 ff., 286.

622 Cahn, ZHR 167 (2003), 262 ff., 286.

623 BVerfGE 50, 290 ff., 341 („Mitbestimmung"); Papier, AöR 98 (1973), 528 ff., 533.

einer eigentumsrechtlichen Verbesserung der Rechtsstellung[624] der Minderheitsaktionäre.

Nach dem verfassungsrechtlichen Eigentumsbegriff (Art. 14 Abs.1 GG) ist es aber gerade von maßgeblicher Bedeutung, ob der Gesetzgeber mit der Einführung des WpÜG Rechte der Minderheitsaktionäre beschränkt hat. Nur wenn dies der Fall wäre, kann das Eigentumsgrundrecht des Art. 14 Abs.1 GG betroffen sein. Insoweit ist zu prüfen, ob aus grundrechtlicher Sicht mit der Einführung des § 31 Abs.1 WpÜG ein Eingriff in das Eigentumsgrundrecht einhergeht.

a) Rechtsverlust durch Einführung des WpÜG
Bis zur Einführung des WpÜG gab es nur einen von der Börsensachverständigenkommission aufgestellten Übernahmekodex, dessen Verbindlichkeit jedoch von der Zustimmung der Marktteilnehmer abhing.[625] Vor dem 01.01.2002 waren die Bieter – solange sie den Übernahmekodex nicht ausdrücklich anerkannten (Art. 21 Übernahmekodex)[626] – weder verpflichtet, ein Pflichtangebot abzugeben, noch mussten sie den übrigen Aktionären eine angemessene Gegenleistung gewähren. Insoweit haben die Minderheitsaktionäre im Vergleich zur Rechtslage, die vor Einführung des WpÜG bestand, keinen Rechtsverlust erlitten. Dies gilt zumindest insoweit, wie nicht bereits vor Einführung des WpÜG die Minderheitsaktionäre vor Übernahmen durch Art. 14 Abs. 1 GG geschützt waren. In diesem Fall käme es in Betracht, dass die Einführung des WpÜG zu einem Rechtsverlust unmittelbar durch Gesetz geführt hat.

b) Schutz der Aktionäre vor Inkrafttreten des WpÜG
Soweit die Minderheitsaktionäre bereits vor Einführung des WpÜG vor vermögensrechtlichen Nachteilen bei Übernahmen geschützt waren und ihnen mithin ein Gegenleistungsangebot für ihre Aktien hätte gemacht werden müssen, könnte ihr elementarer Bestand des Eigentumsrechts durch Einführung einer ungünstigeren Gegenleistungsregelung betroffen sein.[627] Durch Änderung der Aktionärsstruktur müsste der durch Art. 14 GG gesicherte Freiheitsbereich aufgehoben oder wesentlich geschmälert sein.[628]

aa) Einstufung der Übernahme als faktisches Squeeze-out
Es ist zu erwägen, ob bereits vor Einführung des WpÜG allein in der Kontrollerlangung durch einen Bieter ein Eingriff in das Eigentumsgrundrecht zu sehen ist.

[624] Ihrig, ZHR 167 (2003), 315 ff., 326.
[625] Steinmeyer/Häger, WpÜG-Kommentar, Einleitung vor § 1, Rn. 9.
[626] Zehetmeier-Müller in Geibel/Süßmann, WpÜG-Kommentar, Einleitung, Rn. 5.
[627] Vgl. Wendt in Sachs, GG-Kommentar, Art. 14, Rn. 10; Bleckmann in Staatsrecht II, § 35, Rn. 80.
[628] BVerfGE 58, 300 ff., 339 („Nassauskiesungsentscheidung").

In der Literatur[629] wird diese Ansicht teilweise vertreten; insbesondere von Verfassern, die Übernahmen als „faktische Squeeze-outs“ einordnen.

Die zum faktischen Squeeze-out angeführten Argumente müssten die Annahme rechtfertigen, in der Durchführung einer Übernahme einen Eingriff in das Eigentumsgrundrecht zu sehen. Zum faktischen Squeeze-out führt die Literatur aus, dass das Verbleiben in einer Gesellschaft, bei der ein Kontrollwechsel stattfand, einen schweren Nachteil für den Minderheitsaktionär bedeute, da vom Bieter häufig eine Konzernierung angestrebt werde.[630] Die Bildung von Konzernen bringt dann als negative Folge für die Minderheitsaktionäre mit sich, dass die unternehmerische Zielsetzung nicht mehr speziell auf den Erfolg der Zielgesellschaft gerichtet sei, sondern vielmehr auf den Erfolg des Gesamtkonzerns.[631] Die zugunsten von Minderheitsaktionären bestehenden Schutzmechanismen seien nicht ausreichend, weil diese erst nach Entstehen der Konzernierung eingreifen.[632] Außerdem wird gegen die Funktionsfähigkeit des im Konzernrecht bestehenden Systems des Außenseiterschutzes angeführt, dass dieses mit zahlreichen Beurteilungs- und Nachweisproblemen belastet sei.[633] Im Falle der Konzernierung bzw. der Abhängigkeit der Zielgesellschaft bestehe die Möglichkeit, dass der Vorstand – anstatt das Unternehmen unter eigener Verantwortung und im gemeinsamen Interesse der Aktionäre und Gläubiger zu betreiben – nur noch Weisungen eines Aktionärs befolge, der keine organschaftliche Verantwortung trage und dessen Interessen häufig genug denen der übrigen Aktionäre und der Gesellschaft diametral entgegengesetzt seien.[634] In diesem Fall werde aus dem Aufsichtsrat als Überwachungsorgan ein Leitungsorgan, über das der Großaktionär in die Gesellschaft „hineinregiert“.[635] Die durch eine erfolgreiche Übernahme entstehende Konzernstruktur bewirke erfahrungsgemäß auch, dass die Aktien des beherrschten Unternehmens wesentlich schlechter als Aktien von Gesellschaften mit einem breit gestreuten Aktionärskreis bewertet werden.[636] Der Free Float, also der Bestand an Aktien, die nicht von Großaktionären gehal-

[629] Schneider, AG 2002, 125 ff., 126; Schneider/Burgard, DB 2001, 963 ff., 965; Nietsch, BB 2003, 2581 ff., 2587.
[630] Schneider, AG 2002, 125 ff., 126.
[631] Hoffmann, Konzernhandbuch, S. 93; Prantl, Konzernbildung, Konzernrecht und Minderheitenschutz in Deutschland, S.2.
[632] Vgl. Raiser, Recht der Kapitalgesellschaften, § 52, Rn. 13.
[633] Kropff in Münchener Kommentar zum AktG, Vor §§ 311 ff., Rn. 24.
[634] Emmerich/Sonnenschein/Habersack, Konzernrecht, § 1, III., 3., b).
[635] Emmerich/Sonnenschein/Habersack, Konzernrecht, § 1, III., § 1, 3., b).
[636] Nietsch, BB 2003, 2581 ff., 2587.

ten werden, ist auch ein Kriterium zur Beurteilung der Frage, ob eine Aktiengesellschaft in bestimmten Indizes an der Börse gelistet sein darf.[637]

Sofern sich der Bieter nicht die Konzernierung zum Ziel gesetzt habe, erfolge der Ankauf der Anteile nach einer Ansicht in der Literatur vielfach, um das Unternehmen zu zerschlagen.[638] Es bestehe dabei die Gefahr der Ausbeutung der Zielgesellschaft. Durch den Kontrollwechsel verschaffe sich der Bieter nämlich die Möglichkeit, Vermögen der Zielgesellschaft auf sich zu transferieren, indem er den Geschäftsbetrieb zur Maximierung eigener Gewinnziele zweckentfremde („weiche Ausbeutung") oder sie „ausplündert", beispielsweise durch Gewinn bringende Veräußerung einzelner Unternehmensteile oder sogar durch Zerschlagung („harte Ausbeutung").[639] Zumindest langfristig droht nach einigen Stimmen in der Literatur den übernommenen Gesellschaften ein Delisting oder neuerdings auch ein Ausschluss aus der Gesellschaft im Zuge eines Squeeze-outs.[640]

Zumindest faktisch besitze der Bieter bzw. nach erfolgreich durchgeführter Übernahme der die Kontrolle innehabende Hauptaktionär einen Informationsvorsprung gegenüber den Minderheitsaktionären, mit dem er seine Interessen einseitig durchsetzen könne.[641] Außerdem gelange der Bieter mit wachsendem Aktienanteil an der Gesellschaft in eine Position, in der er die Informationspolitik der Gesellschaft bestimme. Aus dieser Stellung heraus sei es ihm dann auch möglich, auf die Bilanzierung Einfluss zu nehmen sowie auf die Höhe der jeweiligen Gewinnausschüttungen.[642]

bb) Zu den Gegenargumenten einer solchen Qualifizierung

Allerdings lassen sich gewichtige Argumente anführen, die gegen die Einstufung der Übernahmen unter den Begriff des „faktischen Squeeze-outs" sprechen. Aus einem Vergleich mit den Vorschriften des Squeeze-outs (§§ 327a ff. AktG), nach denen die Minderheitsaktionäre vollständig aus der Gesellschaft ausscheiden und ihnen nicht einmal ein Restbestand an Rechten verbleibt, ergibt sich, dass zwischen Übernahmen und Ausschlüssen aus Gesellschaften wesentliche strukturelle Unterschiede bestehen. Praktische Erfahrungen zeigen, dass bei weitem nicht alle Minderheitsaktionäre Angebote des Bieters in Übernahmefällen

---

[637] Schanz, Börseneinführung, § 11, Rn. 7 (S. 345). Nach § 9 BörsZulV müssen sich bei einem im amtlichen Handel notierten Unternehmen mindestens 25% der zugelassenen Aktien im Streubesitz befinden.

[638] Schneider, AG 2002, 125 ff., 126.

[639] Ekkenga/Schulz in Ehricke/Ekkenga/Oechsler, WpÜG-Kommentar, Einführung, Rn. 35.

[640] Nietsch, BB 2003, 2581 ff., 2587; Schneider, AG 2002, 125 ff., 126; vgl. auch Schneider/Burgard, DB 2001, 963 ff., 965.

[641] Schnorbus, ZHR 166 (2002), 72 ff., 109.

[642] Krause, Das obligatorische Übernahmeangebot, S. 106.

annehmen.[643] Auch wenn tatsächlich Aktienkurse bei einigen Zielgesellschaften nach einer erfolgreichen Übernahme fallen[644], ist diesem Phänomen keine allgemeine Bedeutung zuzuschreiben. Es gibt nämlich viele Gegenbeispiele, die gerade zeigen, dass das die Minderheitsaktionäre in Fällen von Konzernierungen schützende Instrumentarium (vgl. §§ 291 ff., 311 ff. AktG) zumindest teilweise auch geeignet ist, das Anlegervertrauen zu erhalten bzw. sogar zu erhöhen.[645] Auch in Fällen von faktischen Konzernierungen, in denen die einzelnen Maßnahmen des herrschenden Aktionärs nicht unterscheidbar und nicht nach den §§ 311 ff. AktG einzeln ausgleichbar sind, bestehen Schutzmechanismen zugunsten der übrigen Aktionäre.[646] So darf auch in einem „qualifiziert faktischen Konzern“ nur der Bilanzgewinn an die Aktionäre ausgeschüttet werden (§ 57 Abs.3 AktG); bei Zuwiderhandlungen hat die Gesellschaft gemäß § 62 AktG einen Anspruch auf Rückgewähr. In der Folgezeit nach Übernahmen werden im Übrigen zum Beispiel häufig schwache Vorstände durch besser wirtschaftende Unternehmensleiter ersetzt.[647] Darüber hinaus kann die Zielgesellschaft auch insoweit von einer Übernahme profitieren, indem sie günstige Konzerneinkaufspreise nutzen kann.[648]

Auch wenn sich die Börsenkursbewertung zu Lasten der Minderheitsaktionäre bei Verringerung des Free Float verändern kann, führt dieser Effekt zu keinem Eingriff in elementare Eigentumsrechte eines Minderheitsaktionärs. Durch Änderung der Aktionärsstruktur, die sich für die Minderheitsaktionäre ungünstig auswirken kann, verwirklicht sich ein jedem Aktionär bei Beitritt zur Gesellschaft bekanntes Risiko. Hierin wäre kein schwerwiegender Eingriff in das Eigentumsgrundrecht zu sehen. Auch in der Rechtsprechung des Bundesverfassungsgerichts (vor allem in der DAT/Altana- Entscheidung[649]) wird lediglich darauf abgestellt, dass den Minderheitsaktionären ihre Mitgliedschaftsrechte erhalten bleiben müssen. In diesen Entscheidungen wird hingegen nicht aufgezeigt, dass die Stellung eines Aktionärs in der Hauptversammlung eigentumsrechtlich zu schützen sei. In Übernahmefällen ändert sich aber gerade nur die

---

643 Blättchen/Götz, FB 2004, 324 ff., 325/326.
644 Schneider/Burgard, WM 2001, 963 ff., 965.
645 Schmidt/Prigge, DBW 62 (2002), 225 ff., 226.
646 BGHZ 149, 10 ff., 15 ff. („Bremer Vulkan“); BGHZ 150, 61 ff., 68 ff. („L. Kosmetik“); BGHZ 151, 181 ff., 183 ff. („KBV“). In der Entscheidung „Bremer Vulkan“ gab der BGH seine Rechtsprechung zu qualifiziert faktischen Konzernen auf, wonach vertragskonzernrechtliche Vorschriften analoge Anwendung finden konnten (BGHZ 95, 330 ff. („Autokran“); BGHZ 105, 324 ff. („Supermarkt“); BGHZ 107, 7 ff. („Tiefbau“); BGHZ 115, 187 ff. („Video“); BGHZ 122, 123 ff. („TBB“).
647 Schmidt/Prigge, DBW 62 (2002), 225 ff., 226.
648 Kuhlmann/Ahnis, Konzernrecht, A. I., Rn. 9.
649 BVerfGE 100, 289 ff. („DAT/Altana“).

Aktionärsstruktur; Mitgliedschaftsrechte der Minderheitsaktionäre, die das Angebot nicht annehmen, bleiben hingegen unberührt.

In Anbetracht dessen, dass den Minderheitsaktionären mit den §§ 304 ff., 311 ff. AktG ein differenziertes System von konzernrechtlichen Anspruchsgrundlagen zur Verfügung steht, ist es deshalb abzulehnen, dass es bereits aufgrund des Art. 14 Abs.1 GG geboten war und ist, Vorschriften wie die des WpÜG (und dort vor allem die §§ 31 und 35) als Schutzvorschriften zur Konzerneingangskontrolle einzuführen. Gegen das Erfordernis eines solchen zusätzlichen verfassungsrechtlich gebotenen Schutzes spricht, dass das Aktiengesetz bereits die Gesellschaft und die verbleibenden Gesellschafter gegen konkrete schädigende Maßnahmen des Erwerbers durch die §§ 57, 62 Abs.1 AktG (Verbot verdeckter Gewinnausschüttungen) und §§ 117, 311 ff. AktG schützt[650]. Des Weiteren tritt zusätzlich zur Haftung des schädigenden Erwerbers nach §§ 62 Abs.1, 117 Abs.1 sowie 317 Abs.1 AktG in erster Linie die Pflicht des Vorstandes, von sich aus dem zerschlagungs- und ausbeutungswilligen (neuen) Aktionär entgegenzutreten.[651] Sofern der Vorstand nicht auf die Einhaltung der vermögensmäßigen Integrität der von ihm geführten Gesellschaft achtet, macht er sich auch im Sinne des § 93 AktG der Gesellschaft gegenüber schadensersatzpflichtig. Wenn einzelne Gesellschafter die Kontrolle über die Gesellschaft ausüben, hat sich die Geschäftsführung grundsätzlich nach dem Gesellschaftsinteresse zu richten.[652]

Deshalb ist die Annahme abzulehnen, dass das Eigentumsgrundrecht der übrigen Aktionäre bereits vor Einführung des WpÜG betroffen war, wenn in Fällen einer Übernahme der Übernehmer den Minderheitsaktionären keine angemessene Gegenleistung angeboten hatte.

---

650 Lutter, ZHR 153 (1989), 446 ff., 461.

651 Seydel, Konzernbildungskontrolle bei der Aktiengesellschaft, S. 97.

652 Reiner, Unternehmerisches Gesellschaftsinteresse und Fremdsteuerung, S. 131.

C. Konstellation, in der ein Pflichtangebot abgegeben werden muss

Es fragt sich insbesondere im Zusammenhang mit Pflichtangeboten, ob die Minderheitsaktionäre durch die Vorschriften der §§ 35 ff. WpÜG hinreichend geschützt werden. Genauso wie in Konstellationen des Squeeze-outs könnte ein Anspruch der Minderheitsaktionäre darauf bestehen, dass ihnen Transaktions- und Beraterkosten erstattet werden. Daneben wird überprüft, ob und inwieweit der Bieter Synergievorteile aus der Transaktion ziehen sollte.

I. Ersatz von Transaktionskosten

Es ist von entscheidender Bedeutung, ob die gesetzlichen Vorschriften der §§ 31, 39 WpÜG, 3 ff. WpÜG-AV die Zahlung eines Ausgleichsbetrages für entstehende Transaktionskosten vorsehen. Dies gilt insbesondere deshalb, weil es aus verfassungsrechtlichen Gründen nicht geboten ist, ein Pflichtangebot abzugeben[653], nach dem der Bieter bei Bestimmung der angemessenen Gegenleistung die Verpflichtung hat, auf Grundlage des Art.14 GG auch für die Transaktionskosten einzustehen.

1. Wortlaut der §§ 31, 39 WpÜG, 3 – 7 WpÜG-AV
In §§ 31 Abs.1 S.1, 39 WpÜG ist bestimmt, dass den Aktionären der Zielgesellschaft auch in Fällen von Pflichtangeboten eine angemessene Gegenleistung anzubieten ist. Bei Bestimmung dieser angemessenen Gegenleistung sind grundsätzlich der durchschnittliche Börsenkurs der Aktien der Zielgesellschaft und Vorerwerbe von Aktien der Zielgesellschaft durch den Bieter oder diesem zurechenbaren Personen zu berücksichtigen. Auch in der auf Grundlage des § 31 Abs.7 WpÜG erlassenen Rechtsverordnung sind mit den §§ 3 – 7 WpÜG-AV zunächst nur Vorschriften aufgeführt, die einem kapitalmarktrechtlichen Ansatz folgen und in Hinblick auf die Angemessenheit Vorerwerbspreise des Bieters (§ 4 WpÜG-AV) sowie den durchschnittlichen Börsenkurs (§§ 5, 6 WpÜG-AV) zur Bemessung der Gegenleistung heranziehen. Nur in Fällen der § 5 Abs.4 WpÜG-AV und § 6 Abs.6 WpÜG-AV lassen sich Vorschriften finden, die die Durchführung einer Unternehmensbewertung voraussetzen. § 5 Abs.4 WpÜG-AV sieht vor, dass eine Unternehmensbewertung stattfinden muss, wenn in den letzten drei Monaten vor der Veröffentlichung eines Angebotes an weniger als einem Drittel der Börsentage Börsenkurse festgestellt wurden und dabei mehrere nacheinander festgestellte Börsenkurse um mehr als 5% voneinander abwichen. Sofern kein Fall des § 5 Abs.4 WpÜG-AV vorliegt, kommt es hingegen auf den durchschnittlichen Börsenkurswert an und nicht auf eine Unternehmensbewer-

[653] Hierzu Teil 3, B. II.

tung, gleichgültig ob dem auszugleichenden Minderheitsaktionär Transaktionskosten entstehen.

Ob bei den ermittelten Börsenkursen und bei den maßgeblichen Vorerwerbspreisen Transaktionskosten derzeit werterhöhend berücksichtigt werden, und zwar in der Weise, dass dem Verkäufer auch die ihm bei Wiederanlage des Kaufpreises entstehenden Transaktionskosten erstattet werden, lässt sich nicht ohne weiteres mit Gewissheit feststellen. Eine solche Feststellung ist deshalb nicht möglich, weil es bei Verkaufsverhandlungen ungewöhnlich ist, dass ein Verkäufer dem Käufer differenziert darlegt, aus welchen kalkulatorischen Gründen er nur zu einem bestimmten Preis verkaufen und für welche finanziellen Interessen er Ausgleich erhalten möchte. Inwiefern der Käufer bereit ist, einen erhöhten Kaufpreis deshalb zu leisten, weil der Verkäufer die Gegenleistung zum Kauf von Anteilen verwenden wird und ihm dann weitere Kosten entstehen werden, lässt sich gleichfalls – ohne Heranziehung einer typisierenden Betrachtungsweise – nicht mit Bestimmtheit ermitteln. Der Käufer legt nämlich beim Kauf von Anteilen genauso wenig offen, welche vermögensrechtlichen Verluste des Verkäufers er bereit ist, auszugleichen.

Allerdings ist bei einer typisierenden Betrachtung und bei der entsprechenden Annahme, dass es sich um einen durchschnittlich verständigen Verkäufer handelt[654], davon auszugehen, dass dieser nur dann bereit ist, seine Anteile zu veräußern, wenn sich seine Vermögenssituation auch unter Berücksichtigung der für eine Neuanlage zu zahlenden Transaktionsgebühren verbessern würde. Sofern eine Investition in die Neuanlage keine höheren Gewinne als die Altinvestition verspricht, wird der Verkäufer von einem Verkauf absehen, wenn er die Transaktionskosten selbst zu tragen hat. Nach diesen beiden Transaktionen, die im Verkauf der gehaltenen und im Ankauf von Aktien eines anderen Unternehmens liegen, würde er nämlich schlechter dastehen, als wenn er seine ursprünglich gehaltenen Anteile nicht veräußert hätte.

Zusammenfassend kann deshalb festgestellt werden, dass zunächst die Wertbestimmung nach dem Wortlaut der §§ 31 Abs.1, 39 WpÜG, 3 – 7 WpÜG-AV keinen eindeutigen Hinweis auf die Einbeziehung der Transaktionskosten enthält. Aus der Formulierung des § 31 Abs.1 S.1 WpÜG „angemessene Gegenleistung" ließe sich nur bei Heranziehung der eben dargestellten Betrachtungsweise, nach der von einem durchschnittlich verständigen Minderheitsaktionär in einer

[654] Für das Zugrundelegen eines durchschnittlich verständigen Verkäufers spricht eine Übertragung der Auslegung zu § 305 Abs.1 BGB, wonach bei Auslegung von Allgemeinen Geschäftsbedingungen auf das Verständnis einer durchschnittlichen Vertragspartei abzustellen ist. – vgl. hierzu Baumann, r + s 2005, 313 ff., 313.

Verkaufssituation ausgegangen werden muss, herleiten, dass auch der Ersatz von Transaktionskosten unter das Tatbestandsmerkmal „angemessene Gegenleistung" gefasst werden muss. Gegen diese Auslegung lässt sich allerdings einwenden, dass § 31 Abs.1 S.2 WpÜG, der eine Konkretisierung des Begriffes „angemessene Gegenleistung" darstellt, die Einbeziehung von Transaktionskosten bei der Bemessung der Gegenleistung nicht vorsieht.

2. Historie und Systematik dieser Vorschriften

Mit dem WpÜG verfolgte der Gesetzgeber das Ziel, die rechtliche Stellung der Minderheitsaktionäre zu stärken.[655] Sofern man also allein vor diesem Hintergrund den § 31 Abs.1 WpÜG auslegt, läge es nahe, den Terminus „angemessene Gegenleistung" weit zu verstehen. In diesem Fall wäre es vertretbar, auf das Interesse eines Minderheitsaktionärs abzustellen, der die Gegenleistung für Neuanlagen verwenden wird und ohne Ersatz der Transaktionskosten effektiv einen vermögenswerten Verlust erleiden würde.

Ob der Gesetzgeber es als eine Pflicht des Bieters ansah, dass dieser auch für Transaktionskosten der Minderheitsaktionäre, die nach der Übernahme entstehen, aufzukommen habe, ist unter Heranziehung der Regierungsbegründung jedoch zweifelhaft. Danach sollen die Übernahmevorschriften die unterschiedlichen Interessen der am Übernahmeverfahren beteiligten Parteien berücksichtigen.[656] Sofern der Bieter allerdings die Transaktionsgebühren der Minderheitsaktionäre tragen müsste, würde er nach der Regierungsbegründung für Kosten einstehen, die nicht mehr im direkten Gegenseitigkeitsverhältnis zu der Leistung stünden. Beim Erwerb der Anteile steht dieser Leistung nämlich lediglich unmittelbar eine angemessene Gegenleistung gegenüber, die den Wert dieser Anteile widerspiegelt. Der Ersatz von Transaktionskosten wäre hingegen vor allem dann gerechtfertigt, wenn vorrangig bzw. ausschließlich, auf die Interessen der Minderheitsaktionäre abzustellen wäre. Sofern also der Bieter auch diese Transaktionskosten zu tragen hätte, wäre es zweifelhaft, ob die für das WpÜG aufgestellte Zielsetzung, Leitlinien für ein faires und geordnetes Angebotsverfahren zu schaffen, ohne Unternehmensübernahmen zu fördern oder zu verhindern, erreicht werden könnte.[657]

Wenn man den Willen des Gesetzgebers heranzieht, liegt es näher, dass der Bieter den Minderheitsaktionären keine Transaktionskosten zu erstatten hat. Einerseits wird zwar in der Regierungsbegründung dargelegt, dass von einer näheren Regelung zur Höhe der Gegenleistung im WpÜG abgesehen worden ist; ande-

---

[655] RegBegr., BT-Drucks. 14/7034, S. 28.
[656] RegBegr., BT-Drucks. 14/7034, S. 27.
[657] RegBegr., BT-Drucks. 14/7034, S. 28.

rerseits werden als Vorbilder für § 31 Abs.1 WpÜG die umwandlungsrechtlichen Regelungen zur Barabfindung (§§ 29 Abs.1 S.1, 207 Abs.1 S.1 UmwG) angeführt.[658] Die Heranziehung der umwandlungsrechtlichen Vorschriften ist dabei laut Regierungsbegründung deshalb angezeigt, weil eine Sachnähe dieser beiden Regelungsgebiete festzustellen sei.[659] In umwandlungsrechtlichen Konstellationen ist es gerade nicht vorgesehen, dass eine Abfindung, die den vollen wirtschaftlichen Wert der Beteiligung des ausscheidenden Gesellschafters widerspiegelt, auch eine Ersatzleistung für Transaktionskosten enthält, bzw. dass neben einer solchen Abfindung auch Transaktionskosten zu erstatten sind.[660] Es findet sich in der Regierungsbegründung auch kein Hinweis darauf, dass Minderheitsaktionäre in Fällen der Übernahme zumindest partiell besser gestellt werden sollen als in umwandlungsrechtlichen Fällen.

3. Sinn und Zweck dieser Vorschriften

Mit § 31 Abs.1 WpÜG wird der Zweck verfolgt, den Minderheitsaktionären in Fällen von Übernahmen einen Mindestbetrag als angemessene Abfindung zu gewährleisten. Es ist dabei anerkannt, dass durch Einführung des § 31 WpÜG ein Eingriff in die Vertragsautonomie zu Lasten des Bieters normiert worden ist.[661] Auch wenn diese zwangsweise Verlagerung der vom Bieter erzielten Effizienzgewinne auf die Aktionäre der Zielgesellschaft teilweise kritisch beurteilt wird,[662] wird solcher Kritik entgegengehalten, dass es der Bieter auch bei Pflichtangeboten in der Hand habe, dieser Verpflichtung zur Abgabe eines Pflichtangebotes zu entgehen, indem er von dem Erwerb weiterer Anteile absieht und somit nicht die Kontrollstellung über die Zielgesellschaft erlangt.[663] So müsste es also dem Zweck des § 31 Abs.1 WpÜG entgegenstehen, wenn die Höhe des Pflichtangebotes in das freie Ermessen des neuen Kontrollinhabers gestellt würde.[664] Durch eine solche Ermesseneinräumung würde kein effektiver Minderheitenschutz erreicht werden. Dieser ist nur dann erreichbar, wenn die Minderheitsaktionäre keinen monetären Vermögensverlust durch den Kontrollwechsel erleiden.[665]

---

[658] RegBegr., BT-Drucks. 14/7034, S. 55.
[659] RegBegr., BT-Drucks. 14/7034, S. 55.
[660] Kalss in Semler/Stengel, Umwandlungsrecht, § 29, Rn. 24; Grunewald in Lutter, UmwG, Kommentar, § 30, Rn. 2; Müller in Kallmeyer, UmwG, Kommentar, § 30, Rn. 5.
[661] Steinmeyer/Häger, WpÜG-Kommentar, § 31, Rn. 4; KK-Kremer/ Osterhaus, WpÜG-Kommentar, § 31, Rn. 2.
[662] Mülbert, ZIP 2001, 1221 ff., 1223 f.
[663] Steinmeyer/Häger, WpÜG-Kommentar, § 31, Rn. 4.
[664] Houben, WM 2000, 1873 ff., 1879.
[665] Houben, WM 2000, 1873 ff., 1879.

Wenn auf den Grundsatz, nach dem den Minderheitsaktionären keine monetären Verluste durch die Übernahme entstehen sollten, konsequent abgestellt wird, ist es im Ergebnis abzulehnen, dass der Bieter auch Ersatz für Transaktionskosten leisten muss, die den Minderheitsaktionären bei Neuerwerb von Aktien entstehen. Diese monetären Verluste entstehen den Minderheitsaktionären zwar regelmäßig, wenn sie das Angebot annehmen und wenn in der angebotenen Gegenleistung kein Ersatz für Transaktionskosten enthalten ist. Anders als beim Squeeze-out steht es den Minderheitsaktionären nach einer Übernahme aber frei, ob sie das Pflichtangebot und damit die Gegenleistung annehmen. Ein Minderheitsaktionär, der ein Pflichtangebot annimmt und damit freiwillig seine Aktionärsstellung aufgibt, muss deshalb – anders als in Fällen eines Squeeze-outs – nicht so gestellt werden, als ob er weiterhin Gesellschafter einer Aktiengesellschaft wäre. Insoweit sind monetäre Verluste nach den §§ 327a ff. AktG und nach dem WpÜG in unterschiedlicher Weise zu behandeln.

Auch der kapitalmarktrechtliche Ansatz des WpÜG[666] spricht eher dagegen, dass einem Minderheitsaktionär Transaktionskosten zu erstatten sind. Nach § 1 WpÜG bezieht sich zwar die Angebotspflicht des Bieters nur auf Wertpapiere, die zum Handel an einem organisierten Markt zugelassen sind. Aber auch wenn das WpÜG den Anforderungen der Finanzmärkte Rechnung tragen soll, ist es nicht ersichtlich, dass hieraus höhere Gegenleistungspflichten als bei rein gesellschaftsrechtlich ausgerichteten Rechtsinstituten entstehen. Dies ergibt sich daraus, dass es nach der überwiegenden Ansicht in der Literatur denkbar wäre, den Anwendungsbereich der WpÜG-Vorschriften auch auf nicht börsennotierte oder zumindest nicht an einem organisierten Markt gehandelte Zielgesellschaften zu erweitern.[667] Der historische Gesetzgeber hat daneben auch nicht angeführt, dass den Minderheitsaktionären wegen des kapitalmarktrechtlichen Ansatzes der WpÜG-Vorschriften und insbesondere des § 31 Abs.1 WpÜG erweiterte Ansprüche hinsichtlich der Höhe der Gegenleistung zustehen.[668]

Es sind mithin zwei vertretbare Varianten der Auslegung möglich: Einerseits spricht der Rechtsgedanke des Minderheitsaktionärsschutzes dafür, dass bei Bestimmung der Höhe der Gegenleistung auch Transaktionskosten berücksichtigt werden müssen, die einem Minderheitsaktionär bei Wiederanlage der Gegenleistung entstehen. Andererseits spricht vor allem die Erwägung der übermäßigen Belastung der Eigentumsposition des Bieters dafür, dass dieser den Minderheitsaktionären keinen Ausgleich für die auf diese Weise entstehenden Transaktionskosten leisten muss. Grundsätzlich liegt kein unangemessener Eingriff in die Ei-

---

[666] KK-Versteegen, WpÜG-Kommentar, § 1, Rn. 4.
[667] Mülbert, ZIP 2001, 1221 ff., 1227; KK-Versteegen, WpÜG-Kommentar, § 1, Rn. 4.
[668] RegBegr., BT-Drucks. 14/7034, S. 55.

gentumsstellung des Bieters vor, wenn dieser gegen seinen Willen ein Pflichtangebot abzugeben hat.[669] Der Bieter konnte nämlich bereits bei Anteilserwerb ermitteln, ob er ein Pflichtangebot im Sinne des § 35 Abs.2 WpÜG abgeben muss, so dass ein Eingriff in Art. 14 GG zumindest nicht unverhältnismäßig wäre.[670] Außerdem müsse eine Interessenabwägung grundsätzlich zugunsten des Minderheitsaktionärs ausfallen, weil es wegen der Verhandlungsübermacht des Bieters immer nur um die Verbesserung der Situation des Minderheitsaktionärs gehen könne.[671] Allerdings dürfen die vermögensrechtlichen Interessen des Bieters auch nicht unberücksichtigt bleiben.

Bei Berücksichtigung der gegensätzlichen Interessen zwischen Bieter und Minderheitsaktionären ist es derzeit sachgemäß, die Anlehnung des § 31 WpÜG an die umwandlungsrechtlichen (§§ 29, 207 UmwG) und aktienrechtlichen (§ 305 AktG) Abfindungsvorschriften hervorzuheben und deshalb auch in Fällen von Übernahmen den Terminus „angemessene Gegenleistung" nur eingeschränkt auszulegen. Nach dieser eingeschränkten Auslegung erhalten die Minderheitsaktionäre keinen Ausgleich für Transaktionskosten. In den Fällen der §§ 29, 207 UmwG, 305 AktG wird nämlich einem Minderheitsaktionär – wie nach Übernahmerecht – jeweils ein Wahlrecht eingeräumt, ob er die Abfindung annimmt oder ob er in der umgewandelten oder beherrschten bzw. ihren Gewinn abführenden Gesellschaft verbleibt. Es ist also derzeit nicht geboten, dass den Minderheitsaktionären im Rahmen des § 31 Abs.1 WpÜG Transaktionskosten erstattet werden.

4. De lege ferenda

Schließlich ist zu untersuchen, ob die besseren Argumente dafür sprechen, dass der Gesetzgeber (bzw. der Verordnungsgeber) tätig werden sollte und dem Bieter de lege ferenda die Übernahme von Transaktionskosten aufzuerlegen ist.

Mit Übernahme der Kontrolle durch den Bieter besteht für einen Minderheitsaktionär häufig das Bedürfnis, seine ursprüngliche Entscheidung, an der Zielgesellschaft beteiligt zu sein, abzuändern und seine Aktien zu veräußern. Durch die Einführung des WpÜG wird ihm im Zuge eines Kontrollwechsels die Veräußerung zusätzlich erleichtert, da ihm der Bieter ein Pflichtangebot unterbreiten muss, in dem dieser auch eine angemessene Gegenleistung festzulegen hat. Sofern der Minderheitsaktionär in einer Aktiengesellschaft verbleiben möchte, hätte er im Falle der Annahme des Übernahmeangebotes nur einmal Transaktions-

---

[669] Ekkenga/Schulz in Ehricke/Ekkenga/Oechsler, WpÜG-Kommentar, § 35, Rn. 10; Altmeppen, ZIP 2001, 1073 ff., 1081.

[670] Meyer in Geibel/Süßmann, WpÜG-Kommentar, § 35, Rn. 19; Krause, Das obligatorische Übernahmeangebot, S. 172f.

[671] Schnorbus, ZHR 166 (2002), 72 ff., 109.

kosten (nämlich beim Kauf anderer Aktien) zu zahlen. Wenn er hingegen aufgrund eines eigenen Entschlusses seine Beteiligung wechseln wollte, so müsste er zweimal Transaktionskosten zahlen (beim Verkauf der Aktien des übernommenen Unternehmens und ebenso beim Kauf der Aktien eines anderen Unternehmens). Es bestehen jedoch Zweifel, ob ein solcher Vergleich nicht deshalb unzulässig ist, weil der Minderheitsaktionär nur durch die Übernahme des Bieters zu der Veräußerung seiner Anteile veranlasst wurde und er bei Beibehaltung seiner Aktionärsstellung überhaupt keine Transaktionskosten zu tragen gehabt hätte.

Ebenso ist es zweifelhaft, ob eine Regelung, die de lege ferenda dem Hauptaktionär auch Folgetransaktionskosten auferlegt, nicht ihrerseits das Eigentumsrecht des Bieters verletzt, da dieser den Minderheitsaktionären nicht nur den Wert der Zielgesellschaft ausgleichen müsste, sondern darüber hinaus auch deren Transaktionskosten, die sich für den Bieter nicht vermögenserhöhend auswirken. Es ist dabei anerkannt, dass Art. 14 GG auch die negative Eigentumsfreiheit schützt.[672] Unter der negativen Eigentumsfreiheit ist der Schutz vor der Verpflichtung zum ungewollten Erwerb von Vermögen zu verstehen.[673] Da der Bieter nach Erlangung der Kontrollposition ein Pflichtangebot abgeben muss, muss er teilweise weitere Aktien erweben, die er vielfach nicht erwerben möchte. Sofern dabei auch die Transaktionskosten vom Bieter zu übernehmen wären, könnten die §§ 31 Abs.1, 39 WpÜG als unverhältnismäßig angesehen werden.

Die besseren Argumente sprechen jedoch dafür, dass auch eine Regelung, nach der der Bieter die Folgetransaktionskosten zu tragen hat, verhältnismäßig wäre. Ein solcher Eingriff in die Eigentumsrechte des Bieters wäre nämlich noch effektiver in Hinblick auf die Zielrichtung des WpÜG. So würde der Finanzplatz Deutschland durch eine solche Regelung zugunsten der Interessen der Kleinaktionäre gefördert werden, da die Minderheitsaktionäre einen weiteren Schutz in Form von einer effektiven Konzerneingangskontrolle erhalten würden. Die §§ 291 ff., 311 ff. AktG enthalten nämlich Vorschriften zum Schutz der bereits abhängigen oder konzernierten Gesellschaft, ihrer Gläubiger und der außenstehenden Aktionäre. Dagegen ist im Aktienrecht kein Schutz der Minderheitsaktionäre gegen abhängigkeits- oder konzernbegründende Maßnahmen vorgesehen.[674]

Desinvestitionen eines Minderheitsaktionärs, die der Minderheitsaktionär durch Annahme des Pflichtangebotes herbeiführt, führen bei Erstattung von Folge-

---

[672] Loritz/Wagner, WM 1991, 709 ff., 718 ff.; vgl. auch von Bülow im Kölner Kommentar zum WpÜG, § 35, Rn 26.
[673] Loritz/Wagner, WM 1991, 709 ff., 718.
[674] Habersack in Emmerich/Habersack, Aktien- und GmbH-Konzernrecht, Einl., Rn. 11.

transaktionskosten dazu, dass der Minderheitsaktionär keine vermögensmäßigen Nachteile hinzunehmen hat.

5. Zwischenergebnis

Obwohl der Gesetzgeber des WpÜG im Rahmen seines gesetzgeberischen Gestaltungsspielraumes[675] gehandelt hat, als er sich dafür entschied, Folgetransaktionskosten nicht dem Bieter bei Abgabe des Pflichtangebotes aufzuerlegen, ist es zumindest rechtspolitisch wünschenswert, dass der Bieter diese Kosten auch bei Pflichtangeboten zu tragen hat. Nach derzeitiger Gesetzes- und Verordnungslage besteht hingegen eine solche Verpflichtung zur Kostenübernahme durch den Bieter nicht. Eine solche Kostenübernahmepflicht besteht auch nicht aus verfassungsrechtlichen Gründen. Anders als beim Squeeze-out hat nämlich ein Minderheitsaktionär nach einer Übernahme ein Wahlrecht, ob er die Gegenleistung, in der kein Ausgleich für Folgetransaktionskosten enthalten ist, annimmt und aus der Gesellschaft ausscheidet oder ob er in der Gesellschaft verbleibt.

II. Ersatz von Beraterkosten

Ein Minderheitsaktionär, der sich im Zuge eines Übernahmeverfahrens zu entscheiden hat, ob er ein Pflichtangebot annehmen sollte oder nicht, muss abwägen, ob für ihn ein Verbleiben in der Gesellschaft oder ein Ausscheiden bei gleichzeitiger Entgegennahme der angebotenen Gegenleistung günstiger ist. Seine Entscheidungsfindung beruht dabei auf juristischen und betriebswirtschaftlichen Erwägungen. Die Überprüfung der Höhe der Gegenleistung ist für einen Minderheitsaktionär zumindest dann betriebswirtschaftlich gesehen sehr anspruchsvoll, wenn ausnahmsweise gemäß § 31 Abs.1 S.2 WpÜG für deren Bestimmung nicht Börsenkurse und Vorerwerbspreise zugrunde gelegt werden, sondern eine Unternehmensbewertung. Wenn sich ein Minderheitsaktionär dafür entschieden hat, eine höhere Abfindung als die angebotene zu verlangen, ist es umstritten, ob er ein Spruchstellenverfahren anstrengen muss (analoge Anwendung des SpruchG) oder ob er eine Klage auf den Differenzbetrag zwischen angebotener Gegenleistung und angemessener Gegenleistung zu stellen hat.[676] Auch insoweit wäre ein Aktionär auf Rechtsberatung angewiesen.

Nach derzeitiger Gesetzeslage des WpÜG ist es nicht vorgesehen, dass der Bieter entstehende Beraterkosten der übrigen Aktionäre zu tragen hat. Der Wortlaut

---

[675] Zum Begriff: Meßerschmidt, Gesetzgebungsermessen, S. 2.

[676] Vgl. Steinmeyer/Häger, WpÜG-Kommentar, § 31, Rn. 86; Sohbi in Heidel, Aktienrecht, WpÜG, § 31, Rn. 34; KK-Kremer/ Osterhaus, WpÜG-Kommentar, § 31, Rn. 105; Rahlf in Zschocke/Schuster, Übernahmerecht, C 259.

des § 31 Abs.1 S.1 WpÜG, wonach der Bieter eine angemessene Gegenleistung anzubieten hat, ist zwar wiederum nicht eindeutig.[677] Allerdings sprechen Erwägungen zur Systematik, der Historie sowie der Teleologie dagegen, dass die Beraterkosten nach den §§ 31 WpÜG, 3 – 7 WpÜG-AV erstattungsfähig sind.[678] Insoweit kann auf die Prüfung „Erstattungsfähigkeit der Transaktionskosten“ verwiesen werden.[679] Es muss maßgeblich darauf abgestellt werden, dass ein Minderheitsaktionär die Wahl hat, ob er in der Gesellschaft verbleibt oder das Übernahmeangebot bei gleichzeitigem Ausscheiden aus der Gesellschaft annimmt.

Ob es de lege ferenda wünschenswert wäre, dass auch die Beraterkosten durch den Bieter erstattet werden, ist zweifelhaft. Von einer weiteren betriebswirtschaftlichen Prüfung kann nämlich regelmäßig abgesehen werden, weil grundsätzlich nach §§ 31 WpÜG, 3 ff. WpÜG-AV keine Unternehmensbewertung durchzuführen ist. Die daraus resultierende erleichterte Prüfbarkeit der Höhe der Gegenleistung führt dazu, dass ein Minderheitsaktionär vielfach selbst die Erfolgschancen einer klageweisen Geltendmachung seiner vermeintlichen Ansprüche prüfen kann. Im Falle des Obsiegens hat ein Minderheitsaktionär darüber hinaus einen Erstattungsanspruch hinsichtlich seiner Kosten. Von daher ist es – anders als hinsichtlich der Transaktionskosten[680] – auch nicht de lege ferenda zu fordern, dass der Bieter Beraterkosten zu tragen hat.

III. Ersatz für Vorteile aus Synergieeffekten

Das häufigste Ziel bei Unternehmensübernahmen ist das Ausnutzen von Synergieeffekten.[681] Aus diesem Grund ist der Bieter bei Übernahmen häufig bereit, eine sog. Kontrollprämie zu bezahlen.[682] Die Rechtsprechung hält es dabei zumindest verfassungsrechtlich nicht für notwendig, die Minderheitsaktionäre an Synergiegewinnen zu beteiligen.[683] Dies gilt zumindest für echte Synergieeffekte, d. h. wenn Wertschöpfungen ausschließlich durch Zusammenschluss mit einem bestimmten anderen Unternehmen gezogen werden.[684] In der Literatur ver-

[677] Vgl. hierzu Prüfung zur Erstattungsfähigkeit von Transaktionskosten: Teil 3, C. I. 1.
[678] Vgl. hierzu Prüfung zur Erstattungsfähigkeit von Transaktionskosten: Teil 3, C. I. 2. und 3.
[679] Hierzu Teil 3, C. I.
[680] Vgl. hierzu unter Teil 3, C. I. 4.
[681] Mühle, Das Wertpapiererwerbs- und Übernahmegesetz, S. 70.
[682] Kirchner, WM 2000, 1821 ff., 1821; Hopt, ZHR 161 (1997), 368 ff., 371.
[683] BVerfGE 100, 289 ff., 306 („DAT/Altana“).
[684] Vgl. zur Unterscheidung von echten und unechten Synergieeffekten: Teil 2, J. I. 1. Unechte Synergieeffekte sind dann anzunehmen, wenn deren Realisierung nicht von dem Zusam-

traten bisher viele Autoren die Ansicht, dass solche Gewinne nicht den Minderheitsaktionären zugute kommen müssten, da sie allein diese Gewinne auch nicht hätten realisieren können.[685] Im WpÜG ist zwar nunmehr geregelt, dass den übrigen Minderheitsaktionären gemäß § 31 Abs.1 S.2 zumindest dann anteilig Synergiegewinne zugesprochen werden müssen, wenn der Bieter im Rahmen von Vorerwerben entsprechende Paketzuschläge gewährt hat. Problematisch ist allerdings weiterhin, ob der Bieter auch dann den übrigen Minderheitsaktionären anteilig Synergiegewinne gewähren muss, wenn er nicht im Zuge von Vorerwerben entsprechende Aufschläge geleistet hat bzw. gänzlich von Vorerwerben absah. Bedeutung hat diese Frage vor allem dann, wenn das Management der Zielgesellschaft nicht effizient gearbeitet hat und deshalb der Börsenkurs unter den in der Branche üblichen gerutscht war.[686]

1. Gesetzesauslegung

Es fragt sich allerdings, ob der Gesetzgeber mit § 31 WpÜG eine Regelung getroffen hat, nach der eine angemessene Gegenleistung generell auch einen Ausgleich für vom Bieter gezogene Synergiegewinne enthalten muss.

a) Nach dem Wortlaut

Nach dem Wortlaut des § 31 Abs.1 S.1 WpÜG ist es als nicht geklärt anzusehen, ob der Bieter zu erwartende Synergiegewinne zumindest teilweise in den Preis für die Gegenleistung mit einfließen lassen muss. In welcher Höhe eine Gegenleistung als angemessen angesehen werden kann, hängt nämlich maßgeblich von der Frage ab, ob vorrangig die Interessenlage des Bieters oder die der Minderheitsaktionäre zu berücksichtigen ist. Es findet sich in § 31 Abs.1 S.1 WpÜG insbesondere kein Hinweis darauf, ob ein von der Interessenlage des Käufers und Verkäufers unabhängiger Unternehmenswert gesucht wird oder ob auch subjektive Preisvorstellungen der Kaufvertragsparteien ins Bewertungskalkül mit einbezogen werden dürfen.[687] Der Wortlaut der Vorschrift des § 31 Abs.1 WpÜG lässt den Rückschluss zu, dass Synergiegewinne nicht wertbestimmend sein sollen. Allerdings wird der Bieter teilweise bereits im Zuge von Vorerwerben den Aktionären einen gewissen Zahlungsaufschlag für deren Anteile bieten mit der Konsequenz, dass dieser Vorerwerbspreis gemäß §§ 31 Abs.1 WpÜG, 4 WpÜG-AV den Mindestbetrag für die anzubietende Gegenleistung bilden muss. Gleiches gilt auch für die Maßgeblichkeit der Börsenkurse, zumindest dann, wenn der Markt von der möglichen Übernahme Kenntnis erlangt hat und auf

---

menschluss mit einem bestimmten Partner abhängen, sondern mit einer nahezu beliebigen Vielzahl von Partnern realisierbar wäre.

685 Piltz, ZGR 2001, 185 ff., 199; Mertens, AG 1992, 321 ff., 327; Kainer, ZHR 168 (2004), 542 ff., 575.

686 Mühle, Das Wertpapiererwerbs- und Übernahmegesetz, S. 61/62.

687 Busse von Colbe, ZGR 1994, 595 ff., 598.

steigende Kurse - nicht zuletzt wegen des Käuferinteresses auf Synergiegewinne - spekuliert.

b) Historische Auslegung

Nach historischer Auslegung ist es eher abzulehnen, dass der Gesetzgeber bei Übernahmen Synergiegewinne des Bieters als werterhöhend zugunsten der Minderheitsaktionäre mit einbeziehen wollte. So wird in der Regierungsbegründung ausdrücklich der Hinweis gegeben, dass Vorbilder für die Regelung des § 31 Abs.1 WpÜG die umwandlungsrechtlichen Regelungen zur Barabfindung (§ 29 Abs.1 Satz 1, § 207 Abs.1 Satz 1 UmwG) gewesen sind. Das Umwandlungsgesetz regelt mit § 30 Abs.1 S.1 UmwG (ggf. i.V.m. § 208 UmwG), dass für die Bemessung der Barabfindung die Verhältnisse der Gesellschaft zum Zeitpunkt der Beschlussfassung zu berücksichtigen sind. Das Umwandlungsrecht legt es für Fälle von Verschmelzungen durch Aufnahmen und bei Formwechseln somit nahe, dass echte Synergievorteile nicht zu berücksichtigen sind.[688] Im WpÜG findet sich hingegen keine mit § 30 Abs.1 S.1 UmwG vergleichbare Rechtsvorschrift. Da sich in der Regierungsbegründung auch sonst kein Hinweis findet, nach dem Synergiegewinne allein dem Bieter zustehen sollten, könnte der Verweis auf das Umwandlungsrecht gerade darauf hindeuten, dass aus der divergierenden Wortwahl zum Bewertungsumfang auch unterschiedliche rechtliche Folgen hergeleitet werden sollen. Gegen eine solche Auslegung spricht, dass auch in der Regierungsbegründung vorrangig auf einen durchschnittlichen Börsenkurs und die im Vorfeld einer beabsichtigten Übernahme erfolgten Vorerwerbe hinsichtlich der Höhe der Gegenleistung abgestellt wird.[689] Es wird nämlich durch diese Passage in der Regierungsbegründung deutlich gemacht, dass die Bundesregierung gerade nicht davon ausgeht, dass in jedem Fall eine gesonderte Unternehmensbewertung stattfinden soll. Allerdings ist ein wesentliches Leitmotiv für die Bestimmung der Höhe der Gegenleistung, dass den Minderheitsaktionären zumindest im Falle eines Gewährens von Paketaufschlägen durch den Bieter im Zuge von Vorerwerben (vgl. § 31 Abs.1 S.2 WpÜG) die Möglichkeit eröffnet wird, an den Wertvorstellungen des Bieters hinsichtlich der Unternehmensanteile zu partizipieren.[690]

c) Teleologische Auslegung

Es fragt sich schließlich, ob es auf Grundlage der teleologischen Auslegung zutreffend ist, Synergiegewinne bei der Bestimmung der Höhe der Gegenleistung werterhöhend in Ansatz zu bringen. Die Beantwortung dieser Frage hängt maß-

[688] Müller in Kallmeyer, UmwG-Kommentar, § 30, Rn. 7.
[689] RegBegr., BT-Drucks. 14/7034, S. 55.
[690] RegBegr., BT-Drucks. 14/7034, S. 80.

geblich davon ab, welche Zielsetzungen bei Unternehmensübernahmen verfolgt werden und welches von diesen Zielen den Vorzug zu geben ist.

aa) Corporate Asset-Theorie

Nach der Corporate Asset-Theorie sind alle Aktionäre an den im Rahmen einer Übernahme erzielten Synergiegewinnen gleichermaßen zu beteiligen.[691] Die Minderheitsaktionäre müssen nämlich vor einem Großaktionär effektiv geschützt werden, der seine Stellung ausnutzen und von Ausschüttungen der Bilanzgewinne absehen kann. Aus dieser Überlegung heraus ergibt sich die Forderung jedes einzelnen veräußernden Aktionärs, an den Gewinnen des Bieters beteiligt zu werden.

Die Vorgaben der Corporate Asset-Theorie könnten im Rahmen der Auslegung des § 31 WpÜG herangezogen werden. Verfassungsrechtlich ist dies allerdings nicht geboten, da das Eigentumsrecht eines Minderheitsaktionärs gemäß Art. 14 Abs.1 GG nicht darauf gerichtet sein kann, dass er einen Anspruch auf den Grenznutzen geltend machen darf. Deshalb hat das Bundesverfassungsgericht in seiner DAT/Altana-Entscheidung entschieden, dass im Rahmen eines Gewinnabführungs- bzw. Beherrschungsvertrages der Minderheitsaktionär keinen Anspruch auf tatsächlich gezahlte Preise des herrschenden Gesellschafters hat.[692] Der Mehrheitsaktionär soll sich nicht dadurch selbst binden müssen, dass er mit Hilfe von erworbenen Aktien ein Stimmquorum erreicht, das aktien- und umwandlungsrechtlich für bestimmte gesellschaftsrechtliche Maßnahmen erforderlich ist.

bb) Wettbewerbstheoretisch begründete Ansicht

Nach dieser Ansicht[693] wird es als nicht gerechtfertigt angesehen, dass Paketverkäufer unter Ausschluss ihrer Mitgesellschafter verdienen dürfen. Außerdem soll der Bieter nicht daraus Vorteile ziehen dürfen, dass er es auf der Verkäuferseite nicht mit einem einzigen Verkäufer zu tun hat, sondern mit einer Vielzahl von Minderheitsaktionären, die sich ihm gegenüber nicht koordiniert verhalten können. Es ist auch nicht gewollt, dass der Bieter in übernahmerechtlichen Situationen die Verkäufer unter Konkurrenzdruck setzen darf, wonach diese befürchten müssen, dass der Bieter nur so viele Anteile erwerben wird, wie er nach

---

[691] Berle/Means, The Modern Corporation and Private Property, p. 216 f.; Oechsler in Ehricke/Ekkenga/Oechsler, WpÜG-Kommentar, § 31, Rn. 2; Herkenroth, Konzernierungsprozesse, S. 124.

[692] BVerfGE 100, 289 ff., 306 („DAT/Altana").

[693] Baums in von Rosen/Seifert, Die Übernahme börsennotierter Unternehmen, S. 174; Baums, ZIP 1989, 1376 ff., 1379.

dem im Aktienrecht vorgesehenen Mehrheitsprinzip (§ 133 Abs.1 AktG) benötigt.[694]

Daraus lässt sich allerdings nicht unmittelbar das Ergebnis herleiten, dass der Bieter auch dann im Zuge eines Pflichtangebotes den Minderheitsaktionären Ausgleich für erzielbare Synergien zahlen muss, wenn er keine Vorerwerbe vornahm. In diesem Fall hat nämlich weder der Bieter die bei den Minderheitsaktionären entstehende Drucksituation ausgenutzt, noch haben sich die Minderheitsaktionäre ihrerseits mit Paketverkäufen gegenüber den anderen Aktionären Sondervorteile verschafft.

cc) Desinvestitionsbasierte Theorien

Nach diesem Argumentationsansatz[695] muss dem Minderheitsaktionär die Möglichkeit der Desinvestition unter Auszahlung des objektiven Gegenwertes gewährt werden. Der Minderheitsaktionär kann nämlich nicht verhindern, dass der von ihm gehaltene Anteil gegen sein Interesse verwaltet wird. Die Vertreter dieses Ansatzes halten es grundsätzlich nicht für erforderlich, dass der Bieter den übrigen Aktionären zwingend eine Kontrollprämie zugesteht. Dies entspricht den Marktmechanismen, wonach Preise nach dem Prinzip von Angebot und Nachfrage zustande kommen. So ist nur den Aktionären ein Paketaufschlag zu gewähren, die tatsächlich eine Verwaltungsmacht in der Zielgesellschaft erworben haben.[696]

Nach dieser Ansicht wird bereits die Rechtfertigung der derzeitigen Regelung des § 31 Abs.1 S.2 WpÜG bezweifelt, nach der einem Minderheitsaktionär zumindest dann Synergievorteile zugestanden werden, wenn bei Vorerwerben Synergieausgleichserwägungen preiserhöhend in Ansatz gebracht worden sind. Der Gesetzgeber hat sich mit Einführung des § 31 WpÜG zumindest bezüglich der Behandlung von Synergievorteilen gegen die Anwendung von desinvestitionsbasierten Theorien entschieden.

dd) Auf individuelle Schädigungsgefahr abstellende Theorie

Nach diesem Ansatz muss den Minderheitsaktionären allein deshalb eine angemessene Gegenleistung angeboten werden, weil in Folge einer erfolgreichen Übernahme die Minderheitsaktionäre zum Objekt einer manipulativen Veränderung der ihnen zustehenden Einkommensströme hinsichtlich der Zielgesellschaft werden.[697] Unter Berücksichtigung des Umstandes, dass nach einer erfolgrei-

---

694 Oechsler in Ehricke/Ekkenga/Oechsler, WpÜG-Kommentar, § 31, Rn. 3.
695 Hommelhoff/Kleindiek, AG 1990, 106 ff., 107; Beckmann, DB 1995, 2407 ff., 2410.
696 Hommelhoff/Kleindiek, AG 1990, 106 ff., 108.
697 Herkenroth, Konzernierungsprozesse, S. 341.

chen Übernahme die Aktienkurse typischerweise sinken, werden die Aktionäre der Zielgesellschaft erpressbar. Es kann in diesem Fall nicht unterstellt werden, dass sie ein unter dem inneren Wert ihrer Anteile liegendes Angebot ablehnen werden.[698]

Auch wenn § 31 WpÜG den Zielvorstellungen dieser Theorie gerade entspricht, indem die Minderheitsaktionäre durch das Angebot einer angemessenen Gegenleistung weniger erpressbar werden, zeigt dennoch diese Theorie zumindest nicht in letzter Konsequenz auf, ob den Minderheitsaktionären auch dann Synergievorteile zu gewähren sind, wenn der Bieter keine Vorerwerbe vornimmt. Es lässt sich zwar auf Grundlage dieser Theorie überzeugend argumentieren, dass Synergievorteile, die den Grenznutzen des Bieters darstellen, immer bei Bestimmung einer angemessenen Gegenleistung berücksichtigt werden müssen, um den Minderheitsaktionären attraktive Bedingungen für ihr Ausscheiden aus der Gesellschaft zu gewähren. Es ist allerdings zweifelhaft, ob diese Theorie den Minderheitsaktionären tatsächlich Synergiegewinne zusprechen wollte. Ein solches Verständnis kann nämlich gerade auch dazu führen, dass Bieter von geplanten Übernahmen absehen. Dabei sollte mit der Einführung des WpÜG gerade nicht die Durchführung von Übernahmen erschwert oder gar verhindert werden[699].

d) Ergebnis der Gesetzesauslegung

Insbesondere aus der Wortlautauslegung und aus der historischen Auslegung lässt sich nicht herleiten, dass die Gegenleistung bei einem Pflichtangebot einen Wertersatz für erzielbare Synergievorteile enthalten muss. Dies gilt zumindest dann, wenn Synergievorteile nicht zu einer Werterhöhung des Börsenkurses oder zu erhöhten Vorerwerbspreisen geführt haben. Auch nach der teleologischen Auslegung müssen Synergievorteile den Minderheitsaktionären grundsätzlich nicht erstattet werden. Nach der dargestellten Corporate-Asset-Theorie wären zwar den Minderheitsaktionären Synergievorteile zu ersetzen. Allerdings hat der Gesetzgeber, dem ein weiter Gestaltungsspielraum bei der Gesetzgebung zusteht, bei Ausgestaltung der §§ 31 Abs.1, 39 WpÜG diese Theorie nicht zur Anwendung gebracht.

2. Weitere Erwägungen

Auch aus verfassungsrechtlicher Sicht erscheint es naheliegend, die Ersatzfähigkeit von Synergiegewinnen in Fällen von Übernahmen anders zu beurteilen als in Squeeze-out-Konstellationen. Bei Übernahmen haben die Minderheitsaktionäre nämlich die Möglichkeit das Angebot nicht anzunehmen und in der Gesell-

---

[698] Houben, WM 2000, 1873 ff., 1874; Heckenroth, Konzernierungsprozesse, S. 341.
[699] RegBegr., BT-Drucks. 14/7034, S. 27.

schaft zu verbleiben. Diese Wahlmöglichkeit der Minderheitsaktionäre bei einer Übernahme lässt es naheliegend erscheinen, dass die ausscheidenden Minderheitsaktionäre nicht von Verbundsvorteilen profitieren sollten. Dies gilt auch dann, wenn grundsätzlich nur ein Zukauf von Anteilen vom Bieter vorgenommen wird und dem Käuferunternehmen durch die Übernahme ein Kostenvorteil gegenüber dem status quo zuteil wird.[700] Sofern der Bieter nicht bereit sein sollte, eine Akquisitionsprämie zu zahlen, die den Zuschlag auf den Marktpreis des Akquisitionsobjektes nach den Synergietheorien bildet und darin liegt, dass der Bieter in Anbetracht der zu erwartenden Synergie- und Restrukturierungspotentiale abzüglich der Transaktionskosten Vorteile zieht,[701] dann hat ein Minderheitsaktionär weiterhin die Möglichkeit, von dem Verkauf seiner Anteile abzusehen.

Bei Ermittlung der Höhe der Gegenleistung finden die durch den Bieter vereinbarten oder bezahlten Vorerwerbspreise Berücksichtigung (§§ 31 Abs.1 WpÜG, 4 Abs.1 WpÜG-AV). Darüber hinaus wird gesetzlich partiell dafür gesorgt, dass die Minderheitsaktionäre mittelbar durch Paketaufschläge an Verbundsvorteilen profitieren, die in vielen Fällen vom Bieter gewährt werden.[702] Hinsichtlich solcher Preisuntergrenzen hat sich der Bieter gemäß §§ 4 WpÜG-AV, 31 Abs.4 und 5 WpÜG durch eigene rechtsgeschäftliche Disposition selbst gebunden.

Die Einbeziehung von Vorerwerbspreisen kann nur in den Fällen zugunsten der Minderheitsaktionäre zu einem teilweisen oder vollständigen Ausgleich für Synergievorteile führen, wenn der Bieter über dem Börsenkurs liegende Vorerwerbspreise gewährt oder vereinbart hat. Es lässt sich insbesondere auch nicht aus dem Eigentumsgrundrecht des Art. 14 Abs.1 GG die Pflicht des Bieters herleiten, dass dieser einen Ausgleich für zu erwartende Synergievorteile zu leisten habe. Wie bereits oben aufgezeigt[703], besteht in Fällen von Übernahmen insoweit kein grundrechtlich determinierter Eigentumsschutz zugunsten der Minderheitsaktionäre.

Wenn gemäß §§ 5 Abs.4, 6 Abs.4 WpÜG-AV ausnahmsweise eine Unternehmensbewertung durchzuführen ist, müssen grundsätzlich auch keine Synergiegewinne, die beim Bieter entstehen, bei der Bestimmung der Gegenleistung Berücksichtigung finden. Mit den Vorschriften der §§ 5 Abs.4, 6 Abs.4 WpÜG-AV verfolgte der Verordnungsgeber nicht das Ziel, die Minderheitsaktionäre, deren Gegenleistungen durch Unternehmensbewertung ermittelt werden, besser zu

---

700 Küting/Weber/Keßler, FB 2003, 625 ff., 631.

701 Mühle, Das Wertpapiererwerbs- und Übernahmegesetz, S. 73; Coenenberg/Sautter, DBW 1988, 691 ff., 693.

702 Vgl. Oechsler in Ehricke/Ekkenga/Oechsler, WpÜG-Kommentar, § 31, Rn. 2.

703 Hierzu Teil 3, B. II. 2.

stellen als die, die unter Heranziehung der Kriterien „Börsenkurse“ und „Vorerwerbspreise“ abgefunden werden. Anderes gilt nur dann, wenn sich vermögensrechtliche Positionen bereits im Börsenkurs widerspiegeln. Falls Synergievorteile von einer nahezu beliebigen Anzahl von Erwerbern erzielt werden können, führt dieser Umstand zu steigenden Börsenkursen. Da solche unechten Synergieeffekte in einer Börsenbewertung Berücksichtigung finden, müssen diese auch im Rahmen einer Unternehmensbewertung in Ansatz gebracht werden.

3. Zwischenergebnis

Bei Bestimmung der angemessenen Gegenleistung gemäß § 31 Abs.1 WpÜG sind Synergievorteile, die beim Bieter entstehen, nicht generell werterhöhend in Ansatz zu bringen. Dies gilt grundsätzlich auch dann, wenn ausnahmsweise eine Unternehmensbewertung gemäß §§ 5 Abs.4, 6 Abs.4 WpÜG-AV durchzuführen ist. Allerdings sind im Rahmen von Unternehmensbewertungen Synergievorteile zu berücksichtigen, wenn diese durch eine Kooperation mit einer beliebigen Vielzahl von Partnern verhältnismäßig einfach zu verwirklichen gewesen wären.

D. Problematik bei Übernahmeangeboten

Freiwillige Übernahmeangebote wird der Bieter in der Regel attraktiv gestalten.[704] Zumeist wird der Bieter bei Übernahmeangeboten eine Gegenleistung in einer Höhe ansetzen, die den Minderheitsaktionären einen Ersatz für Transaktionskosten sowie einen Aufschlag für Synergiegewinne bieten. Bei ungünstigen Angeboten besteht die Gefahr, dass nur ein sehr geringer Teil der Aktionäre das Angebot annimmt und mithin die Übernahme erfolglos verläuft.[705] Ein erfolgloser Übernahmeversuch sollte nach Möglichkeit vermieden werden, weil auch in diesem Fall für den Bieter erhebliche Kosten entstehen.

Bei der Frage nach der Erstattungsfähigkeit von Transaktionskosten und der Teilhabe an Synergiegewinnen kann auf die Prüfung im Rahmen von Pflichtangeboten verwiesen werden.[706] Ein inhaltlicher Unterschied kann nämlich nicht daraus hergeleitet werden, dass der Bieter das Übernahmeangebot freiwillig abgibt. Dies ist deshalb abzulehnen, da sich auch durch ein solches Angebot die Mehrheitsverhältnisse in der Aktiengesellschaft stark ändern können und die Minderheitsaktionäre als schutzwürdig anzusehen sind.

---

[704] Steinmeyer/Häger, WpÜG-Kommentar, § 31, Rn. 86.
[705] Wackerbarth in Münchener Kommentar zum Aktiengesetz, Bd. 9/1, WpÜG, § 31, Rn. 6.
[706] Hierzu Teil 3, C. I. bzw. III.

E. Pflicht zur Unternehmensbewertung bei Übernahme- und Pflichtangeboten

Es kann sich zu Lasten der Minderheitsaktionäre auswirken, wenn der Bieter allein auf Grundlage von Vorerwerbspreisen und dem Börsenkurs die Höhe der Gegenleistung ermittelt. Deshalb ist festzustellen, in welchen Fällen der Bieter eine Unternehmensbewertung als Grundlage zur Bestimmung der Höhe der Gegenleistung heranziehen muss.

Die Frage, inwieweit bei der Ermittlung der Gegenleistung die Ergebnisse einer Unternehmensbewertung heranzuziehen sind, ist umstritten. Es wird teilweise argumentiert, dass die Vorschriften der §§ 31, 39 WpÜG, 3 – 7 WpÜG-AV zumindest im Regelfall abschließender Natur sind und dass mit § 5 Abs.4 WpÜG-AV grundsätzlich der einzige Fall dargestellt wird, bei dem auch in übernahmerechtlichen Konstellationen eine Unternehmensbewertung notwendig wird.[707] Diese Sichtweise, der überwiegend die Praxis folgt[708], ist vor allem dann nicht unproblematisch, wenn der Bieter sein Angebot in Baisse-Zeiten abgibt oder zu einem Zeitpunkt, zu dem die Aktien der Zielgesellschaft niedrig bewertet werden. Es ist gleichfalls als problematisch anzusehen, wenn lediglich in den vorausgegangenen drei Monaten die Aktienkurse gestiegen sind und sich erst dadurch die Marktbewertung den Wertermittlungen von Gutachtern sukzessive angepasst hat.[709] Auch in diesen Fällen bestände bei den Minderheitsaktionären ein Bedürfnis, dass nicht die allgemeine Markteinschätzung an der Börse, sondern ein durch Sachverständige ermittelter Unternehmenswert als maßgeblich angesehen wird. Unter anderem Thun kommt deshalb zum Ergebnis, dass in begründeten Einzelfällen auch Abweichungen von den durch Gesetz und WpÜG-AV vorgeschriebenen Mindestwerten möglich seien.[710]

---

[707] Haarmann in Haarmann/Riehmer/Schüppen, WpÜG-Kommentar, § 31, Rn. 24; KK-Kremer/Oesterhaus, WpÜG-Kommentar, § 31, Rn. 16; Verse, ZIP 2004, 199 ff., 200; Habersack, ZIP 2003, 1123 ff., 1124; Noack in Schwark, Kapitalmarktrechts-Kommentar, WpÜG, § 31, Rn. 15.

[708] Angebotsunterlage der Robert Bosch GmbH an die Aktionäre der Buderus AG, S. 9/10; Angebotsunterlage der TFG Venture Capital AG & Co. KGaA an die Aktionäre der i:FAO AG, S. 13/14; Angebotsunterlage der Siemens AG an die Aktionäre der CYCOS AG, S. 10/11.

[709] Vgl. Schmidt/Prigge, DBW 62 (2002), 225 ff., 234.

[710] Thun in Geibel/Süßmann, WpÜG-Kommentar, § 31, Rn. 5.

I. Gebotenheit einer Unternehmensbewertung

Es muss untersucht werden, ob es notwendig ist, dass in Fällen, die an sich nicht unter die Vorschrift des § 5 Abs.4 WpÜG-AV subsumierbar wären, eine Unternehmensbewertung durchzuführen ist.

Ermächtigungsgrundlage für § 5 Abs.4 WpÜG-AV ist § 31 Abs.7 WpÜG, nach dem das Bundesministerium für Finanzen nähere Bestimmungen zur Angemessenheit der Gegenleistung durch Rechtsverordnung getroffen hat. Es handelt sich also bei § 5 Abs.4 WpÜG-AV um eine Vorschrift einer Rechtsverordnung, also um untergesetzliches Recht, welches durch die Exekutive erlassen wird.[711] Dies ist insoweit von Relevanz, weil bei Auslegung des § 5 Abs.4 WpÜG-AV der Grundsatz des Vorranges des Gesetzes beachtet werden muss, wonach unterrangiges Recht mit höherrangigem Recht in Einklang stehen muss.[712]

1. Bedeutung des § 5 Abs.4 WpÜG-AV

Nach § 5 Abs.4 WpÜG-AV ist grundsätzlich nur dann eine Unternehmensbewertung in Fällen von Übernahmen vorgesehen, wenn kein ausreichender Handel bei den Aktien des Zielunternehmens feststellbar ist (es werden „an weniger als einem Drittel der Börsentage Börsenkurse festgestellt"), so dass die in seltenen Abständen festgestellten Börsenkurse keine ausreichende Basis für die Bestimmung der Gegenleistung darstellen.[713] Außerdem ist weitere Voraussetzung des § 5 Abs.4 WpÜG-AV, dass mehrere nacheinander festgestellte Börsenkurse um mehr als 5 % voneinander abweichen (sog. Kurssprünge).

a) Zur Relevanz von Unternehmensbewertungen

In der DAT/Altana-Entscheidung hat das Bundesverfassungsgericht bestimmt, dass ein existierender Börsenkurs bei der Ermittlung des Wertes der Unternehmensbeteiligung nicht unberücksichtigt bleiben darf. Allerdings darf daneben eine Unternehmensbewertung durchgeführt werden, wobei Art. 14 Abs.1 GG für die Wertermittlung keine bestimmte Methode vorschreibt.[714] Dass in den §§ 31 WpÜG, 3 – 7 WpÜG-AV vorrangig auf Börsenkurse bzw. durch den Bieter gezahlte Vorerwerbspreise abgestellt wird, ist deswegen problematisch, weil die Börsenkursbildung von vielfältigen, für die Ermittlung eines fairen Wertes zweifelhaften Gesichtspunkten abhängt.[715] Diese Auffassung stellt bei ihrer Behauptung, dass Börsenkurse nur eine geringe Aussagekraft haben, auf Folgendes ab: Die künftigen Entwicklungen und Möglichkeiten des Unternehmens, die von

---

[711] Degenhart, Staatsrecht I, Rn. 273.
[712] Lücke in Sachs, GG-Kommentar, Art. 80, Rn. 7.
[713] Steinmeyer/Häger, WpÜG-Kommentar, § 31, Rn. 34.
[714] BVerfGE 100, 289 ff., 307 („DAT/Altana").
[715] WP-Handbuch, Band II, A 56.

den Marktteilnehmern erwartet werden, können nicht sicher vorausgesagt werden. Außerdem sollen Marktenge, mögliche Spekulationen, Änderungen des Zinsniveaus, Währungskurse, politische Ereignisse, psychologische Momente und die allgemeine Börsentendenz nicht für die Bestimmung der Abfindungshöhe maßgeblich sein.[716] Insbesondere der Umstand des Spekulationsrisikos[717], auf Grund dessen die Gegenleistung in Form eines durchschnittlichen Börsenkurses als zu gering angesehen werden kann, führt dazu, dass die Durchführung einer Unternehmensbewertung für notwendig erachtet wird. Das Spekulationsrisiko verwirklicht sich dann, wenn in einer Baisse-Phase aufgrund von Unterbewertungen einiger oder aller an der Börse notierten Unternehmen ein mit dem „wahren" Wert des Unternehmens nicht in Einklang zu bringender Kurs ermittelt wird. Es ist zweifelhaft, ob in Fällen von Unternehmensübernahmen die Minderheitsaktionäre diese zumindest teilweise unternehmensfremden Risiken tragen sollten.

Diese Bedenken, die gegen eine alleinige Heranziehung von Börsenkursen sprechen, führten in der DAT/Altana-Entscheidung des Bundesverfassungsgerichtes nicht zu einer grundsätzlich zwingenden Einbeziehung von Unternehmensbewertungen. Das Bundesverfassungsgericht ging davon aus, dass die Minderheitsaktionäre nicht weniger erhalten dürfen, als bei einer frei getroffenen Desinvestitionsentscheidung.[718] Diese Argumentation des Bundesverfassungsgerichts führt dazu, dass eine Unternehmensbewertung nicht zwingend erforderlich ist, weil ein Minderheitsaktionär auch im Falle einer Desinvestition keinen Anspruch auf einen Betrag hat, der auf Grundlage einer gängigen Bewertungsmethode ermittelt worden ist. Dieser verkauft vielmehr seinen Unternehmensanteil regelmäßig zu den aktuellen Marktpreisen.

Für einen Minderheitsaktionär ist es hingegen meistens nicht entscheidend, ob seine Anteile bei Durchführung einer Unternehmensbewertung höher bewertet werden würden. Dies gilt zumindest dann, wenn der Minderheitsaktionär nicht die Angleichung des Börsenkurses an Werte, die sich auf Grundlage einer Unternehmensbewertung ergeben, abwarten will. In Fällen einer Übernahme, in denen ein Minderheitsaktionär – anders als in Fällen eines Squeeze-outs – nicht zwangsweise ausgeschlossen wird, wird dem Minderheitsaktionär auch nicht die Möglichkeit genommen, solche Kurssteigerungen abzuwarten.

---

716 WP-Handbuch, Band II, A 56.

717 Vgl. Hüchting, Abfindung und Ausgleich, S. 50.

718 BVerfGE 100, 289 ff., 306 („DAT/Altana").

b) Kritik bei Zugrundelegung von Börsenkursen

Soweit von Vertretern der sogenannten Arbitragetheorien geäußert wird, dass die Bewertung von Unternehmen zur gleichen Zeit verschiedenen Wertvorstellungen unterliegt, wobei der Börsenpreis einen niedrigen, nicht dem wahren Wert entsprechenden Preis darstellt,[719] kann mit diesem Ansatz die Auffassung des Bundesverfassungsgerichtes nicht widerlegt werden. Diese Theorien, die einerseits damit begründet werden, dass auf den Aktienmärkten eine zu kurze Sichtweise herrsche[720], andererseits damit, dass Unterbewertungen durch informationelle Defizite entstehen,[721] werden nämlich von der herrschenden Meinung abgelehnt. Auch wenn die Theorie des effizienten Marktes, die von der Prämisse ausgeht, dass Aktienmärkte effizient arbeiten und korrekt den Gegenwartswert eines Unternehmens bestimmen,[722] nicht uneingeschränkte Geltung beanspruchen kann, ist es nicht erkennbar, aus welchen Gründen Anleger an der Börse zu nicht angemessenen Preisen verkaufen.[723]

Der Börsenkurs bietet also berechtigterweise einen wichtigen Anhaltspunkt für die Ermittlung des Wertes einer Aktie. Informationsdefizite des Marktes führen dagegen nur teilweise zu Börsenpreisen, die unter dem im Rahmen einer Unternehmensbewertung ermittelten Wert liegen.

2. Erwägungen zum Minderheitenschutz

Aus Gründen des Minderheitsaktionärsschutzes könnte die Durchführung einer Unternehmensbewertung gleichwohl erforderlich sein. Durch die Vorschriften der §§ 31 WpÜG, 3 – 7 WpÜG-AV sollte nämlich gerade erreicht werden, dass den Minderheitsaktionären der Zielgesellschaft ein angemessener Ausgleich für die Abgabe der Aktien der Zielgesellschaft gewährt wird, wenn der Bieter die Kontrolle an der Zielgesellschaft zu erwerben beabsichtigt.[724] Es soll gerade ein angemessener Weg zum Ausscheiden aus der Gesellschaft geschaffen werden. Es ist allerdings zweifelhaft, ob ein solcher angemessener Weg vorliegt, wenn an der Börse die Aktien der Zielgesellschaft „zu niedrig“ bewertet sind. So wird in der Literatur zumindest teilweise vertreten, dass bei der Ermittlung von Abfindungen bzw. Gegenleistungen bei börsennotierten Gesellschaften stets zwei Werte festzustellen seien: Einerseits ein „wahrer“ Wert, d.h. der durch Sachverständigengutachten ermittelte Ertragswert, andererseits der Börsenkurs als Verkehrswert, wobei jeweils der höhere Wert maßgeblich sein soll.[725] Auch wenn

---

[719] Hahn, Die feindliche Übernahme von Aktiengesellschaften, S.92.
[720] Lowenstein, Hostile Takeovers, Österreichisches Bankarchiv 1988, 886 ff., 895.
[721] Stein, 96 Journal of Political Economy 1988, 61 ff., 62.
[722] Fama, Efficient Capital Markets, 25 Journ. Fin. 1970, 383 ff., 405.
[723] Hahn, Die feindliche Übernahme von Aktiengesellschaften, S. 96.
[724] Thun in Geibel/Süßmann, WpÜG-Kommentar, § 31, Rn. 1.
[725] Hüttemann, ZGR 2001, 454 ff., 465/466.

sich auf Grund der bundesverfassungsrechtlichen Rechtsprechung keine verfassungsrechtliche Notwendigkeit ergibt, eine Unternehmensbewertung durchzuführen, ist zu prüfen, ob einfachgesetzliche Vorschriften für die eben bezeichnete Vorgehensweise sprechen.

Gegen die Durchführung einer Unternehmensbewertung spricht zunächst keineswegs der Gesetzeswortlaut des § 31 Abs.1 WpÜG. So ist in dessen Satz 2 vorgesehen, dass „grundsätzlich der durchschnittliche Börsenkurs der Aktien der Zielgesellschaft und Erwerbe von Aktien der Zielgesellschaft durch den Bieter, mit ihm gemeinsam handelnder Personen oder deren Tochterunternehmen zu berücksichtigen" sind. Der Wortlaut dieser Vorschrift enthält also bereits in zweierlei Hinsicht Einschränkungen: Einerseits sollen die dort angeführten Kriterien nur „grundsätzlich" herangezogen werden und andererseits sind diese beiden Kriterien auch nur zu „berücksichtigen". Es ist also weiterhin möglich, dass auch andere Umstände bzw. Bewertungsansätze – wie beispielsweise eine Wertermittlung im Zuge einer Unternehmensbewertung – herangezogen werden können. Nach den Vorgaben der Regierungsbegründung zu § 31 Abs.1 WpÜG ist es ebenfalls möglich, Unternehmensbewertungen bei der Bestimmung der Gegenleistung zugrunde zu legen. So heißt es dort zu § 31 Abs.1 WpÜG, dass es sich bei den Vorerwerbspreisen und dem Börsenkurs um für die Bemessung der Gegenleistung maßgebliche Kriterien handele.[726] Nach dieser Formulierung ist es möglich, weitere Kriterien wie die Wertermittlung durch Unternehmensbewertung heranzuziehen.

Der Verordnungsgeber hat allerdings mit § 5 Abs.4 WpÜG-AV nur in eingeschränkter Form eine Ausnahme von dem Grundsatz getroffen, nach dem Börsenkurse und durch den Bieter angebotene bzw. gezahlte Vorerwerbspreise maßgeblich sind.[727] § 5 Abs.4 WpÜG-AV stellt seinem Wortlaut nach eine abschließende Sonderregelung dar; der Verordnungsgeber sah davon ab, § 5 Abs.4 WpÜG-AV durch die Hinzufügung des Wortes „insbesondere" als Regelbeispiel auszugestalten. Gegen diese eingeschränkte Auslegung des § 5 Abs.4 WpÜG-AV spricht jedoch der Grundsatz des Vorranges des Gesetzes[728]. Danach haben sowohl die Exekutive als auch die Judikative die im höherrangigen Recht abstrakt getroffene Entscheidungen zu respektieren, d.h. diese zu beachten, ggf. sie zu konkretisieren und zu vollziehen, jedoch in keinem Fall durch ihre eigene

---

[726] RegBegr., BT-Drucks. 14/7034, S. 55.
[727] Rodewald/Siems, ZIP 2002, 926 ff., 928, wonach dieses Versäumnis des Verordnungsgebers umso schwerer wiegt, als das WpÜG keine Möglichkeit der Beteiligten vorsieht, die Gegenleistung in einem Spruchverfahren, wie etwa in §§ 15, 34, 305 ff. UmwG vorgesehen, überprüfen zu lassen und einen Anspruch auf Gegenleistung geltend zu machen.
[728] Sachs in Sachs, GG-Kommentar, Art. 20, Rn. 112.

Entscheidung zu ersetzen.[729] Hieraus lässt sich ableiten, dass die WpÜG-AV gesetzeskonform ausgelegt werden und die Wertungen des § 31 Abs.1 WpÜG bei Auslegung des § 5 Abs.4 WpÜG-AV einbezogen werden müssen. Gegen eine eingeschränkte Auslegung des § 5 Abs.4 WpÜG-AV spricht weiterhin, dass der Verordnungsgeber mit § 3 S.2 WpÜG-AV den Grundsatz aufstellte, wonach mit den Vorschriften der §§ 4 – 6 WpÜG-AV lediglich Mindestabfindungswerte umschrieben werden. Diese Formulierung des Verordnungsgebers sollte dahingehend verstanden werden, dass auch in weiteren Fällen, als in § 5 Abs.4 WpÜG-AV vorgesehen, eine Unternehmensbewertung stattfinden muss.

In der Literatur wird die Vorschrift des § 5 Abs.4 WpÜG-AV teilweise als verfehlt angesehen, weil der Bieter unter Umständen nicht über hinreichende Einblicke in die Interna des Targets verfügt, um eine Unternehmensbewertung durchzuführen.[730] Die fehlenden Insiderkenntnisse würden die Aussagekraft und die Zielgenauigkeit des Bewertungsgutachtens stark reduzieren. Insoweit unterscheidet sich die Rechtslage beim Squeeze-out, bei dessen Durchführung jeweils ein Bewertungsgutachten erstellt wird, stark von der Rechtslage bei Übernahmen. Gemäß § 327b Abs.1 S.2 AktG hat nämlich beim Squeeze-out der Vorstand der Gesellschaft die Pflicht, dem Hauptaktionär die notwendigen Informationen zur Verfügung zu stellen. Im Übernahmerecht gibt es hingegen keine vergleichbare Vorschrift. Außerdem reicht die Angebotsfrist häufig zur Durchführung einer Unternehmensbewertung nicht aus.[731]

Auch der kapitalmarktrechtliche Charakter des WpÜG spricht dafür, dass eine Unternehmensbewertung nicht notwendigerweise bzw. regelmäßig durchzuführen ist. Oberstes Ziel des Kapitalmarktrechtes ist es nämlich, die Funktionsfähigkeit der Märkte durch Verhinderung eines Marktversagens zu schützen, um das Vertrauen der Marktteilnehmer zu gewinnen.[732] Grundsätzlich ist das Kapitalmarktrecht – anders als das Gesellschaftsrecht – nicht auf den Individualschutz einzelner Anleger hin angelegt, sondern lediglich auf die institutionelle Funktionsgewährleistung des Kapitalmarktes.[733] Hieraus folgt, dass im Kapitalmarktrecht grundsätzlich auf Instrumentarien, die ein funktionierender Kapitalmarkt anzubieten hat, zurückzugreifen ist, um den Wert einer Unternehmensbe-

[729] Herzog in Maunz-Dürig, GG-Kommentar, Band II, Art. 20, II. Abschnitt, Rn. 35; Schulze-Fielitz in Dreier, GG-Kommentar, Band II, Art. 20, Rn. 83.

[730] Habersack, ZIP 2003, 1123 ff., 1126; Habersack in Emmerich/Habersack, Aktien- und GmbH-Konzernrecht, AktG, § 327b, Rn. 5.

[731] Liebscher, ZIP 2001, 853 ff., 865.

[732] Mühle, Das Wertpapiererwerbs- und Übernahmegesetz, S. 145; Möllers, AG 1999, 433 ff., 434.

[733] Assmann, ZBB 1989, 49 ff., 61; Hopt, Festschrift für Heinsius, S. 289 ff., 303; Wiedemann, BB 1975, 1591 ff., 1591.

teiligung festzustellen. Anders als im Gesellschaftsrecht besteht darüber hinaus im Kapitalmarktrecht die allgemein anerkannte Zielsetzung, den deutschen (Kapital-)Markt für ausländische Investoren attraktiv zu gestalten.[734] Aus diesem Grund ist es an dieser Stelle auch von Relevanz, dass in anderen Staaten zumeist gleichfalls keine Unternehmensbewertung durch Sachverständige durchgeführt wird. So werden beispielsweise in Großbritanien (Rule 6.1. des City Code)[735], in Österreich (§ 26 Abs.1 Übernahmegesetz Österreich)[736] sowie in der Schweiz (Art. 32 Abs.4 Börsengesetz – BEHG Schweiz)[737] ebenfalls für die Preisbestimmung in der Regel der durchschnittliche Börsenkurs und/oder die erzielten Vorerwerbspreise herangezogen.[738]

Schließlich ergibt sich der Vorteil, wenn ein Sachverständiger kein Bewertungsverfahren durchführt, dass zumindest teilweise Rechtsstreitigkeiten vermeidbar sind.[739] Die Heranziehung von Vorerwerbspreisen und durchschnittlichen Börsenkursen bietet nämlich weniger Möglichkeiten für Manipulationen. Allerdings lassen sich zumindest dann keine Rechtsstreitigkeiten vermeiden, wenn die Marktpreise nicht auf Grund eines effizienten Marktgeschehens zustande gekommen sind. In diesen Fällen muss dann wiederum auf die Ergebnisse einer Unternehmensbewertung zurückgegriffen werden.

Eine Unternehmensbewertung gemäß § 31 Abs.1 WpÜG muss danach nur in Fällen durchgeführt werden, in denen begründbare Anhaltspunkte dafür sprechen, dass die Wertermittlung auf Grundlage einer Unternehmensbewertung zu höheren Beträgen führt, als die Wertermittlung bei Zugrundelegung des durchschnittlichen Börsenkurses. Eine Interessenabwägung zwischen Minderheitenschutz und Funktionsfähigkeit des Kapitalmarktes muss dabei zu einem Überwiegen der Interessen der Minderheitsaktionäre führen.

II. Zwischenergebnis

Grundsätzlich ist es unter Heranziehung des Art. 14 GG nicht notwendig, eine Unternehmensbewertung durchzuführen. Allerdings sind die Bestimmungen der §§ 31 WpÜG, 3 – 7 WpÜG-AV dahingehend auszulegen, dass bei begründeten

[734] Schiessl, AG 1999, 442 ff., 443.
[735] City Code on Takeovers and Mergers and Rules Governing Substantial Acquisitions of Shares, vgl. Hirte, Wertpapiererwerbs- und Übernahmegesetz, Teil 6 (S. 349 ff.).
[736] Bundesgesetz betreffend Übernahmeangebote, BGBl. I 1998/127.
[737] Bundesgesetz über die Börsen und den Effektenhandel (BEHG), BBl. II, S. 419 ff.
[738] Vgl. auch KK-Kremer/Osterhaus, WpÜG-Kommentar, § 31, Rn. 9 – 12.
[739] Haarmann in Haarmann/Riehmer/Schüppen, Öffentliche Übernahmeangebote, Kommentar, § 31, Rn. 3.

Anhaltspunkten einer zu niedrigen Bewertung der Aktien der Zielgesellschaft durch eine Unternehmensbewertung die Höhe der Gegenleistung ermittelt werden muss. Die Vorschrift des § 5 Abs.4 WpÜG-AV ist in diesen Fällen gesetzkonform auszulegen und nicht abschließend.

F. Einfache Erwerbsangebote

I. Kein Anspruch auf eine angemessene Gegenleistung

Gemäß § 31 WpÜG (ggf. in Verbindung mit § 39 WpÜG) hat der Bieter nur in Fällen von Übernahmeangeboten und Pflichtangeboten die Verpflichtung, den übrigen Aktionären eine angemessene Gegenleistung anzubieten.[740] Eine solche Verpflichtung besteht hingegen nicht – zumindest nach dem Wortlaut und der Systematik des Gesetzes – in Fällen von einfachen Erwerbsangeboten, also in Fällen, in denen entweder der Wertpapiererwerb auf einen unmittelbaren oder mittelbaren Stimmrechtsanteil an der Zielgesellschaft von weniger als 30% gerichtet ist (sog. Einstiegsangebote) oder wenn – falls der Bieter bereits die Kontrolle innehat – der Wertpapiererwerb lediglich auf eine Ausweitung der Beteiligung gerichtet ist (sog. Aufstockungsangebote).[741] Wie bereits festgestellt[742], ist es in solchen Übernahmefällen eher abzulehnen, aus Art.14 Abs.1 GG die Verpflichtung des Bieters herzuleiten, ein Angebot mit einer angemessenen Gegenleistung abzugeben. Anders als bei Übernahmeangeboten (vgl. §§ 29 ff. WpÜG) sind einfache Erwerbsangebote nicht auf den Erwerb der Kontrolle gerichtet. Die Minderheitsaktionäre können deshalb bei Veränderungen der Aktionärsstruktur, die infolge von einfachen Erwerbsangeboten entstehen, bei weitem nicht so stark belastet werden wie in Fällen, in denen der Bieter ein Übernahmeangebot abgegeben hat. Dass sich die Aktionärsstruktur ändert, ohne dass ein Aktionär dadurch die Kontrolle an der Gesellschaft übernimmt, stellt für die Aktionäre ein allgemeines Lebens- bzw. Aktionärsrisiko dar. Insoweit ist es bei einfachen Erwerbsangeboten vom Grundsatz her auch abzulehnen, dass ein Minderheitsaktionär unter Einbeziehung des Eigentumsgrundrechtes (Art. 14 Abs.1 GG) einen Anspruch auf eine angemessene Gegenleistung hat.

II. Zur Aufklärungspflicht des Bieters

In Konstellationen, bei denen das WpÜG anzuwenden ist, könnte allerdings ein Minderheitsaktionär von der (unzutreffenden[743]) Vorstellung geleitet werden, dass ihm auch im Rahmen von einfachen Erwerbsangeboten eine angemessene

[740] Vgl. Schröder in Münchener Anwaltshandbuch, Aktienrecht, § 51, Rn. 94.
[741] RegBegr., BT-Drucks. 14/7034, S. 28 f.; Steinmeyer/Häger, WpÜG-Kommentar, vor §§ 10 ff., Rn. 5; Oechsler in Ehricke/Ekkenga/Oechsler, WpÜG-Kommentar, § 31, Rn. 1; Schröder in Münchener Anwaltshandbuch, Aktienrecht, § 51, Rn. 93; Wackerbarth in Münchener Kommentar zum Aktiengesetz, Bd. 9/1, WpÜG, § 31, Rn. 1; Liebscher, ZIP 2001, 853 ff., 857.
[742] Hierzu Teil 3, B. II.
[743] Hierzu Teil 3, F. I.

Gegenleistung angeboten wird. Wenn ein Minderheitsaktionär ein Angebot mit einer angemessenen Gegenleistung erwarten darf, müsste er zumindest auf ein zu niedrig bemessenes und mithin unangemessenes Gegenleistungsangebot hingewiesen werden. Die Erwartung der Minderheitsaktionäre, ein angemessenes Gegenleistungsangebot zu erhalten, liegt deswegen nahe, weil ein Zweck der gesetzlich kodifizierten übernahmerechtlichen Regelungen der kapitalmarktrechtliche Schutz des Anlegerpublikums ist.[744] Diese Zielsetzung der übernahmerechtlichen Regelungen fand auch Eingang – wenn auch in abgeschwächter Form – im Regierungsentwurf zum WpÜG. Dort wird darauf hingewiesen, dass dieses Gesetz die rechtliche Stellung von Minderheitsaktionären bei Unternehmensübernahmen stärken sollte.[745] Auch unter Berücksichtigung des § 2 Nr.3 WpÜG-AV liegt es nahe, dass ein Minderheitsaktionär bei einfachen Erwerbsangeboten davon ausgeht, dass die ihm angebotene Gegenleistung angemessen ist. Nach § 2 Nr.3 WpÜG-AV sind nämlich in der Angebotsunterlage die bei Festsetzung der Gegenleistung angewandten Bewertungsmethoden und die Gründe anzugeben, die für die Anwendung dieser Methoden sprechen. Es liegt ein gewisser Widerspruch vor, wenn einerseits der Verordnungsgeber der WpÜG-AV bei Aufstellung des § 2 Nr.3 WpÜG-AV offensichtlich von der Vorstellung geleitet wurde, dass sämtliche Angebote, also auch einfache Erwerbsangebote, mit einer angemessenen Gegenleistung versehen sein müssen, und andererseits diese Vorschrift dennoch zu Lasten der Minderheitsaktionäre eingeschränkt auszulegen ist. Allerdings wird in der Literatur eine solche eingeschränkte Auslegung des § 2 Nr.3 WpÜG-AV befürwortet.[746]

Nach §§ 31, 39 WpÜG ist der Bieter zwar nur bei Übernahme- und bei Pflichtangeboten zur Abgabe eines angemessenen Gegenleistungsangebotes verpflichtet. Dennoch ist es bei einfachen Erwerbsangeboten unter Berücksichtigung des § 2 Nr.3 WpÜG-AV erforderlich, dass der Bieter darauf hinweist, aus welchen Gründen er eine bestimmte Gegenleistung anbietet und ob diese Gegenleistung angemessen ist. Dies ergibt sich auch aus § 11 Abs.1 S.3 WpÜG, wonach die Angaben in einer Angebotsunterlage richtig und vollständig sein müssen. Die Angaben wären jedoch nicht vollständig, wenn bei einfachen Erwerbsangeboten der Bieter nicht darüber aufklärt, dass die angebotene Gegenleistung nicht angemessen ist.

Der Bieter ist deshalb bei Abgabe einfacher Erwerbsangebote aus kapitalmarktrechtlicher Sicht gehalten, den übrigen Aktionären anzuzeigen, dass sein Ange-

---

[744] Hopt, ZHR 161 (1997), 368 ff., 374; Schuster in Zschocke/Schuster, Bad Homburger Handbuch zum Übernahmerecht, A., Rn. 18.
[745] RegEntw., BT-Drucks. 14/7034, S. 28.
[746] Hamann, ZIP 2001, 2249 ff., 2252; Steinmeyer/Häger, WpÜG-Kommentar, § 11, Rn. 36.

bot nicht angemessen ist. Die Angebotsunterlage muss danach eine Angabe zur angemessenen Höhe der Gegenleistung enthalten, die entsprechend der Vorgaben der §§ 31 Abs.1 WpÜG, 3 ff. WpÜG-AV ermittelt sein muss. Außerdem muss ersichtlich werden, in welchem Umfang diese Höhe unterschritten worden ist. Um eine übermäßige Belastung des Bieters zu vermeiden, hat dieser allerdings keine Unternehmensbewertung durchführen zu lassen, selbst wenn diese nach den §§ 31 Abs.1 WpÜG, 5 Abs.4 WpÜG-AV Pflicht sein würde. In diesem Fall genügt es, wenn die Angebotsunterlage einen Hinweis enthält, dass keine gesonderte Unternehmensbewertung durchgeführt worden ist.

Teil 4: Ergebnisse der Arbeit

A. Zum Squeeze-out

I. Zur Rechtsnatur des Abfindungsanspruches

1. Der Abfindungsanspruch gemäß §§ 327a Abs.1, 327b Abs.1 AktG ist von seiner Rechtsnatur her als gesellschaftsrechtlicher Ersatzanspruch eigener Art einzuordnen. Die Treubindung zwischen Gesellschaftern, die mit dem § 327b Abs.1 AktG seine Ausgestaltung erfährt, ist gesellschaftsrechtsspezifisch. Wegen der besonderen Ausgestaltung des Abfindungsanspruches ist es mithin abzulehnen, in diesem Anspruch einen aufopferungsrechtlichen, schadensersatzrechtlichen oder vergütungsrechtlichen Anspruch zu sehen. Bei dem in dieser Arbeit herausgearbeiteten gesellschaftsrechtlichen Ersatzanspruch eigener Art kann es der spezifischen Treubindung zwischen den Gesellschaftern entsprechen, wenn den Minderheitsaktionären im Rahmen einer angemessenen Abfindung bisher von der Literatur und Rechtsprechung überwiegend nicht zuerkannte Vermögenspositionen ersetzt werden. Die Reichweite des Anspruchsinhalts muss allgemeinen Rechtsgedanken im Gesellschaftsrecht entsprechen (vgl. § 723 Abs.2 S.2 BGB sowie Grundsätze über die gesellschaftsrechtliche Treuepflicht).

2. Aus dieser dogmatischen Einordnung folgt, dass einem Minderheitsaktionär dem Grunde nach eine Rechtsgrundlage mit § 327b Abs.1 AktG zur Verfügung steht, nach der Ersatz für die Positionen „Transaktionskosten“, „Verhandlungsposition“, „Teilhabe an Synergiegewinnen“ sowie „Kosten für die Beauftragung von Wirtschaftsprüfern und Rechtsanwälten“ in Betracht kommen könnte.

II. Transaktionskosten

Minderheitsaktionäre haben einen Anspruch gegenüber dem Hauptaktionär auf eine angemessene Barabfindung (§ 327b Abs.1 AktG), der auch einen Ausgleich für sämtliche Transaktionskosten beinhalten muss. Unter Transaktionskosten sind einerseits die Gebühren zu verstehen, die unmittelbar bei Ausschluss der Minderheitsaktionäre anfallen und die in der Praxis bereits derzeit regelmäßig vom Hauptaktionär getragen werden; andererseits sind aber auch die Gebühren als Transaktionskosten aufzufassen, die einem Minderheitsaktionär erst durch die Wiederanlage des Abfindungsbetrages entstehen und für die derzeit in der Praxis regelmäßig kein Ausgleich durch den Hauptaktionär geleistet wird. Aus Praktikabilitätserwägungen ist es gerechtfertigt, den Ausgleichsbetrag für die zuletzt bezeichneten Transaktionskosten pauschal festzulegen, und zwar mit 1% des sonstigen Ausgleichsbetrages.

III. Verhandlungsposition

Minderheitsaktionäre müssen gleichfalls einen zusätzlichen, von einem Sachverständigen festzustellenden Betrag für den Verlust ihrer Verhandlungsposition vom Hauptaktionär erhalten. Anders als in Fällen einer Übernahme und auch in anderen Fällen steht nämlich den Minderheitsaktionären kein Wahlrecht zu, sondern sie können vom Hauptaktionär zu ihrem Ausschluss gezwungen werden. Diese einseitige Verteilung von Rechten und Pflichten führt dazu, dass der Hauptaktionär eine entsprechend erhöhte Barabfindung leisten muss und somit auch zum Ersatz für den Verlust der Verhandlungsposition verpflichtet ist.

Der Ersatz der Verhandlungsposition kann im Rahmen des Abfindungsanspruches nach §§ 327a Abs.1, 327b Abs.1 AktG geltend gemacht werden.

IV. Kosten für Steuerberater, Wirtschaftsprüfer und Rechtsbeistände

1. Kosten für eine steuerliche Erstberatung müssen dem Minderheitsaktionär pauschal erstattet werden. In besonderen Fallkonstellationen, in denen zusätzlicher steuerlicher Beratungsbedarf besteht, darf ein Minderheitsaktionär einen höheren Betrag geltend machen.

2. Einen Anspruch auf Kostenübernahme eines von einem Minderheitsaktionär beauftragten Wirtschaftsprüfers hat dieser Minderheitsaktionär hingegen nicht. Insoweit werden die Minderheitsaktionäre bereits nach dem derzeitigen Verfahren hinreichend geschützt.

3. Nach den §§ 327a ff. AktG hat der Hauptaktionär nicht die Kosten für die Beauftragung eines Rechtsbeistandes zu tragen, wenn sich der Squeeze-out als rechtmäßig und die angebotene Abfindungshöhe als angemessen erweisen sollten. Ein Minderheitsaktionär ist zwar grundsätzlich nicht selbst in der Lage, diese Fragen zu überprüfen; allerdings stellen die §§ 327a ff. AktG in ausreichendem Maße Schutzinstrumente zur Verfügung, so dass ein zusätzlicher Ausgleich für die Kosten, die bei Beauftragung von Rechtsbeiständen entstehen, vom Grundsatz her nicht geboten ist. Ein Minderheitsaktionär kann nur dann die Erstattung der Kosten für einen Rechtsberater verlangen, wenn die Abfindungshöhe zu niedrig bemessen oder das Squeeze-out-Verfahren in rechtswidriger Weise durchgeführt worden ist.

V. Trennungseffekte (Synergiegewinne)

Die ausgeschlossenen Aktionäre haben grundsätzlich einen Anspruch auf Teilhabe an Vorteilen aus unechten Synergieeffekten. Da das subjektive Grenzinteresse der Minderheitsaktionäre bei der Bestimmung der Abfindungshöhe zu berücksichtigen ist, ist es nicht interessengerecht, wenn die Minderheitsaktionäre einerseits nicht ihren zwangsweisen Ausschluss verhindern können und andererseits der Hauptaktionär einseitig das Gewinnpotential aus der Gesellschaftsmaßnahme ziehen kann. Allerdings ergibt die Auslegung des § 327b Abs.1 AktG nicht – was de lege ferenda zu fordern ist –, dass ein Minderheitsaktionär auch von echten Synergieeffekten profitieren muss.

VI. Konkurrenzverhältnis zwischen vermögensrechtlichen Positionen

1. Der Anspruch, der auf Teilhabe an unechten Synergiegewinnen gerichtet ist, ist auf den Ausgleichsanspruch für den Verlust der Verhandlungsposition nicht anzurechnen. Unechte Synergieeffekte können nämlich grundsätzlich auch ohne Durchführung eines Squeeze-outs realisiert werden.

2. Es ist nicht interessengerecht, wenn ein Minderheitsaktionär Ausgleich für den Verlust seiner Verhandlungsposition und Ersatz für Transaktionskosten kumuliert geltend machen könnte. Der Ausgleichsfähigkeit der Verhandlungsposition liegt nämlich der Gedanke zugrunde, dass der Minderheitsaktionär seine Anteile behält und sie jederzeit freihändig verkaufen kann. Da ihm jedoch bei einem späteren freihändigen Verkauf ebenfalls keine Transaktionskosten erstattet werden würden, können diese beiden Positionen nicht kumuliert geltend gemacht werden.

VII. Vorerwerbspreise

Ein Anspruch der Aktionäre auf Abfindung in einer Höhe, die mindestens die vom Hauptaktionär angebotenen oder bezahlten Vorerwerbspreise erreichen, besteht nicht. Eine entsprechende Anwendung der §§ 31 Abs.1 S.2 Alt.2 WpÜG, 4 WpÜG-AV ist nach derzeitiger Gesetzeslage abzulehnen. Gegen die Berücksichtigung von Vorerwerbspreisen spricht, dass sich zum einen der Gesetzgeber bei Einführung des § 327b Abs.1 AktG an den Vorschriften der §§ 305 Abs.1, 320b AktG orientiert hat und zum anderen nach der Rechtsprechung des BVerfG („DAT/Altana“) zu Art. 14 GG Vorerwerbspreise bei der Bestimmung einer angemessenen Abfindung keine Berücksichtigung finden müssen.

VIII. Börsenkurs

Die Abfindungshöhe darf im Normalfall nicht unter dem gewichteten, durchschnittlichen Börsenkurs eines dreimonatigen Zeitraumes liegen. Gegen die Heranziehung des Börsenkurses spricht auch nicht, dass sich beim Squeeze-out lediglich ein geringer Aktienanteil im Streubesitz befindet bzw. befinden darf. Der

Hauptaktionär hat nämlich als Initiator und Begünstigter des Squeeze-outs die Möglichkeit, durch Verkäufe seiner Anteile für eine entsprechende Liquidität im Markt zu sorgen. Außerdem führt es für die Minderheitsaktionäre zu teilweise unberechenbaren Ergebnissen, wenn sie allein auf eine für sie günstige Unternehmensbewertung hoffen müssen. Das Risiko von „Übertreibungen des Marktes“ muss grundsätzlich der Hauptaktionär tragen. Allerdings steht dem Hauptaktionär – anders als den Minderheitsaktionären – die Möglichkeit offen, mit der Durchführung des Squeeze-outs zu warten.

Bei einer Bewertung, die den Börsenkurs zugrunde legt, ist es nicht ausgeschlossen, zusätzlich einen Ausgleich für den Verlust der Verhandlungsposition zu verlangen. Hiergegen spricht auch nicht, dass im Börsenkurs künftige Erwartungen der Marktteilnehmer enthalten sind, da zumindest am Markt derzeit nicht die Vorstellung besteht, dass auch der Verlust der Verhandlungsposition vom Hauptaktionär zu ersetzen ist.

IX. Zinsansprüche

Ab Bekanntmachung der Eintragung des Übertragungsbeschlusses steht den Minderheitsaktionären ein Zinsanspruch in Höhe von 2% über dem jeweiligen Basiszinssatz gegen den Hauptaktionär gemäß § 327b Abs.2 AktG zu.

Die auszuschließenden Aktionäre müssen darüber hinaus im Zeitraum zwischen Squeeze-out-Beschluss und Bekanntmachung der Eintragung dieses Beschlusses zumindest dann einen Ausgleich vom Hauptaktionär erhalten, wenn in diesem Zeitraum die Gewinne nicht vollständig an die Aktionäre ausgeschüttet werden. Im Zeitraum zwischen der Beschlussfassung der Hauptversammlung und der Eintragung des Beschlusses im Handelsregister ergibt sich dieser Anspruch aus der Treuepflicht zwischen den Aktionären. Nach Eintragung des Hauptversammlungsbeschlusses leitet sich ein Anspruch aus den §§ 280 Abs.1 und 2, 286 BGB (Schadensersatz wegen Verzuges) ab.

X. Gleiche Behandlung von Alt- und Neuaktionären

Für eine unterschiedliche Behandlung der Alt- und der Neuaktionäre spricht zwar, dass Altaktionäre vor Einführung der Squeeze-out-Vorschriften beim Anteilskauf darauf vertrauen durften, nicht zwangsweise aus der Gesellschaft ausgeschlossen werden zu können. Neuaktionäre genießen hingegen keinen Vertrauensschutz. Sie wissen, dass ein Ausschluss der Minderheitsaktionäre möglich ist. Eine Schlech- terstellung der Neuaktionäre führt allerdings im Ergebnis auch zu einer mittelbaren Schlechterstellung der Altaktionäre. Dies gilt zumindest für den Fall, in dem die Altaktionäre ihre Anteile verkaufen wollen und ein

Käufer, als ein in seiner Vermögensposition schlechter gestellter Neuaktionär, weniger bezahlt, als er bei einer Gleichbehandlung der Alt- und Neuaktionäre bezahlt hätte. Eine unterschiedliche Behandlung von Alt- und Neuaktionären ist mithin abzulehnen.

B. Zur Übernahme

I. Transaktions- sowie Beraterkosten

Es lässt sich keine Rechtspflicht dahingehend herleiten, dass der Bieter neben einer angemessenen Gegenleistung auch für Transaktionskosten und für die bei der Beauftragung von Beratern entstehenden Kosten der Minderheitsaktionäre aufkommen muss. Anders als in Fällen eines Squeeze-outs haben nämlich die Minderheitsaktionäre in übernahmerechtlichen Konstellationen stets ein Wahlrecht, ob sie die Gegenleistung annehmen und aus der Gesellschaft ausscheiden oder ob sie in der Gesellschaft verbleiben.

Der Bieter muss nach heutiger Gesetzeslage auch deshalb keinen Ersatz für Transaktionskosten anbieten, weil die besseren Argumente gegen eine aus Art. 14 GG herleitbare Pflicht sprechen, ein Übernahme- oder Pflichtangebot abgeben zu müssen. Durch das abnehmende Interesse der Marktteilnehmer an der Beibehaltung der Aktionärsstellung in einer übernommenen Gesellschaft und durch den damit regelmäßig einhergehenden Wertverlust der Gesellschaftsanteile an der Börse wird ein Minderheitsaktionär in seinem Eigentumsgrundrecht nicht verletzt.

II. Ausgleich für die Verhandlungsposition

Da der Bieter mit seinem Angebot eine Verhandlungssituation schafft, ist er nicht verpflichtet, den Minderheitsaktionären auch noch zusätzlich einen Ausgleich für den Verlust ihrer Verhandlungsposition anzubieten. Anders als beim Squeeze-out hat ein Minderheitsaktionär in übernahmerechtlichen Konstellationen ein Wahlrecht, ob er die angebotene Gegenleistung akzeptiert oder ob er in der Gesellschaft, in der sich die Aktionärsstruktur geändert hat, verbleibt.

III. Teilhabe an Synergiegewinnen

Bei Bestimmung der angemessenen Gegenleistung gemäß § 31 Abs.1 WpÜG sind Synergievorteile, die beim Bieter entstehen, nicht werterhöhend in Ansatz zu bringen. Dies gilt grundsätzlich auch dann, wenn ausnahmsweise eine Unternehmensbewertung gemäß §§ 5 Abs.4, 6 Abs.4 WpÜG-AV durchzuführen ist.

Allerdings sind im Rahmen von Unternehmensbewertungen ausnahmsweise Synergievorteile zu berücksichtigen, wenn diese durch eine Kooperation mit einer beliebigen Vielzahl von Partnern verhältnismäßig einfach zu realisieren gewesen wären.

IV. Unternehmensbewertung

Grundsätzlich ist es zwar bei Übernahme- und Pflichtangeboten – auch unter Zugrundelegung verfassungsrechtlicher Erwägungen – nicht notwendig, die Höhe der Gegenleistung auf Grundlage einer Unternehmensbewertung festzulegen. Allerdings sind die Bestimmungen der §§ 31 WpÜG, 3 – 7 WpÜG-AV weit auszulegen, so dass der Bieter bei begründeten Anhaltspunkten – z.B. bei einem zu niedrig bewerteten Gesamtmarkt – eine Unternehmensbewertung durchführen lassen muss. Die Vorschrift des § 5 Abs.4 WpÜG-AV ist in diesen Fällen gesetzeskonform auszulegen und als nicht abschließend anzusehen.

V. Gegenleistung bei einfachen Erwerbsangeboten

Bei einfachen Erwerbsangeboten besteht nach den Regelungen des WpÜG keine Pflicht zur Gewährung einer angemessenen Gegenleistung. Eine solche Pflicht ist auch nicht aus Art. 14 GG herzuleiten. Aus kapitalmarktrechtlicher Sicht ist allerdings der Bieter gehalten, falls die Gegenleistung zu niedrig bemessen ist, die Minderheitsaktionäre auf die Unangemessenheit der Gegenleistung in der Angebotsunterlage hinzuweisen.

Literaturverzeichnis

Altmeppen, Holger: Neutralitätspflicht und Pflichtangebot nach dem neuen Übernahmerecht, ZIP 2001, S. 1073 – 1084.

Angerer, Lutz: Der Squeeze-out, BKR 2002, S. 260 – 268.

Armbrüster, Christian: Eigentumsschutz durch den Beseitigungsanspruch nach § 1004 I 1 BGB und durch Deliktsrecht, NJW 2003, S. 3087 – 3090.

Assmann, Heinz-Dieter: konzeptionelle Grundlagen des Anlegerschutzes, ZBB 1989, S. 49 – 63.

Assmann, Heinz-Dieter/ Basaldua, Nathalie/ Bozenhardt, Friedrich/ Peltzer, Martin: Übernahmeangebote, ZGR, Sonderheft 9, Berlin, New York, 1990.

Badura, Peter: Staatsrecht – Systematische Erläuterungen des Grundgesetzes für die Bundesrepublik Deutschland, 3. Auflage, München, 2003.

Ballwieser, Wolfgang: Unternehmensbewertung und Optionspreistheorie – Entscheidungsbaum; Kalkulationsfuß; Optionen; Optionspreise; Unternehmensbewertung, DBW 62 (2002), S.184 – 201.

Balser, Heinrich/ Bokelmann, Gunther/ Ott, Hans/ Piorreck, Karl Friedrich: Die Aktiengesellschaft – Umfassende Erläuterungen, Beispiele und Musterformulare für die Rechtspraxis, 4. Auflage, Freiburg, Berlin, 2002.

Battis, Ulrich/ Krautzberger, Michael/ Löhr, Rolf-Peter: Baugesetzbuch, Kommentar, 9. Auflage, München, 2005.

Baumann, Horst: Die Bedeutung der Entstehungsgeschichte für die Auslegung von Allgemeinen Geschäfts- und Versicherungsbedingungen, r + s 2005, S. 313 – 318.

Baumann, Horst: Die GmbH in Anwartschaft – ein neues Konzept zur Gründerhaftung, JZ 1998, S. 597 – 602.

Baumann, Horst: Die Vereinigungs- und Berufsfreiheit der juristischen Personen – Verfassungsrechtliche Aspekte zur Zulässigkeit der GmbH & Co. KGaA, DB 1997, S. 2281 – 2288.

Baumann, Horst: Lebensversicherungen mit Überschussbeteiligung und Bestandsübertragungen nach den Urteilen des Bundesverfassungsgerichts vom 26.7.2005, r + s 2005, S. 401 – 406.

Baumann, Horst: Rechtsnatur und Haftungsverfassung der Gesellschaft bürgerlichen Rechts im Spannungsfeld zwischen Grundrechtsgewährleistung und Zivilrechtsdogmatik, JZ 2001, S. 895 – 905.

Baumann, Karl-Hermann: Übernahmegesetz schafft Wettbewerbsgleichheit - Fairness und Transparenz/ Regelung zum „Squeeze-out" ein Muss -, WM 1999, S. 1968.

Baumbach, Adolf/ Hopt, Klaus J.: Handelsgesetzbuch mit GmbH & Co., Handelsklauseln, Bank- und Börsenrecht, Transportrecht (ohne Seerecht), 31. Auflage, München, 2003.

Baums, Theodor: Übernahmeregeln in der Europäischen Gemeinschaft, ZIP 1989, S. 1376 – 1381.

Baums, Theodor/ Thoma, Georg F.: WpÜG – Kommentar zum Wertpapiererwerbs- und Übernahmegesetz, Köln, 2004.

Baums, Theodor/ Vogel, Hans-Gert/ Tacheva, Maja: Rechtstatsachen zur beschlusskontrolle im Aktienrecht, ZIP 2000, 1649 – 1655.

Baur, Jürgen F./ Stürner, Rolf: Sachenrecht, 17. Auflage, München, 1999.

Becker, Michael: Der Ausschluss aus der Aktiengesellschaft, ZGR 1986, S. 383 – 417.

Becker, Ulrich: Lexikon Terminhandel – Finanz- und Rohstoff-Futures, Wiesbaden, 1994.

Becker-Schaffner, R.: Die Haftung des Arbeitgebers bei schuldlos erlittenen Eigenschäden des Arbeitnehmers, VersR 1970, S. 100 – 109.

Beckmann, Ralph: Der Richtlinienvorschlag betreffend Übernahmeangebote auf dem Weg zu einer europäischen Rechtsangleichung, DB 1995, S. 2407 – 2411.

Beckmann, Ralph/ Kersting, Mark Oliver/ Mielke, Werner: Das neue Übernahmerecht, München, 2002.

Bellinger, Bernhard/ Vahl, Günter: Unternehmensbewertung in Theorie und Praxis, 2. Auflage, Wiesbaden, 1992.

Benda, Ernst/ Maihofer, Werner/ Vogel, Hans-Jochen: Handbuch des Verfassungsrechts der Bundesrepublik Deutschland, Teil 2, 2. Auflage, Berlin, New York, 1995.

Benner-Heinacher, Jella: Mindeststandards für Übernahmeregeln in Deutschland, DB 1997, S. 2521 – 2524.

Berger, Klaus Peter: Unternehmensübernahmen in Europa, - Der geänderte Vorschlag für eine EG-Takeover-Richtlinie im Vegleich mit nationalen Übernahmeregelungen, ZIP 1991, S. 1644 – 1660.

Berle, Adolf Gustav/ Means, Gardiner C.: The Modern Corporation and Private Property, New York, 1968.

Berliner Kommentar zum BauGB, herausgegeben von Schlichter, Otto/ Stich, Rudolf/ Driehaus, Hans-Joachim/ Paetow, Stefan, Köln, Berlin, Bonn, München, 3. Auflage, 2002.

Bitzer, Klaus: Probleme der Prüfung des Umtauschverhältnisses bei aktienrechtlichen Verschmelzungen, Pfaffenweiler, 1987.

Bleckmann, Albert: Staatsrecht II – Die Grundrechte, 4. Auflage, Köln, Berlin, Bonn, München, 1997.

Blättchen, Wolfgang/ Götz, Alexander: „Öffentliche Übernahme" börsennotierter Unternehmen in Deutschland, - Halbjahresreport 2. Halbjahr 2003/ Gesamtjahresrückblick, FB 2004, S. 324 – 326.

Blümich: Einkommensteuer, Körperschaftsteuer, Gewerbesteuer, Kommentar, 86. Lieferung, München, Mai 2005, Band 2 (§§ 9 – 24b EStG).

Böcking, Hans-Joachim: Zur Bedeutung des Börsenkurses für die angemessene Barabfindung, in: Richter, Frank/ Schüler, Andreas/ Schwetzler, Bernhard, Kapitalgeberansprüche, Marktorientierung und Unternehmenswert, Festschrift für Jochen Drukarczyk zum 65. Geburtstag, München, 2003.

Böhme, Philip: Transaktionskosten im Aktienhandel – Wettbewerbliche Analyse institutioneller und alternativer Handelssysteme in Europa, Paderborn, 2003.

Bolek, Adam: Volatilitätsschwankungen und DAX-Optionen – Auswirkungen auf die Bewertung und Risikomanagement, Wiesbaden, 1999.

Bork, Reinhard: Allgemeiner Teil des Bürgerlichen Gesetzbuchs, Tübingen, 2001.

Bosch-Angebotsunterlage vom 06.05.2003: Öffentliches Übernahmeangebot (Barangebot) der Robert Bosch GmbH an die Aktionäre der Buderus Aktiengesellschaft zum Erwerb ihrer Aktien an der Buderus Aktiengesellschaft.

Bozenhardt, Friedrich: Freiwillige Übernahmeangebote im deutschen Recht, Schwäbisch Hall, 1990.

Brand, Dieter: Der Transaktionskostenansatz in der betriebswirtschaftlichen Organisationstheorie, Frankfurt/Main, Bern, New York, Paris, 1990.

Busche, Jan: Privatautonomie und Kontrahierungszwang, Berlin, 1999.

Busse von Colbe, Walther: Berücksichtigung von Synergien versus Stand-alone-Prinzip bei der Unternehmensbewertung, ZGR 1994, S. 595 - 609.

Canaris, Klaus Wilhelm: Die Feststellung von Lücken im Gesetz, 2. Auflage, Berlin, 1983.

Claussen, Carsten Peter: Bank- und Börsenrecht für Studium und Praxis, 3. Auflage, München, 2003.

Coenenberg, Adolf G./Sautter, Michael T.: Strategische und finanzielle Bewertung von Unternehmensakquisitionen, DBW 48 (1988), S. 691 –710.

Daum, Thomas: Die unkoordinierte Übernahme einer Aktiengesellschaft nach deutschem Recht, Frankfurt am Main, 1993.

Degenhart, Christoph: Staatsrecht I, Staatsorganisationsrecht, 20. Auflage, Heidelberg, 2004.

Dirrigl, Hans: Synergieeffekte beim Unternehmenszusammenschluss und Bestimmung des Umtauschverhältnisses, DB 1990, S. 185 – 192.

Dörner, Wolfgang: Überlegungen zu Theorie und Praxis der subjektiven Unternehmensbewertung – die Funktionen des Wirtschaftsprüfers als Gutachter -, WPg 1981, S. 202 – 208.

Dreier, Horst: Grundgesetz, Kommentar, Band II (Art. 20 – 82), Tübingen, 1998.

Drukarczyk, Jochen: Zum Problem der angemessenen Barabfindung bei zwangsweise ausscheidenden Anteilseignern, AG 1973, S. 357 – 365.

Ehricke, Ulrich/ Ekkenga, Jens/ Oechsler, Jürgen: Wertpapiererwerbs- und Übernahmegesetz, Kommentar, München, 2003.

Ehricke, Ulrich/ Roth, Markus: Squeeze-out im geplanten deutschen Übernahmerecht, DStR 2001, S. 1120 – 1127.

Ekkenga, Jens: „Macrotron“ und das Grundrecht auf Aktieneigentum – der BGH als der bessere Gesetzgeber? - Zugleich Besprechung der Entscheidung BGH WM 2003, 53 -, ZGR 2003, S. 878 – 910.

Elmendorff, Wilhelm: Bewertung von Unternehmensanteilen im Streubesitz, WPg 1966, S. 548 – 555.

Elsing, Siegfried H./ Van Alstine, Michael P.: US-amerikanisches Handels- und Wirtschaftsrecht, 2. Auflage, Heidelberg, 1999.

Emmerich, Volker/ Habersack, Mathias: Aktien- und GmbH-Konzernrecht, 4. Auflage, München, 2005.

Emmerich, Volker/ Sonnenschein, Jürgen/ Habersack, Mathias: Konzernrecht, 7. Auflage, München, 2001.

Epping, Volker: Grundrechte, Hannover, 2003.

Erman, Walter: Bürgerliches Gesetzbuch, Handkommentar mit EGBGB, ErbbauVO, HausratsVO, LPartG, ProdHaftG, UKlaG, VAHRG und WEG, herausgegeben von Westermann, Harm Peter, Band II (§§ 812 – 2385), 11. Auflage, Münster, Köln, 2004.

Ernst, Werner/ Zinkahn, Willy/ Bielenberg, Walter/ Krautzberger, Michael: Baugesetzbuch, Kommentar, Band 2 (§§ 24-103), 77. Ergänzungslieferung, München, April 2005.

Fama, Eugene F.: Efficient Capital Markets: A Review of Theory and Empirical Work, 25 Journ. Fin. 1970, p. 383 ff.

Feldhoff, Patricia: Der neue IDW-Standard zur Unternehmensbewertung: Ein Fortschritt?, DB 2000, S. 1237 – 1240.

Feyock, Hans/Jacobsen, Peter/Lemor, Ulf D.: Kraftfahrtversicherung mit Pflichtversicherungsgesetz, Pflichtversicherungsverordnung und den Allgemeinen Bedingungen für die Kraftfahrtversicherung (AKB), Ausländer-Pflichtversicherungsgesetz und Ausland-Schadenersatz, Kommentar, 2. Auflage, München, 2002.

Fleischer, Holger: Anmerkung zum Beschluss des Bundesverfassungsgerichts vom 23.08.2000 – 1 BvR 68/95 und 147/97 (Moto Meter AG), BNotZ 2000, S. 876 – 880.

Fleischer, Holger: Das neue Recht des Squeeze out, ZGR 2002, S. 757 – 789.

Forster, Karl-Heinz: Zur angemessenen Barabfindung (§ 305 AktG), in der Festschrift für Carsten Peter Claussen, 1997, Köln, S. 91 – 101.

Franke, Günter/ Hax, Herbert: Finanzwirtschaft des Unternehmens und Kapitalmarkt, 5. Auflage, Berlin, Heidelberg, New York, Barcelona, Hongkong, London, Mailand, Paris, Singapur, Tokio, 2004.

Friedewald, Rolf: Die personalistische Aktiengesellschaft, Köln, Berlin, Bonn, München, 1991.

Fritzsche, Michael/ Dreier, Peter/ Verfürth, Ludger C.: Kommentar zum Spruchverfahrensgesetz, Berlin, 2004.

Fuhrmann, Lambertus/ Simon, Stefan: Der Ausschluss von Minderheitsaktionären, - Gestaltungsregelungen zur neuen Squeeze-out-Gesetzgebung, WM 2002, S. 1211 - 1217.

Gampenrieder, Peter: Squeeze-out: Die Verbindung von Trennungseffekten und angemessener Abfindung – Überlegungen aus empirischer Sicht, WPg 2003, S. 481 - 491.

Gansweid, Wolfgang: Zur gerichtlichen Überprüfung der angemessenen Barabfindung nach § 305 AktG, AG 1977, S. 334 – 341.

Geßler, Jörg H.: Aktiengesetz, Kommentar, 44. Lieferung, München/ Unterschleißheim, Dezember 2004.

Götz, Hans Norbert: Entschädigung von Aktionären abseits der Kapitalmarktbewertung? – Unkonventionelles zur konventionellen Behandlung von deutschen Aktionären in Spruchstellenverfahren, DB 1996, S. 259 – 265.

Großfeld, Bernhard: Anmerkung zum Beschluss des LG Heidelberg vom 23.01.2004 – 11 AktE 2/02 KfH, EWiR 2004, S. 265/266.

Großfeld, Bernhard: Unternehmens- und Anteilsbewertung im Gesellschaftsrecht, 4. Auflage, Münster, 2002.

Grunewald, Barbara: Gesellschaftsrecht, 4. Auflage, Tübingen, 2000 sowie 6. Auflage, Tübingen, 2005.

Gude, Christian: Strukturänderungen und Unternehmensbewertung zum Börsenkurs, Hamburg, 2004.

Haarmann, Wilhelm/ Riehmer, Klaus/ Schüppen, Matthias: Öffentliche Übernahmeangebote, Kommentar zum Wertpapiererwerbs- und Übernahmegesetz, Heidelberg, 2002.

Habersack, Mathias: Der Finanzplatz Deutschland und die Rechte der Aktionäre, - Bemerkung zur bevorstehenden Einführung des „Squeeze Out“, ZIP 2001, S. 1230 - 1239.

Habersack, Mathias: Auf der Suche nach dem gerechten Preis – Überlegungen zu § 31 WpÜG, ZIP 2003, S. 1123 – 1129.

Hahn, Dieter: Die feindliche Übernahme von Aktiengesellschaften, - Eine juristisch-ökonomische Analyse, Hamburg, 1992.

Hamann, Axel: Minderheitenschutz beim Squeeze-out-Beschluss –Materielle Rechtmäßigkeitskontrolle des gemäß § 327a Abs. 1 S. 1 AktG zu fassenden Hauptversammlungsbeschlusses, Düsseldorf, 2002.

Hamann, Uwe: Die Angebotsunterlage nach dem WpÜG – ein praxisorientierter Überblick, ZIP 2001, S. 2249 – 2257.

Hamilton, Robert W.: The Law of Corporations, 5. Auflage, St. Paul, Minnesota, 2000.

Hanau, Hans: Der Bestandsschutz der Mitgliedschaft anlässlich der Einführung des „Squeeze Out“ im Aktienrecht, Zur Verfassungsmäßigkeit des Zwangsausschlusses, NZG 2002, S. 1040 – 1047.

Hansen, Herbert: Die Renaissance der Aktie, AG-Report 2000, R 123/124.

Happ, Wilhelm: Aktienrecht, Handbuch – Mustertexte – Kommentar, 2. Auflage, Köln, Berlin, Bonn, München, 2004.

Hauck, Wilfried: Optionspreise: Märkte, Preisfaktoren, Kennzahlen, Wiesbaden, 1991.

Hecker, Renate/ Wenger, Ekkehard: Der Schutz von Minderheiten im Vertragskonzern – Ein Betriebsunfall des Aktienrechts -, ZBB 1995, S. 321 – 341.

Heidel, Thomas (Hrsg.): Aktienrecht, Anwaltskommentar, Bonn, 2003.

Heidel, Thomas/ Lochner, Daniel: Squeeze-out ohne hinreichenden Eigentumsschutz, DB 2001, S. 2031 – 2034.

Heintzen, Markus/ Kruschwitz, Lutz: Unternehmen bewerten - Ringvorlesung der Fachbereiche der Freien Universität Berlin im Sommersemester 2002, Berlin, 2003.

Henn, Günter: Die Rechte des Aktionärs – Rechte und Pflichten in und außerhalb der Hauptversammlung, Köln, 1984.

Henssler, Martin: Anlegerschutz durch Information, - Die Neuregelungen des Börsenterminrechts durch die Börsengesetznovelle vom 11.7.1989, ZHR 153 (1989), S. 611 – 642.

Herkenroth, Klaus E.: Konzernierungsprozesse im Schnittfeld von Konzernrecht und Übernahmerecht, - Rechtsvergleichende Untersuchungen der Allokationseffizienz unterschiedlicher Spielregeln von Unternehmensübernahmen, Berlin, Hannover, 1994.

Herrmann, Carl/ Heuer, Gerhard/ Raupach, Arndt: Einkommensteuer- und Körperschaftsteuergesetz, Kommentar, 219. Lieferung, Köln, August 2005, Band 10 (§§ 15a – 19a EStG).

Hirte, Heribert: Kapitalgesellschaftsrecht, 3. Auflage, Köln, 2001.

Hirte, Heribert: Wertpapiererwerbs- und Übernahmegesetz (WpÜG), Gesetze – Quellen – Materialien, Köln, Berlin, Bonn, München, 2002.

Hoffmann, Friedrich: Konzernhandbuch, Recht – Steuern – Rechnungslegung – Führung – Organisation – Praxisfälle, Wiesbaden, 1993.

Hommelhoff, Peter: Anlegerinformation im Aktien-, Bilanz- und Kapitalmarktrecht, ZGR 2000, S. 748 – 775.

Hommelhoff, Peter/ Kleindiek, Detlef: Takeover-Richtlinie und europäisches Konzernrecht, AG 1990, S. 106 – 111.

Hopt, Klaus J.: Europäisches und deutsches Übernahmerecht, ZHR 161 (1997), S. 368 – 420.

Hopt, Klaus J.: Insiderwissen und Interessenkonflikte im europäischen und deutschen Bankrecht, in: Kübler/Mertens/Werner, Festschrift für Theodor Heinsius zum 65. Geburtstag, Berlin, New York, 1991, S. 289 – 323.

Houben, Eike: Die Gestaltung des Pflichtangebots unter dem Aspekt des Minderheitenschutzes und der effizienten Allokation der Unternehmenskontrolle, WM 2000, S. 1873 – 1883.

Hubmann, Heinrich: Der bürgerlichrechtliche Aufopferungsanspruch, JZ 1958, S. 489 – 493.

Hübner, Heinz: Allgemeiner Teil des Bürgerlichen Gesetzbuches, 2. Auflage, Berlin, New York, 1996.

Hüchting, Hans-Jochen: Abfindung und Ausgleich im aktienrechtlichen Beherrschungsvertrag, Köln, Berlin, Bonn, München, 1972.

Hueck, Götz/ Windbichler, Christine: Gesellschaftsrecht, 20. Auflage, Berlin, München, 2003.

Hüffer, Uwe: Aktiengesetz-Kommentar, 6. Auflage, München, 2004.

Hüffer, Uwe: Anfechtungsbefugnis und Mindestanteilsbesitz – Vorschläge und Überlegungen zu einer gesetzlichen Neuorientierung, in: Pfeiffer/Kummer/Scheuch, Festschrift für Hans Erich Brandner zum 70. Geburtstag, Köln, 1996, S. 57 – 71.

Hüffer, Uwe: Die Ausgleichsklausel des § 243 Abs.2 S.2 – misslungene Privilegierung der Mehrheitsherrschaft oder Grundlage für bloßen Vermögensschutz des Kapitalanlegers?, in: Forster/Grunewald/Lutter/Semler, Festschrift für Bruno Kropff, - Aktien- und Bilanzrecht -, Düsseldorf, 1997, S. 127 – 144.

Hüffer, Uwe: Gesellschaftsrecht, 6. Auflage, München, 2003.

Hull, John C.: Einführung in Futures- und Optionsmärkte, 3. Auflage, München, Wien, 2001.

Hull, John C.: Optionen, Futures und andere Derivate, 4. Auflage, München, 2001.

Hüttemann, Rainer, Börsenkurs und Unternehmensbewertung, ZGR 2001, S. 454 – 478.

Hüttemann, Rainer: Unternehmensbewertung als Rechtsproblem, ZHR 162 (1998), S. 563 – 593.

Ihrig, Hans-Christoph: Rechtsschutz Drittbetroffener im Übernahmerecht, ZHR 167 (2003), S. 315 – 350.

Jarass, Hans/ Pieroth, Bodo: Grundgesetz für die Bundesrepublik Deutschland, Kommentar, 7. Auflage, München, 2004.

Jauernig, Othmar: Bürgerliches Gesetzbuch, Kommentar, 11. Auflage, München, 2004.

Kainer, Friedemann: Binnenmarktrechtliche Grenzen des Übernahmerechts – Zum Einfluss der Grundfreiheiten auf das Kapitalmarkt- und Gesellschaftsrechts, ZHR 168 (2004),S. 542 – 576.

Kallmeyer, Harald: Ausschluss von Minderheitsaktionären, AG 2000, S. 59 – 61.

Kallmeyer, Harald: Umwandlungsgesetz, Kommentar, - Verschmelzung, Spaltung und Formwechsel bei Handelsgesellschaften -, 2. Auflage, Köln, 2001.

Kalls, Susanne: Das neue Übernahmegesetz als Teil des Kapitalmarktrechts in Österreich, NZG 1999, S. 421 – 430.

Kempen; Bernhard: Der Eingriff des Staates in das Eigentum, Köln, Berlin, Bonn, München, 1991.

Kempf, Alexander: Zum Preiszusammenhang zwischen Kassa- und Futuremärkten – Der Einfluss der Glattstellungsoption, Mannheim, 1995.

Keul, Thomas: Anmerkung zum Urteil des LG Berlin vom 17.02.2003 – 99 O 111/02, DB 2003, S. 708/709.

Kiem, Roger: Der Erwerb eigner Aktien bei der kleinen AG, ZIP 2000, S. 209 – 216.

Kiem, Roger: Das neue Übernahmegesetz: „Squeeze-out", in: RWS-Forum 20 – Gesellschaftsrecht 2001, Köln, S. 329 – 351.

Kirchner, Christian: Managementpflichten bei „feindlichen" Übernahmeangeboten, WM 2000, S. 1821 – 1830.

Klöhn, Lars: Der Abfindungsanspruch des Aktionärs als Aufopferungsanspruch, AG 2002, S. 443 – 452.

Kloppenburg, Günter: Mitverwaltungsrechte der Aktionäre, Frankfurt am Main, 1982.

Köhler, Helmut: BGB – Allgemeiner Teil, ein Studienbuch, 28. Auflage, München, 2004.

Koller, Ingo/ Roth, Wulf-Henning/ Morck, Winfried: Handelsgesetzbuch, Kommentar, 4. Auflage, München, 2003.

Kölner Kommentar zum Aktiengesetz, herausgegeben von Wolfgang Zöllner, Köln, Berlin, Bonn, München,
- Band 1 (§§ 1 – 75 AktG), 2. Auflage, 1988;
- Band 6 (§§ 291 – 338 AktG, 290 – 315 HGB unter Einschluss von IAS und US-GAAP), 3. Auflage, 2004.

Kölner Kommentar zum WpÜG mit AngebVO und §§ 327a – 327f AktG, herausgegeben von Heribert Hirte und Christoph von Bülow; Köln, Berlin, Bonn, München, 2003.

Komp, Ralf: Zweifelsfragen des aktienrechtlichen Abfindungsanspruchs nach §§ 305, 320b AktG, Berlin, 2002.

Konzen, Horst: Aufopferung im Zivilrecht, - Beitrag zu den Lehren vom bürgerlichrechtlichen und arbeitsrechtlichen Aufopferungsanspruch, Berlin, 1969.

Köpfli, Christian: Der Ausschluss der Minderheitsaktionäre nach einem öffentlichen Übernahmeangebot, SchweizJZ 1998, 53 ff.

Koppensteiner, Hans-Georg: Abfindungen bei Aktiengesellschaften und Verfassungsrecht, JB (Österreich) 2003, S. 707 – 712.

Kossmann, Alfred: Ausschluss („Freeze-out") von Aktionären gegen Barabfindung, NZG 1999, S. 1198 – 1203.

Kraft, Gerhard/ Bäuml, Sven Oliver: Verfassungswidrigkeit der Besteuerung privater Wertpapier-Veräußerungsgeschäfte: Analyse des Urteils des BVerfG v. 9.3.2004 im Kontext der jüngeren BFH-Rechtsprechung und seiner Auswirkungen auf das System der kapitalorientierten Einkommensteuer, FR 2004, S. 443 – 451.

Krause, Hartmut: BB-Europareport: Die EU-Übernahmerichtlinie - Anpassungsbedarf im Wertpapiererwerbs- und Übernahmegesetz, BB 2004, S. 113 – 119.

Krause, Hartmut: Das obligatorische Übernahmeangebot, - Eine juristische und ökonomische Analyse, Baden-Baden, 1996.

Krieger, Gerd: Squeeze-out nach neuem Recht: Überblick und Zweifelsfragen, BB 2002, S. 53 – 62.

Kropff: Rechtsfragen der Abfindung ausscheidender Aktionäre, DB 1962, S. 155 – 158.

Kuhlmann, Jens/ Ahnis, Erik: Konzernrecht, München, 2001.

Kümpel, Siegfried: Bank- und Kapitalmarktrecht, 3. Auflage, Köln, 2004.

Kümpel, Siegfried/ Hammen, Horst: Börsenrecht – Eine systematische Darstellung, 2. Auflage, Berlin, 2003.

Küting, Karlheinz/ Weber, Claus-Peter/ Keßler, Marco: Betriebswirtschaftliche Grundlagen und bilanzielle Auswirkungen des (freiwilligen) Übernahmeangebots, FB 2003, S. 625 – 641.

Langhein, A. W. Heinrich: Das Prinzip der Analogie als juristische Methode – Ein Beitrag zur Geschichte der methodologischen Grundlagenforschung vom ausgehenden 18. bis zum 20. Jahrhundert, Berlin, 1992.

Larenz, Karl/ Canaris, Claus-Wilhelm: Lehrbuch des Schuldrechts, Zweiter Halbband, Besonderer Teil, 13. Auflage, München, 1994.

Lenenbach, Markus: Kapitalmarkt- und Börsenrecht, Köln, 2002.

Liebscher, Thomas: Das Übernahmeverfahren nach dem neuen Übernahmegesetz, - Übernahmerechtliche Grenzen der Gestaltungsfreiheit im Hinblick auf die Übernahmestrategien des Bieters -, ZIP 2001, S. 853 - 869.

Liftin, Peter Martin/ App, Michael: Unternehmensform nach Maß – Ein kritischer Vergleich für die Praxis, wirtschaftlich, handelsrechtlich, steuerlich, 3. Auflage, Heidelberg, 1994.

Limmer, Peter: Handbuch der Unternehmensumwandlung mit Checklisten, Vertragsmustern und Formulierungshilfen, 2. Auflage, Recklinghausen, 2001.

Loritz, Karl-Georg/ Wagner, Klaus-R.: Das „Zwangsübernahmeangebot" der EG-Takeover-Richtlinie aus verfassungsrechtlicher Sicht, WM 1991, S. 709 – 722.

Lorz, Rainer/ Pfisterer, Benedikt/ Gerber, Olaf: Beck`sches Formularbuch, Aktienrecht, München, 2005.

Lottenbach, Walter: Der Anlageentscheidungsprozess im internationalen Portfolio Management – Die Theorie und die Praxis der Schweizer Banken, Bamberg, 1995.

Lowenstein, Louis: Hostile Takeovers, a remedy of last or first resort, Österreichisches Bankarchiv 1988, p. 886 ff.

Lutter, Marcus: Das Girmes-Urteil, JZ 1995, S. 1053 – 1056.

Lutter, Marcus: Die Treuepflicht des Aktionärs, Bemerkungen zur Linotype-Entscheidung des BGH, ZHR 153 (1989), S. 446 – 471.

Lutter, Marcus: Holding-Handbuch, Recht – Management – Steuern, 4. Auflage, Köln, 2004.

Lutter, Marcus: Materielle und förmliche Erfordernisse eines Bezugsrechtsausschlusses – Besprechung der Entscheidung BGHZ 71, 40 (Kali & Salz), ZGR 1979, S. 401 - 418.

Lutter, Marcus: Umwandlungsgesetz, Kommentar, Band 1 (§§ 1 – 137 UmwG), 3. Auflage, Köln, 2004.

Luttermann, Claus: Zum Börsenkurs als gesellschaftsrechtliche Bewertungsgrundlage, - Die Maßgeblichkeit des Marktpreises im Zivil- und Steuerrecht, ZIP 1999, S. 45 – 52.

Mai, Johannes: Aktionärsschutz und Minderheitenschutz bei der Abwehr unkoordinierter Übernahmen börsennotierter Aktiengesellschaften - Verhinderung oder Kontrolle des Verlustes der Selbständigkeit durch öffentliche Übernahmeangebote, Regensburg, 2004.

Mallmann, Otto: Erstattung von Anwaltskosten im Widerspruchsverfahren: Von der Regel zur Ausnahme?, NVwZ 1983, S. 338 – 339.

Mattes, Sabine/Graf von Maldeghem, Maximilian: Unternehmensbewertung beim Squeeze-out, BKR 2003, S. 531 – 537.

Maul, Karl-Heinz: Unternehmens- und Anteilsbewertung im Spruchstellenverfahren, in: Richter, Frank/ Schüler, Andreas/ Schwetzler, Bernhard, Kapitalgeberansprüche, Marktorientierung und Unternehmenswert, Festschrift für Prof. Dr. Dr. h.c. Jochen Drukarczyk zum 65. Geburtstag, München, 2003.

Maul, Silja/ Muffat-Jeandet, Daniele, Die EU-Übernahmerichtlinie – Inhalt und Umsetzung in nationales Recht (Teil II), AG 2004, S. 306 – 318.

Maunz, Theodor/Dürig, Günter: Grundgesetz, Kommentar, Band II, Art. 6 – 16 a, 44. Lieferung, München, Februar 2005.

Medicus, Dieter: Schuldrecht II, Besonderer Teil, 12. Auflage, München, 2004.

Meilicke, Wienand/ Heidel, Thomas: Das neue Spruchverfahren in der gerichtlichen Praxis, DB 2003, S. 2267 – 2275.

Merkt, Hanno: US-amerikanisches Gesellschaftsrecht, Heidelberg, 1991.

Mertens, Hans-Joachim: Zur Geltung des Stand-alone-Prinzips für die Unternehmensbewertung bei der Zusammenführung von Unternehmen, AG 1992, S. 321 – 335.

Meßerschmidt, Klaus: Gesetzgebungsermessen, Berlin, 2001.

Mestmäcker, Ernst-Joachim: Über die normative Kraft privatrechtlicher Verträge, JZ 1964, S. 441 – 446.

Möllers, Thomas M. J.: Kapitalmarkttauglichkeit des deutschen Gesellschaftsrechts – Kritik am sachlichen und persönlichen Anwendungsbereich der Novellierung von AktG und HGB im Bereich von Rechnungslegung, Corporate Governance und Transparenz, AG 1999, S. 433 – 442.

Moser, Ulrich/ Prüher, Markus: Vorteilhaftigkeit von Squeeze-outs am deutschen Markt, FB 2002, S. 361 – 366.

Moxter, Adolf: Grundsätze ordnungsmäßiger Unternehmensbewertung, 2. Auflage, Wiesbaden, 1991.

Mühle, Sabine: Das Wertpapiererwerbs- und Übernahmegesetz im Schnittfeld zwischen Gesellschafts- und Kapitalmarktrecht unter besonderer Berücksichtigung des ökonomischen Rahmenbezugs, Baden-Baden, 2001.

Mülbert, Peter O.: Übernahmerecht zwischen Kapitalmarktrecht und Aktien(konzern)recht – die konzeptionelle Schwachstelle des RegE WpÜG, ZIP 2001, S. 1221 – 1229.

Mülbert, Peter O./ Birke, Max: Das übernahmerechtliche Behinderungsverbot – Die angemessene Rolle der Verwaltung einer Zielgesellschaft in einer feindlichen Übernahme, WM 2001, S. 705 – 718.

Müller, Welf/ Rödder, Thomas: Beck`sches Handbuch der AG – mit KGaA – Gesellschaftsrecht – Steuerrecht – Börsengang, München, 2004.

Müller, Welf/ Rödder, Thomas: Beck`sches Handbuch der Personengesellschaften, Gesellschaftsrecht – Steuerrecht, 2. Auflage, München, 2002.

Münchener Anwaltshandbuch, Aktienrecht, herausgegeben von Matthias Schüppen und Bernhard Schaub, München, 2005.

Münchener Handbuch des Gesellschaftsrechts, Band 4, Aktiengesellschaft, herausgegeben von Michael Hoffmann-Becking, 3. Auflage, München, 1999.

Münchener Kommentar zum Aktiengesetz; herausgegeben von Kropff, Bruno/ Semler, Johannes, jeweils München:
Band 2 (§§ 53a – 75 AktG), 2. Auflage, 2003;
Band 7 (§§ 222 – 277 AktG), 2. Auflage, 2001;
Band 8 (§§ 278 – 328 AktG), 2. Auflage, 2000;
Band 9/1 (§§ 327a – 327f AktG, WpÜG, SpruchG), 2. Auflage, 2004.

Münchener Kommentar zum Bürgerlichen Gesetzbuch, München, Band 5 (Schuldrecht, Besonderer Teil III, §§ 705 – 853, PartGG, ProdHaftG), 4. Auflage, 2004.

Münchener Kommentar zum Handelsgesetzbuch, Band 2 (§§ 105 – 160), München, 2004.

Neye, Hans-Werner: Urteilsanmerkung zum Beschluss des Bundesverfassungsgerichtes vom 23.08.2000 - 1 BvR 68/95 und 1 BvR 147/97 (Moto Meter AG), EWiR 2000, S. 913/914.

Nietsch, Michael: Rechtsschutz der Aktionäre der Zielgesellschaft im Übernahmeverfahren – Zugleich eine Besprechung der Beschlüsse des OLG Frankfurt a.M. in Sachen „ProSieben AG" und „Wella AG", Darmstadt, BB 2003, 2581 – 2588.

Nipperdey, Hans Carl: Kontrahierungszwang und diktierter Vertrag, Jena, 1920.

Obermüller, Walter/ Werner/ Winden: Die Hauptversammlung der Aktiengesellschaft, 4. Auflage, Stuttgart, 2001.

Otto, Hans-Jochen: Die Verteilung der Kontrollprämie bei Übernahme von Aktiengesellschaften und die Funktion des Höchststimmrechts, AG 1994, S. 167 – 175.

Otto, Hans-Jochen: Übernahmeversuche bei Aktiengesellschaften und Strategien der Abwehr, DB 1988, Beilage-Nr. 12, S. 1 – 12.

Palandt: Bürgerliches Gesetzbuch, 64. Auflage, München, 2005.

Papier, Hans-Jürgen: Eigentumsgarantie und Geldentwertung, AöR 98 (1973), S. 528 – 567.

Peemöller, Volker H.: Praxishandbuch der Unternehmensbewertung, 2. Auflage, Herne, Berlin, 2002.

Pellens, Bernhard: Aktionärsschutz im Konzern – Empirische und theoretische Analyse der Reformvorschläge der Konzernverfassung, Bochum, 1993.

Pietzke, Rudolf: Das zwingende Übernahmeangebot bei Erwerb einer Kontrollmehrheit, in: Festschrift für Wolfgang Fikentscher, herausgegeben von Bernhard Großfeld, Rolf Sack, Thomas M. J. Möllers, Josef Drexl und Andreas Heinemann, Tübingen, 1998.

Piltz, Detlev J.: Unternehmensbewertung und Börsenkurs im aktienrechtlichen Spruchverfahren – zugleich Besprechung der Entscheidung BVerfG 100, 289, ZGR 2001, S. 185 – 213.

Pötzsch, Thorsten: Das neue Übernahmegesetz – Das Gesetz zur Regelung von öffentlichen Angeboten zum Erwerb von Wertpapieren und von Unternehmensübernahmen, Texte – Materialien – Erläuterungen, Köln, 2002.

Pötzsch, Thorsten/ Möller, Andreas: Das künftige Übernahmerecht – Der Diskussionsentwurf des Bundesministeriums der Finanzen zu einem Gesetz zur Regelungen von Unternehmensübernahmen und der Gemeinsame Standpunkt des Rates zur europäische Übernahmerichtlinie, WM-Sonderbeilage Nr. 2 zu Heft 31/2000.

Prantl, Johanns: Konzernbildung, Konzernrecht und Minderheitenschutz in Deutschland, - Eine ökonomische Analyse, Frankfurt am Main, Berlin, Bern, New York, Paris, Wien, 1994.

Procter & Gamble-Angebotsunterlage vom 24.04.2003: Freiwilliges öffentliches Übernahmeangebot an die Aktionäre der Wella AG.

Raiser, Thomas: Recht der Kapitalgesellschaften – Ein Handbuch für Praxis und Wissenschaft, 3. Auflage, München, 2001.

Rau-Bredow, Hans: Ökonomische Analyse obligatorischer Übernahmeangebote, - Pflichtangebote; Übernahmekodex; Unternehmensübernahmen, DBW 59 (1999), S. 763 – 777.

Reiner, Günter: Unternehmerisches Gesellschaftsinteresse und Fremdsteuerung, - Eine rechtsvergleichende Studie zum Schutz der Kapitalgesellschaft vor dem Missbrauch organschaftlicher Leitungsmacht, Konstanz, 1996.

Reinisch, Armin: Der Ausschluss von Aktionären aus der Aktiengesellschaft, Köln, 1992.

Ritzer-Angerer, Petra: Angemessenheit von Barabfindungen beim Squeeze-out, FB 2004, S. 285 – 293.

Roth, Herbert/ Lemke, Reiner/ Krohn, Günter: Der bürgerlich-rechtliche Aufopferungsanspruch als Problem der Systemgerechtigkeit im Schadensersatzrecht – Begegnung zwischen der Juristischen Fakultät der Ruprecht-Karls-Universität Heidelberg und der Juristischen Gesellschaft Karlsruhe, Heidelberg, 2001.

Rühland, Philipp: Der Ausschluss von Minderheitsaktionären aus der Aktiengesellschaft (Squeeze-out) – Eine rechtsdogmatische, rechtsvergleichende und ökonomische Untersuchung der Ausgestaltung des Ausschlussrechts der §§ 327a ff. AktG de lege lata und de lege ferenda, Hamburg, 2003.

Rühland, Philipp: Der Squeezeout nach dem RefE zum Wertpapiererwerbs- und Übernahmegesetz vom 12.3.2001, NZG 2001, S. 448 – 455.

Rühland, Philipp: Die Abfindung von aus der Aktiengesellschaft ausgeschlossenen Minderheitsaktionären – Ein Diskussionsbeitrag zum Entwurf eines Übernahmegesetzes vom Bundesministerium der Finanzen vom 29.6.2000, WM 2000, S. 1884 - 1888.

Sachs, Michael: Grundgesetz, Kommentar, 3. Auflage, München, 2003.

Saenger, Ingo: Mehrstimmrechte bei Aktiengesellschaften, ZIP 1997, S. 1813 - 1820.

Sagasser, Bernd/ Bula, Thomas/ Brünger, Thomas R.: Umwandlungen: Verschmelzung - Spaltung – Formwechsel – Vermögensübertragung: Zivil-, Handels- und Steuerrecht, 3. Auflage, München, 2002.

Schanz, Kay-Michael: Börseneinführung – Recht und Praxis des Börsengangs, 2. Auflage, München, 2002.

Scharpf, Thomas: Chancen und Risiken beim Ausschluss von Minderheitsaktionären, Augsburg, 2004.

Schaub, Bernhard: Das Abfindungsangebot nach § 29 UmwG, NZG 1998, S. 626 – 629.

Schiessl, Maximilian: Ist das deutsche Aktienrecht kapitalmarkttauglich?, AG 1999, S. 442 – 452.

Schildbach, Thomas: Der Wirtschaftsprüfer als Gutachter in Fragen der Unternehmensbewertung: Möglichkeiten und Grenzen aus der Sicht der Berufspflichten des Wirtschaftsprüfers, WPg 1981, S. 193 – 201.

Schildbach, Thomas: Kölner versus phasenorientierte Funktionenlehre der Unternehmensbewertung, Betriebswirtschaftliche Forschung und Praxis 1993, S. 25 – 38.

Schirmer, Helmut: § 249 BGB – Magna Charta des Schadensersatzrechts, S. 293 – 324, in: Festschrift für Horst Baumann, herausgegeben vom Verein zur Förderung der Versicherungswissenschaft an den drei Berliner Universitäten, Karlsruhe, 1999.

Schiwy, Peter: Baugesetzbuch, Kommentar und Sammlung des Bau- und Städtebauförderungsrechts, 80. Ergänzungslieferung, Berlin, 2004.

Schmidt, Hartmut/Prigge, Stefan: Übernahmekonzeptionen und Übernahmegesetz, - Agency-Theorie; Anlegerschutz; Pflichtangebot; Übernahmeangebot; Übernahmen; Wertpapiererwerbs- und Übernahmegesetz (WpÜG), DBW 62 (2002), S. 225 – 241.

Schmidt, Jochen: Das Recht der außenstehenden Aktionäre, - Das Verfahren gem. § 306 AktG bei Überprüfungsanträgen außenstehender Aktionäre, Frankfurt am Main, 1979.

Schmidt, Karsten: Gesellschaftsrecht, 4. Auflage, Köln, Berlin, Bonn, München, 2002.

Schmidt-Hern, Karsten: Der Schutz der außenstehenden Aktionäre im faktischen Konzern, Herdecke, 2001.

Schmitt, Joachim, Hörtnagel, Robert, Stratz, Rolf-Christian: Umwandlungsgesetz, Umwandlungsteuergesetz, 3. Auflage, München, Freiburg, Leipzig, 2001.

Schneider, Uwe H.: Die Zielgesellschaft nach Abgabe eines Übernahme- oder Pflichtangebots, AG 2002, S. 125 - 133.

Schneider, Uwe H./ Burgard, Ulrich: Übernahmeangebote und Konzerngründung – Zum Verhältnis von Übernahmerecht, Gesellschaftsrecht und Konzernrecht, Darmstadt/Mainz, DB 2001, S. 963 – 969.

Schnorbus, York: Drittklagen im Übernahmeverfahren, Grundlagen zum Verwaltungsrechtsschutz im WpÜG, ZHR 166 (2002), S. 72 – 118.

Schrödter, Hans: Baugesetzbuch, BauGB-Maßnahmengesetz, Kommentar, 6. Auflage, München, 1998.

Schulze-Osterloh, Lerke: Das Prinzip der Eigentumsopferungsentschädigung im Zivilrecht und im öffentlichen Recht, - Untersuchungen zu Inhalt und Gestaltungsbereich des verfassungsrechtlichen Entschädigungsgebots nach Art.14 GG, Berlin, 1980.

Schumacher, Rudolf: Private Veräußerungsgeschäfte nach § 23 EStG für Minderheitsaktionäre als steuerliche Folge beim sog. „Squeeze-out"?, DB 2002, S. 1626 – 1629.

Schütz, Carsten: Neuerungen im Anfechtungsrecht durch den Referentenentwurf des Gesetzes zur Unternehmensintegrität und Modernisierung des Anfechtungsrechts (UMAG), DB 2004, S. 419 – 426.

Schwark, Eberhard: Kapitalmarktrechts-Kommentar, - Börsengesetz mit Börsenzulassungsverordnung, Verkaufsprospektgesetz mit Verkaufsprospektverordnung, Wertpapierhandelsgesetz, Wertpapiererwerbs- und Übernahmegesetz, 3. Auflage, München, 2004.

Schwichtenberg, Jörg: Going Private und Squeezeouts in Deutschland, DStR 2001, S. 2075 – 2082.

Schwintowski, Hans-Peter/ Schäfer, Frank A.: Bankrecht, Commercial Banking – Investment Banking, 2. Auflage, Köln, Berlin, Bonn, München, 2004.

Seetzen, Uwe: Die Bestimmung des Verschmelzungswertverhältnisses im Spruchverfahren, WM 1994, S. 45 – 49.

Seibt, Christoph H./Heiser, Kristian J.: Der neue Vorschlag einer EU-Übernahmerichtlinie und das deutsche Übernehmerecht, - Analyse und Umsetzungserfordernisse für den deutschen Gesetzgeber, ZIP 2002, S. 2193 – 2203.

Semler, Johannes /Stengel, Arndt: Umwandlungsgesetz, Kommentar, München, 2003.

Seydel, Eberhard: Konzernbildungskontrolle bei der Aktiengesellschaft, Baden-Baden, 1995.

Sieger, Jürgen J. / Hasselbach, Kai: Ausschluss von Minderheitsaktionären (Squeeze-out) im ausländischen Recht, NZG 2001, S. 926 - 930.

Sieger, Jürgen J./ Hasselbach, Kai: Der Ausschluss von Minderheitsaktionären nach den neuen §§ 327a ff. AktG, ZGR 2002, S. 120 – 162.

Siemens-Angebotsunterlage vom 05.05.2003: Freiwilliges öffentliches Übernahmeangebot der Siemens Aktiengesellschaft an die Aktionäre der Cycos AG.

Soergel, Th.: Kommentar zum Bürgerlicher Gesetzbuch mit Einführungsgesetz und Nebengesetzen, Stuttgart, Berlin, Köln,
Band 2 (§§ 104 – 240 BGB), 13. Auflage, 1999;
Band 14 (§§ 854 – 984 BGB), 13. Auflage, 2002.

Sonnenschein-Berger, Ute: Die Notwendigkeit anwaltlicher Vertretung im Widerspruchsverfahren, JuS 1996, S. 1107 – 1111.

Spindler, Gerald: Elektronische Finanzmärkte und Internet-Börsen, - Teil 1: Grundlegende Risiken und Reform es nationalen Kapitalmarktrechts -, WM 2002, S. 1325 – 1341.

Stein, Jeremy C.: Takeover Threats and Managerial Myopia, 96 Journal of Political Economy, 1988, p. 61 ff.

Steinhauer, Carsten: Der Börsenpreis als Bewertungsgrundlage für den Abfindungsanspruch von Aktionären, Finanztheoretischer Hintergrund einer möglichen Trendwende in der gesellschaftsrechtlichen Praxis, AG 1999, S. 299 – 308.

Steinmeyer, Roland/ Häger, Michael: Kommentar zum Wertpapiererwerbs- und Übernahmegesetz mit Erläuterungen zum Minderheitenausschluss nach §§ 327a ff. AktG, Berlin, 2002.

Stenzel, Stefan: Außerbörslicher Aktienhandel, Teilband I: Umfang und Ursachen, Berlin, 1995.

Stephan, Viola-Dorothee, Gesellschafterschaden und Gesellschaftsschaden, - Eine Untersuchung zu den Grenzen der Zweckbindung im Gesellschaftsrecht -, Berlin, 1999.

Stern, Klaus: Das Staatsrecht der Bundesrepublik Deutschland, Band I – Grundbegriffe und Grundlagen des Staatsrechts, Strukturprinzipien der Verfassung, 2. Auflage, München, 1984.

Strunk, Günther/ Bös, Sylvia: Steuerliche Aspekte beim Squeeze-Out für die Minderheits- wie die Mehrheitsgesellschafter, FB 2003, S. 601 – 605.

Süchting, Joachim: Finanzmanagement: Theorie und Politik der Unternehmensfinanzierung, 6. Auflage, Wiesbaden, 1995.

Suhr, Dieter: Eigentumsinstitut und Aktieneigentum – Die verfassungsrechtliche Analyse der Grundstruktur des aktienrechtlich organisierten Eigentums, Bochum, 1966.

Tebben, Joachim: Ausgleichszahlungen bei Aktienübergang, AG 2003, S. 600 – 609.

TFG Venture Capital-Angebotsunterlage vom 10.04.2003: Freiwilliges öffentliches Kaufangebot der TFG Venture Capital AG & Co. KGaA Unternehmensbeteiligungsgesellschaft an die außenstehenden Aktionäre der i:FAO AG.

Thoma, Georg F.: Der neue Übernahmekodex der Börsensachverständigenkommission, ZIP 1996, S. 1725 – 1734.

Ullrich, Volker: Abfindung und Börsenkurs – Möglichkeit der Bemessung aktienrechtlicher Abfindungs- und Ausgleichsansprüche (§§ 304, 305, 320b AktG) nach dem Börsenkurs, Augsburg, 2002.

Ulmer, Peter: Hundert Jahre Personengesellschaftsrecht: Rechtsfortbildung bei OHG und KG, ZHR 161 (1997), S. 104 – 132.

Verse, Dirk A.: Zum zivilrechtlichen Rechtsschutz bei Verstößen gegen die Preisbestimmungen des WpÜG – Überlegungen im Anschluss an OLG Frankfurt/M. ZIP 2003, 1392 – Wella AG II, ZIP 2004, S. 199 – 209.

Vetter, Eberhard: Squeeze-out – Der Ausschluss der Minderheitsaktionäre aus der Aktiengesellschaft nach den §§ 327a- 327f AktG, Köln, AG 2002, S. 176 – 190.

Vetter, Eberhard: Squeeze-out in Deutschland – Anmerkungen zum Diskussionsentwurf eines gesetzlichen Ausschlusses von Minderheitsaktionären, ZIP 2000, 1817 - 1824.

Vetter, Eberhard: Squeeze-out nur durch Hauptversammlungsbeschluss?, DB 2001, S. 743 – 747.

von Büren, Roland/ Stoffel, Walter A./ Schnyder, Anton K./ Christen-Westenberg, Catherine: Aktienrecht, Zürich, 2000.

von Horsting, Barbara/ Jaschinski, Susanne/ Ossola-Harning, Claudia, Die kleine AG – Recht, Steuern, Praxis -, München, 2002.

von Mangoldt, Hermann/ Klein, Friedrich/ Starck, Christian: Das Bonner Grundgesetz, Band I (Artikel 1 bis 19); 5. Auflage, München, 2005.

von Münch, Ingo/ Kunig, Philip: Grundgesetz-Kommentar, Band 1 (Präambel bis Art. 19), 5. Auflage, München, 2000.

von Rosen, Rüdiger/ Seifert, Werner G.: Die Übernahme börsennotierter Unternehmen, Deutsches Anwaltsinstitut, Schriften zum Kapitalmarktrecht, Band 2, Eschborn, 1999.

Vossius, Oliver: Squeeze-out – Checklisten für Beschlussfassung und Durchführung, ZIP 2002, S. 511 - 516.

Vosskuhle, Andreas: Theorie und Praxis der verfassungskonformen Auslegung von Gesetzen durch Fachgerichte – Kritische Bestandsaufnahme und Versuch einer Neubestimmung, AöR 125 (2000), S. 177 – 201.

Waclawik, Erich: Ausgeschlossen und dennoch veräußert? – Die einkommensteuerlichen Folgen der „Steuerfall Squeeze-out" bei Privatanlegern, DStR 2003, S. 447 – 454.

Wardenbach, Frank: Missbrauch des Anfechtungsrechts und „nachträglicher" Aktienerwerb – Zu den Grenzen der Anfechtungsrechte des Aktionärs bei Rechtsmissbrauch und bei Erwerb der Aktien nach Ankündigung der Hauptversammlung, ZGR 1992, S. 562 – 586.

Weber, Martin: Börsenkursbestimmung aus ökonomischer Perspektive, ZGR 2004, S. 280 – 300.

Weber, Martin: Die Entwicklung des Kapitalmarktrechts 1998 – 2000: Publizität, Insiderrecht und Kapitalmarktaufsicht, NJW 2000, S. 3461 – 3473.

Wellkamp, Ludger: Aktionärsschutz, Bonn, 1998.

Wenger, Ekkehard/ Kaserer, Christoph/ Hecker, Renate: Konzernbildung und Ausschluss von Minderheiten im neuen Übernahmerecht: Eine verpasste Chance für einen marktorientierten Minderheitenschutz, ZBB 2001, S. 317 – 329.

Widmann, Siegfried, Mayer, Dieter: Umwandlungsrecht, Umwandlungsgesetz, Umwandlungssteuerrecht, Kommentar, 79. Ergänzungslieferung, Band 4, §§ 214- 325, §§ 1- 4 UmwStG, Bonn, Berlin, Januar 2005.

Wiechers, Heiko: Der Schutz von Minderheitsaktionären vor einer Konzernbildung durch das Übernahmegesetz, Berlin, 2003.

Wiedemann, Herbert: Gesellschaftsrecht, ein Lehrbuch des Unternehmens- und Verbandsrechts, Band 1 (Grundlagen), München, 1980.

Wiedemann, Herbert: Der Kapitalanlegerschutz im deutschen Gesellschaftsrecht, BB 1975, S. 1591 – 1598.

Wiedemann, Herbert: Die Übertragung und Vererbung von Mitgliedschaftsrechten bei Handelsgesellschaften, München, Berlin, 1965.

Wilhelm, Jan: Kapitalgesellschaftsrecht, 2. Auflage, Berlin, 2005.

Wilm, Daniel: Abfindung zum Börsenkurs – Konsequenzen der Entscheidung des BVerfG, NZG 2000, S. 234 – 240.

Wilsing, Hans-Ulrich/ Kruse, Tobias: Börsenrechtliches Delisting nach Macrotron - Anmerkung zur Entscheidung des BGH vom 25.11.2002 = WM 2003, 533 - , WM 2003, 1110 – 1115.

Wilts, Rainer/ Schaldt, Klaus/ Nottmeier, Andreas: Unternehmensbewertung im Rahmen von Squeeze-outs, FB 2002, S. 621 – 629.

Winter, Heinz: Umwandlung unter Ausscheiden der Minderheitsgesellschafter verfassungswidrig?, GmbHR 1960, S. 101 – 106.

Wirth, Gerhard/Arnold, Michael: Anfechtungsklagen gegen Squeeze-out-Hauptversammlungsbeschlüsse wegen angeblicher Verfassungswidrigkeit – Zugleich Anmerkung zu dem Urteil und dem Beschluss des LG Osnabrück, jeweils vom 5.7.2002, AG 2002, S. 503 – 507.

Wirtschaftsprüfer-Handbuch, herausgegeben vom Institut der Wirtschaftsprüfer in Deutschland e.V., Handbuch für Rechnungslegung, Prüfung und Beratung, Bd. 2, Düsseldorf, 12. Auflage, 2002 sowie 10. Auflage, 1992.

Witt, Carl-Heinz: Regelmäßige „Wasserstandsmeldungen" - unverzichtbarer Bestandteil eines künftigen Übernahmegesetzes, NZG 2000, S. 809 – 819.

Würdinger, Hans: Aktienrecht und das Recht der verbundenen Unternehmen, - Eine systematische Darstellung -, 4. Auflage, Heidelberg, Karlsruhe, 1981.

Zimmer, Lutz/ Meese, Jon Marcus: Vergleiche im Spruchverfahren und bei Anfechtungsklagen, NZG 2004, S. 201 – 206.

Zinser, Alexander: Das neue Gesetz zur Regelung von öffentlichen Angeboten zum Erwerb von Wertpapieren und von Unternehmensübernahmen vom 1. Januar 2002, WM 2002, S. 15 – 22.

Zöller, Richard: Zivilprozessordnung mit Gerichtsverfassungsgesetz und den Einführungsgesetzen, mit Internationalen Zivilprozessrecht, EG-Verordnungen, Kostenanmerkungen, Kommentar, 25. Auflage, Köln, 2005.

Zöllner, Wolfgang/ Noack, Ulrich: One share – one vote? Stimmrecht und Kapitalbeteiligung bei der Aktiengesellschaft, AG 1991, S. 117 – 131.

Zschocke, Christian O./ Schuster, Stephan: Bad Homburger Handbuch zum Übernahmerecht, Heidelberg, 2003.

Zwissler, Thomas: Treuegebot – Treuepflicht – Treuebindung, Die Lehre von den mitgliedschaftlichen Treuepflichten und Treuebindungen und ihre Anwendungsfelder im Recht der Aktiengesellschaft, Frankfurt/Main, Berlin, Bern, Brüssel, New York, Oxford, Wien, 2002.

Kolibri 360 GmbH
Ferdinand-Jühlke-Straße 7
99095 Erfurt, Deutschland
produktsicherheit@kolibri360.de

Druck:
CPI Druckdienstleistungen GmbH
im Auftrag der
Kolibri 360 GmbH
Ferdinand-Jühlke-Str. 7
99095 Erfurt